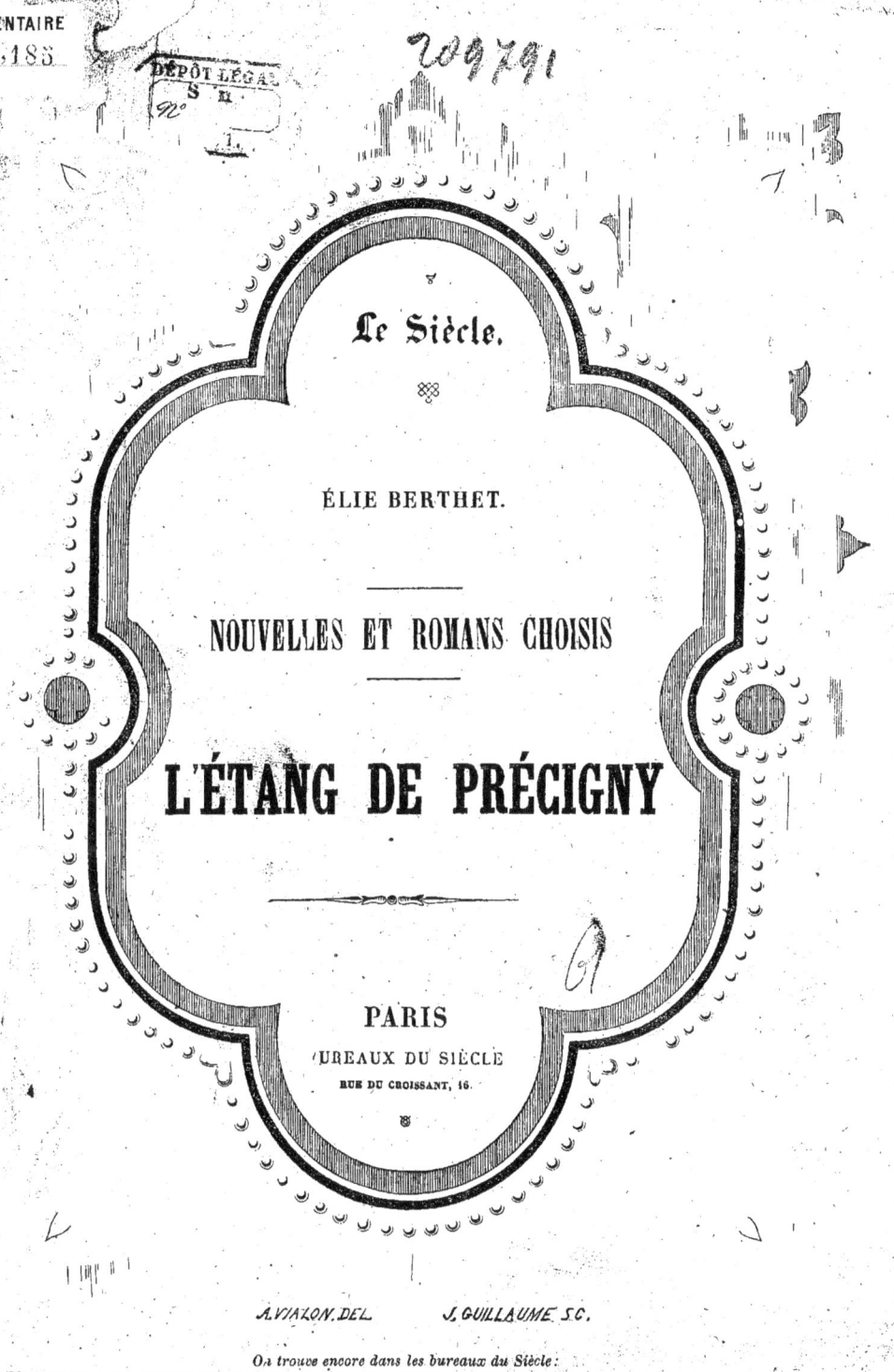

On trouve encore dans les bureaux du Siècle :
HISTOIRE DES DEUX RESTAURATIONS (DE 1813 A 1830), par M. ACHILLE DE VAULABELLE.
Huit volumes in-8°. — Prix : 40 fr., et 20 fr. seulement pour les abonnés du journal *le Siècle*.
Ajouter 50 c. par volume pour recevoir l'ouvrage *franco* par la poste.
N. B. — Afin de faciliter aux abonnés l'acquisition de cet ouvrage important, il leur sera loisible de se le procurer par parties de deux volumes chaque, au prix de 5 fr. pris au bureau, et de 6 fr. par la poste.

Elie Berthet.

L'ÉTANG DE PRÉCIGNY

I

Un matin d'automne de l'année 1817, la cloche d'un village du bas Berri sonnait lentement un glas funèbre, dans la vieille tourelle de l'église rustique. Au son de ce lugubre tocsin, cent cinquante ou deux cents campagnards se pressaient, d'un air morne et consterné, dans l'humble cimetière. Trois fosses d'inégale grandeur venaient de se refermer; trois familles arrosaient de larmes la terre fraîchement remuée. Un vénérable prêtre, après avoir béni la dernière demeure des fidèles trépassés, après avoir adressé aux affligés quelques paroles consolantes et bien senties, revenait vers l'église en répétant les prières d'usage.

Jusqu'à ce moment, la douleur avait été calme et comme contenue par le respect, mais, dès que l'officiant eut disparu à l'angle du bâtiment gothique, il se fit une explosion de cris et de lamentations parmi les assistans. Tous, sans exception de sexe et d'âge, s'abandonnèrent au plus violent désespoir. Ici c'étaient des sanglots et des gémissemens, plus loin des murmures et des blasphèmes. Jamais désolation publique ne s'était manifestée par des formes plus émouvantes.

En effet, ce n'était pas seulement sur leurs amis défunts que pleuraient ces pauvres gens, c'était aussi sur leurs propres maux; au premier aspect on jugeait qu'ils avaient besoin de pitié pour eux-mêmes, car ils semblaient porter déjà le germe de la mort; ils avaient le teint hâve et plombé, les yeux éteints, les joues creuses, des pestiférés. Quelques enfans à la mamelle conservaient bien encore ce coloris, cette fraîcheur, signes ordinaires de la santé; mais à voir le visage pâle et défait de ces malheureuses mères qui les tenaient dans leurs bras, on devinait que le mal, après avoir frappé le tronc, ne tarderait pas à frapper le frêle rejeton.

Un mot expliquera l'état misérable de cette petite population.

Précigny, le village dont nous parlons, était situé sur le bord d'un étang, au centre d'un pays plat, nu, presque sans arbres et sans ondulation; seulement, à un quart de lieue environ, une colline peu élevée portait les ruines d'un ancien château féodal. Sur cet immense plateau, les eaux de l'étang s'épandant en liberté, projetaient de nombreuses *queues*, à travers des joncs et des roseaux, jusqu'aux extrémités de l'horizon. Au-dessous du village, une longue et solide chaussée contenait cette masse liquide, et à la chaussée même était adossée une belle fabrique au majestueux développement, dont les bâtimens réguliers occupaient le fond d'une espèce de vallée creusée de main d'homme. Des écluses, qu'on fermait la nuit, formaient une chute d'eau d'une grande puissance, et une roue à aubes mettait en mouvement les machines de la manufacture. A gauche de l'étang, du côté de Précigny, le sol, quoique peu boisé, présentait une culture assez soignée; mais de l'autre côté s'étendaient à perte de vue une de ces landes stériles appelées *brandes* dans le Berri, terrains ingrats où quelques moutons peuvent à peine trouver une chétive nourriture au milieu des bruyères.

On devine maintenant la cause des souffrances des pauvres paysans. Les eaux, retenues par les écluses pendant la nuit, s'écoulaient en partie pendant le jour, laissant sur ce sol uni, sans inclinaison, une couche épaisse de limon et de vase. Corrompue par les rayons du soleil, cette vase exhalait des vapeurs malfaisantes, d'où résultaient des fièvres pernicieuses et mortelles. Le village, situé à deux pas de ce foyer d'infection, avait dû le premier en sentir la redoutable influence; aussi, comme nous l'avons dit, aucun de ses habitans n'avait-il été complètement épargné par l'épidémie; tous, attaqués d'une fièvre opiniâtre qui entraînait avec elle une déperdition complète des forces physiques et morales, ressemblaient à des spectres hideux. Longtemps ils avaient subi avec résignation ce mal inexorable; mais l'été qui venait de finir avait été particulièrement chaud et sec, les exhalaisons marécageuses avaient pris un caractère de malignité terrible; enfin, le jour où commence cette histoire, trois décès simultanés étaient venus épouvanter cette infortunée population et la pousser jusqu'à l'extrême désespoir.

Des groupes désolés s'étaient formés dans l'enceinte du cimetière; là une mère, les cheveux épars, les vêtemens en désordre, se lamentait entre deux pauvres enfans demi-nus, se tordait les bras avec frénésie; plus loin un homme, aux traits bouleversés, aux yeux égarés, immobile devant une tombe, ne pouvant ni prier ni pleurer. Un vieillard, à la barbe blanche, au crâne chauve, s'était agenouillé à l'écart sur la troisième fosse; son chapeau et son bâton étaient jetés près de lui; d'une main il égrenait un chapelet, de l'autre il serrait convulsivement contre sa poitrine un petit garçon de cinq ou six ans, chétif et souffreteux.

On s'était retiré à distance pour ne pas gêner ces saintes douleurs. De pauvres gens, assis sur l'herbe dont le cimetière était rempli, les coudes appuyés sur les genoux et le visage dans les mains, semblaient vouloir étouffer leurs sanglots. Des femmes, réunies autour de la grande croix qui s'élevait au centre du champ funèbre, priaient à haute voix avec ferveur. Quelques hommes, au milieu de cette désolation générale, avaient conservé un peu d'énergie; ils erraient comme des ombres à travers les groupes. Ils se regardaient tristement les uns les autres, mais ils ne se parlaient pas: que se fussent-ils dit? Ils n'avaient pas de consolations à se donner; chacun reconnaissait sur les traits décomposés de son voisin, de son ami, de son parent, les signes d'une fin prochaine; ils se sentaient condamnés à une peine commune; la cloche du village, qui continuait à sonner pour les morts dans son clocher en ruines, semblait sonner aussi leur agonie.

Tout, autour d'eux, se mettait en harmonie avec cette scène lugubre. Le jour était terne et sans soleil; l'atmosphère brûlante annonçait un orage pour la fin du jour, et abattait les courages en faisant ruisseler la sueur sur les fronts. Des corbeaux, hôtes ordinaires des crevasses de l'église, planaient en croassant au-dessus de la foule. Par-dessus les haies à demi dépouillées et poudreuses qui fermaient le cimetière, le regard pouvait embrasser un paysage gris, uniforme, où l'automne n'avait laissé ni verdure, ni feuillage: les eaux noires et immobiles de l'étang se couvraient d'un brouillard fauve et fétide; à travers ce voile de vapeurs transparentes, on entrevoyait les vastes solitudes de la brande, qui se perdaient, sans arbres et sans accidens du sol, dans un bleuâtre lointain.

Le vieillard agenouillé sur la fosse avait enfin achevé sa prière. Il remit son chapeau à larges bords pour cacher son visage sillonné de larmes, puis, s'appuyant d'un côté sur son bâton, de l'autre sur l'enfant dont il semblait ne pouvoir se séparer, il vint s'asseoir sur une grosse pierre. Là, il fit placer l'enfant à ses pieds, lui prit la tête entre ses genoux, et il tomba dans une profonde méditation.

Pendant quelques instans encore on respecta son isolement volontaire; on le regardait de loin sans oser approcher. Enfin, deux ou trois chefs de famille s'avancèrent vers lui d'un air grave; la foule, devinant qu'on allait agiter une question de haute importance, forma un grand cercle autour d'eux.

— Père Nicolas, dit un homme de figure intelligente et un peu mieux vêtu que la plupart des assistans, en secouant cordialement la main du vieillard, vous voilà bien triste de la mort de ce pauvre Jérôme, votre petit-fils! Mais il ne faut pas, à votre âge, se laisser aller au chagrin... Vous nous devez l'exemple du courage, voyez-vous!... d'ailleurs, vous êtes notre ancien, père Nicolas, et si vous ne nous donnez pas un bon conseil pour faire bientôt cesser nos malheurs, cette misérable fièvre nous emportera tous.

— Oui, tous! répéta le vieillard avec égarement; tous, jeunes et vieux, petits et grands... Mon pauvre Jérôme, le fils de ma chère Jeannette!... Mais il m'en reste un, continua-t-il en attirant dans ses bras l'enfant couché à ses pieds; de tout mes petits-enfans, il ne me reste que celui-là, mon joli petit Pierre! et celui-là, je le garderai, je ne veux pas qu'il meure comme ses frères, comme sa mère... Oui, je le sauverai!... Entends-tu, garçon, je ne veux pas que tu meures!

L'enfant, surpris de ce transport, leva sur son aïeul ses beaux yeux bleus, et lui dit avec une naïveté touchante:

— Allez! allez! grand père, ne vous inquiétez pas... je suis trop petit pour mourir!

Nicolas l'embrassa en sanglotant.

— Eh bien! comment ferez-vous pour le sauver? demanda le premier interlocuteur qui s'appelait Mathurin, et qui était un des plus riches cultivateurs de Précigny, cette infernale maladie n'épargne personne.

— Je quitterai le pays avec mon petit-fils, répliqua le vieillard en délire, je partirai, je pars... Je ne sais où j'irai, mais il y a encore de bonnes gens dans le monde! On ne refusera pas un morceau de pain à un vieillard qui ne peut plus travailler, à un enfant qui ne peut pas travailler encore... Nous irons loin, bien loin d'ici!

Mathurin secoua la tête.

— Vous ne ferez pas cela, Nicolas, reprit-il; vous êtes né à Précigny, et vous voudrez y mourir quand l'heure sera venue... Ensuite, comme vous nous aimez, vous ne pourrez vous décider à nous abandonner ainsi. Que deviendrions-nous sans vous? Vous êtes notre seul appui, notre conseiller.

— Eh! que puis-je pour les autres, quand je ne peux rien pour moi-même? Mais vous avez raison; ce serait de la lâcheté de vous abandonner, je ne vous quitterai pas... Aussi bien ce n'était pas ma vie que j'allais disputer à la fièvre; j'ai fait mon temps, moi... J'eusse voulu seulement sauver le dernier de mes petits-fils!

Il se rassit, pencha sa tête sur sa poitrine, et garda un morne silence. Les auditeurs imitaient cette sombre consternation. Pouvait-il rester le moindre courage, quand le Nestor du village, le patriarche de Précigny, s'abandonnait à un pareil désespoir?

— Père Nicolas, reprit enfin Mathurin d'une voix émue, le gouvernement ne prendra donc pas pitié de nos malheurs? Il ne fera donc pas dessécher ce fatal étang dont le voisinage nous tue?... Cette pétition que monsieur le curé a envoyée à Paris sera donc définitivement sans résultat?

— Oui, il n'y faut plus penser... pourrait-on écouter les plaintes de pauvres paysans comme nous, quand nous attaquons un homme riche et influent comme ce monsieur Laurent, le maître de la fabrique?... Ces messieurs de Paris ont repoussé notre demande... il faut nous résigner à notre sort!

A ce nom de monsieur Laurent, un murmure d'indignation s'éleva dans la foule.

— Eh bien! reprit Mathurin, si nous ne pouvons avoir pour nous ces messieurs qui font les lois, pourquoi ne nous adresserions-nous pas au roi lui-même? on dit qu'il est bon, il nous rendra justice.

— Oui, oui, sans doute, il nous aime; mais comment lui faire parvenir nos plaintes? Qui se chargerait de plaider notre cause devant lui? Quel bourgeois de ce canton oserait solliciter pour nous? Monsieur Laurent, notre ennemi, a un crédit formidable; tout le pays est sous son influence; le préfet même du département a, dit-on, peur de lui. D'un autre côté, monsieur le curé est malade, infirme, à peine a-t-il la force de remplir les devoirs de son saint ministère, il lui serait impossible de se rendre à Paris; d'ailleurs, mes amis, le roi ne jouit plus d'autant d'autorité qu'autrefois... Il ne pourrait rien en notre faveur, à moins de payer de ses deniers la fabrique et de la faire jeter bas.

— Mais alors! s'écria Mathurin avec véhémence, si personne ne veut venir à notre secours, au secours de nos femmes et de nos enfans, il faudra bien que nous nous aidions nous-mêmes... Pourquoi n'agirions-nous pas contre ce bourgeois impitoyable comme on agissait autrefois contre tant de pauvres nobles qui n'étaient pas le quart aussi méchans? Ah! s'il y avait dans cette paroisse des hommes de cœur, nous ne resterions pas si paisibles!

— Oui, oui, il faut aller trouver Laurent, dirent deux ou trois voix, il faut le tuer, il faut brûler sa fabrique... Si nous devons périr, au moins nous serons vengés!

Nicolas fit un geste d'autorité.

— Ne pensez pas à cela, braves gens, dit-il avec plus de fermeté qu'il n'en avait montré jusque-là; ne nourrissez pas de pareilles idées... Ces nombreux ouvriers qui habitent là-bas le nouveau Précigny se croiraient obligés de défendre leur maître, et ils seraient inévitablement les plus forts; ils ne souffrent pas autant que nous de l'épidémie, car ils sont mieux logés, mieux nourris, mieux vêtus. Déjà, une fois, le contre-maître anglais, monsieur Smithson, leur a monté la tête parce qu'on l'avait insulté un jour qu'il traversait le village...

Le nom de Smithson causa dans la foule une fermentation que le nom du manufacturier lui-même n'avait pu produire.

— Certainement, s'écria l'un des assistans, c'est ce chien d'Anglais qui excite monsieur Laurent contre nous et qui l'empêche d'avoir pitié de nos maux... Sans cela, les prières de Thérèse, la fille de monsieur Laurent, cette excellente demoiselle qui est toujours si pâle, fussent parvenues à fléchir son père; le vieux Laurent est avare, mais il ne passait pas pour méchant lorsqu'il était l'intendant du comte de Précigny, l'ancien seigneur du village!

— Il n'y a rien à attendre de Laurent, dit une femme vêtue de noir, avec l'accent d'une profonde haine, il nous vendrait pour quelques écus de plus dans son coffre-fort... Ma fille est morte de la maladie qui nous emportera tous; eh bien! puissé-je avant de descendre dans la tombe, le voir pleurer sa fille comme je pleure la mienne, et je mourrai contente!

Des signes de désapprobation accueillirent ce souhait d'une mère égarée par la douleur.

— Non, ne parlez pas ainsi, Guillaumette, dit une femme, mademoiselle Thérèse est une bonne créature! Elle m'a envoyé du blé et un peu de vin quand je n'ai plus pu travailler.

— Elle a fait de ses mains des vêtemens pour les petits de Bernardin! s'écria une troisième.

— Elle a payé secrètement le fermage des Patureau, que l'Anglais Smithson voulait faire déloger au printemps dernier.

— On ne doit désirer la mort de personne, dit Nicolas à son tour d'un ton austère, et encore moins celle d'une jeune fille qui n'est pas responsable des fautes de son père. Guillaumette, vos malheurs n'excusent pas votre indigne vœu... Retirez-le donc. Dieu, sans que vous ayez besoin de provoquer sa vengeance, réserve peut-être à ce père cruel un châtiment terrible.

Un nouveau silence régna dans la foule. Comme il arrive d'ordinaire, l'abattement succédait peu à peu aux transports d'une douleur excessive.

— Ainsi donc, s'écria enfin Mathurin, en levant les yeux au ciel d'un air de reproche, tout nous abandonne! Le pauvre, aujourd'hui, ne trouve nulle part ni protection ni appui... Est-ce donc pour cela qu'on a versé tant de sang et qu'on a fait des révolutions?

— Personne ne s'inquiète de nous, maintenant que nous avons des droits écrits sur le papier, dit Nicolas avec amertume; autrefois, sous l'ancien régime, quand nous avions des maîtres et des seigneurs, nous étions plus heureux... oui, mes amis, continua-t-il en s'animant, si autrefois une population entière de pauvres paysans avait été menacée de destruction comme nous le sommes, des hommes puissans, dans leur propre intérêt, eussent pris en main notre cause, ils nous eussent fait rendre justice... Mais au temps où nous vivons, chacun pour soi et Dieu pour les riches!... Si nous ne pouvons nous sauver nous-mêmes, on nous laissera périr.

Quelques gémissemens répondirent aux regrets impuissans du vieillard. Mathurin seul crut devoir protester contre ses paroles.

— Vous parlez de l'ancien régime, père Nicolas, reprit-il; vous vous souvenez d'avoir été jardinier au château de Précigny, et vous êtes trop disposé à mal juger du temps où nous vivons... Pourquoi ne trouverions-nous plus d'honnêtes gens pour nous plaindre et nous protéger?

— C'est que, mon pauvre Mathurin, les honnêtes gens, aujourd'hui, aiment le calme et le silence; ils ne se soucient pas d'affronter les inimitiés redoutables pour un intérêt qui n'est pas le leur... Cependant, je dois l'avouer...

Le vieillard s'arrêta tout à coup et prêta l'oreille; tous les assistans devinrent attentifs. Dans un chemin creux qui longeait le cimetière, de l'autre côté d'une haie touffue, une voix fraîche et jeune chantait joyeusement ce couplet si connu de *Richard* :

Que le vaillant roi Richard
Aille courir les hasards...

Puis le refrain :

Moi je pense comme Grégoire,
J'aime mieux boire.

Le chant s'interrompit, et on reprit sur un ton grondeur :

— Ici, Ravaude... Tout beau, méchante bête! êtes-vous donc si impatiente d'entrer en chasse, et allez-vous prendre pour des perdreaux les oies maigres et les poulets chétifs des *citoyens* de Précigny? (Le mot de *citoyens* était prononcé avec certaine ironie.) Allons, ma bonne chienne, soyons gentille; votre pauvre maître n'a plus aucun droit sur ce libre village, et si vous étranglez poulets ou canards, ma chère, il me faudra les payer.

Puis la voix continua de plus belle :

Moi, je pense comme Grégoire,
J'aime mieux boire.

II

Ce soliloque entremêlé de chant semblait insulter, par son insouciante gaîté, à la douleur de cette population malheureuse. L'indignation s'empara de quelques villageois. Mathurin dit à demi-voix au vieux Nicolas, qui semblait vivement agité :

— C'est le comte Alfred de Précigny, le dernier descendant des anciens seigneurs... un jeune émigré rentré depuis peu dans le pays; il chante, lui! Que lui importent nos souffrances! Les voilà donc, Nicolas, ces nobles que vous regrettez tant!

Mais Nicolas lui imposa silence par un geste déterminé.

— Vous ne le connaissez pas, dit-il avec force; ce Précigny ne peut-être insensible à nos maux. Celui-ci, je l'avoue, a toujours repoussé mes instances; mais j'essayerai encore, il en est temps peut-être qui nous l'envoie en ce moment! Mes amis, continua-t-il d'un ton assuré, s'il est quelqu'un capable de nous sauver, c'est le brave jeune homme qui va traverser le village.

La déférence que l'on avait pour l'âge et l'expérience de Nicolas n'empêcha pas quelques sourires d'incrédulité.

— Il se soucie bien de nous! dit un des assistans; il ne songe qu'à chasser du matin au soir... D'ailleurs il est très pauvre et n'a aucun crédit.

— Et on dit qu'il est au mieux avec Laurent, l'ancien intendant de son père, reprit un autre; Laurent est allé lui faire visite à la ferme.

— Ce pauvre père Nicolas a toujours eu un faible pour la noblesse, ajouta un troisième; je vous demande un peu comment un étourdi, qui nous connaît à peine...

— Silence, tous! interrompit le vieillard avec une imposante énergie; profitons de cette occasion... suivez-moi; allons au-devant de ce noble jeune homme... si nous parvenons à l'attendrir, j'en atteste le grand Dieu du ciel, il nous sauvera, il sauvera mon pauvre petit Pierre!

En même temps, prenant l'enfant par la main, il se dirigea vers la porte du cimetière. Il y avait tant de confiance dans les paroles du vénérable patriarche de Précigny, que les paysans, d'un commun mouvement, obéirent à son appel. Quelques-uns secouaient bien la tête d'un air de doute, mais ils suivirent les autres, entraînés par l'exemple.

On s'arrêta sous de grands arbres qui précédaient l'entrée du champ funèbre. Nicolas se tenait en avant, toujours appuyé sur son petit-fils. Sa taille voûtée, sa barbe blanche, son air mélancolique, s'harmoniaient avec la pâleur maladive du frêle enfant. La foule se serrait derrière eux en silence, attendant avec une sorte d'anxiété ce qui allait se passer. Les hommes avaient tous le chapeau à la main.

Cependant les chants avaient cessé dans le chemin creux, soit que le voisinage du cimetière eût imposé silence au chanteur, soit qu'en approchant du village ses idées eussent pris un autre cours. On entendait seulement les grondemens sourds du chien de chasse, qui, sentant près de lui un grand nombre de personnes encore invisibles, donnait des signes d'inquiétude. Bientôt le maître lui-même tourna l'angle du chemin, et déboucha sur le terrain vague en avant du cimetière.

Le nouveau venu était un jeune homme de vingt-huit ans environ, d'une figure mâle et encadrés de beaux favoris noirs. Ses yeux, noirs comme ses favoris, comme ses sourcils bien arqués, avaient une expression fière et bienveillante à la fois. Sa bouche, petite, naturellement dédaigneuse, souriait aisément, et montrait des dents blanches comme des perles. Il avait un costume de chasse des plus simples : longues guêtres en basane montant jusqu'au genou, blouse grise, et casquette à la russe attachée sous le menton par une bande de cuir verni. Il portait sous le bras un fusil double, et il tenait en laisse une magnifique chienne griffonne digne de l'admiration de tout chasseur expérimenté. Il était impossible de ne pas être frappé de l'air noble et gracieux du comte Alfred de Précigny.

A la vue de cette foule immobile et muette, il ne put retenir un mouvement de surprise, mais, ne voulant pas sans doute qu'on s'en aperçût, il porta la main à sa casquette pour saluer les villageois ; puis détournant la tête sans affectation, il se mit en devoir de passer outre et de traverser le village.

Au moment où il s'éloignait, on lui cria d'une voix vibrante :

— Le comte de Précigny est-il donc devenu si étranger aux anciens serviteurs de sa famille qu'il n'ait plus pour eux ni un regard ni un mot de pitié ?

Le jeune chasseur tressaillit et s'arrêta brusquement.

— Ah ! c'est vous, maître Nicolas, dit-il en tendant la main au vieillard ; je ne vous avais pas reconnu d'abord... Je n'aurais eu garde de passer sans vous dire bonjour, mon vieil ami ; car ma pauvre mère, morte en exil, m'a parlé bien souvent de vous comme d'un de nos fidèles *serviteurs*... Je pense que ce mot n'a rien d'offensant pour vous ? vous l'avez employé le premier.

Et un sourire effleura ses lèvres.

— Je m'honorerai toujours d'avoir servi de bons maîtres et d'avoir obtenu leur estime, leur amitié peut-être, répliqua l'ancien jardinier. Si ces excellens seigneurs existaient encore, nous ne souffririons pas ce que nous souffrons.

Précigny lui jeta un regard oblique, comme pour s'assurer s'il n'y avait pas quelque chose d'ironique dans ces paroles ; il ne vit sur les traits du vieillard qu'une profonde douleur.

— Vous ne me semblez pas, reprit-il gaiement, grand partisan de liberté ou même de monarchie constitutionnelle, mon bonhomme... Mais, ajouta-t-il aussitôt comme pour changer d'entretien, vous voici en nombreuse compagnie, Nicolas, et dans un bien triste lieu... Vous serait-il arrivé quelque malheur ?

— Et quelle place nous convient mieux, à moi et à ces pauvres gens, que la porte d'un cimetière ?... Ne devons-nous pas nous préparer à la franchir bientôt pour y prendre possession de notre dernière demeure ?

Le chasseur, malgré sa légèreté affectée ou réelle, remarqua enfin l'air solennel de Nicolas et la contenance morne des assistans.

— De quel ton vous me dites cela, mon vieil ami ! Cette maudite fièvre de marais aurait-elle donc fait une nouvelle victime dans le village ?

— Une victime ; regardez nos visages, monsieur de Précigny ; regardez le visage de cet enfant qui entre dans la vie, et regardez le mien, à moi qui suis arrivé bien près du terme... regardez-nous tous, et voyez s'il est un de nous, hommes et femmes, enfans et vieillards, qui ait échappé au terrible fléau ? Mais si vous appelez victimes ceux qui ont succombé, avancez de quelques pas encore, et vous trouverez ici trois tombes nouvelles... L'une renferme une jeune fiancée, l'autre un père de famille, et la troisième le fils de ma fille, l'enfant chéri de ma vieillesse, le frère de cet enfant qui bientôt peut-être ira le rejoindre...

La voix lui manqua ; le jeune chasseur paraissait vivement touché.

— Ce sont véritablement de grands malheurs ! reprit-il, et je ne comprends pas que l'autorité ne prenne pas enfin des mesures pour assainir la contrée... En attendant, mon cher Nicolas, continua-t-il d'un air d'intérêt, vous et vos amis, vous pouvez compter sur mes services en cas de besoin... Je ne suis pas riche, vous le savez ; toute ma fortune consiste aujourd'hui dans cette modeste ferme de la Pommeraie, où je demeure ; mais ce que je possède est à la disposition de vos malades, et mes petites économies pourront soulager les plus nécessiteux... Vous entendez, Nicolas ? vous entendez, braves gens ? ajouta-t-il en élevant la voix.

Le vieillard jeta sur la foule un regard de triomphe.

— Vous êtes bien digne de vos nobles ancêtres ! dit-il au chasseur avec attendrissement ; mais cela ne suffit pas encore.

— Eh ! que puis-je faire davantage ? J'offre tout ce que je possède ! dit Alfred avec étonnement.

— Comte Alfred de Précigny, vos pères étaient les bienfaiteurs du pays... pas un malheur ne nous frappait qu'ils ne crussent devoir s'exposer à tout pour le détourner. Nous comptions sur eux comme sur la Providence, et comme la Providence ils ne nous manquèrent jamais... Dans le terrible hiver de 1709, une épouvantable famine désola la province ; votre aïeul ouvrit ses greniers et nourrit non-seulement les paysans de sa terre, mais encore ceux des terres voisines, d'où on le surnomma le *Boulanger*.

— Et en récompense, s'écria le jeune homme tout à coup d'une voix tonnante, mon père, le fils du comte Henri le Boulanger, est mort sur un échafaud en 93, aux applaudissemens du peuple !

Jusqu'là, Alfred de Précigny n'avait manifesté qu'une froide pitié mêlée parfois d'impatience ; mais en rappelant ce sanglant souvenir, ses joues s'empourprèrent, ses yeux brillèrent, sa taille sembla grandir. Les villageois baissèrent la tête d'un air consterné ; Nicolas seul conserva son assurance :

— Ce n'est pas dans ce pays que votre père a souffert le martyre, monsieur le comte, reprit-il ; il est mort à Paris... Ici le souvenir des bienfaits de votre famille eût rendu ce crime impossible ! On se fût souvenu que douze ou quinze ans avant la révolution, un incendie ayant consumé le village, votre père le fit reconstruire à ses frais, rendit aux pauvres ce qu'ils avaient perdu, et les excepta de fermages.

— Et, en récompense, interrompit Alfred, en frappant la terre avec violence de la crosse de son fusil, vous êtes allés brûler, toujours en 93, la demeure de vos patrons, ce vieux château dont nous apercevons d'ici les ruines. Regardez ces murs noircis, rongés par le feu, continua-t-il en désignant les débris de construction qui s'élevaient sur une colline, à quelque distance : voilà comment vous avez récompensé vos protecteurs !

— Ce n'est pas nous, répéta le vieux Nicolas en redressant sa taille voûtée, monsieur le comte, j'en atteste le bon Dieu qui nous entend ! ce ne furent pas les habitans du village de Précigny qui mirent le feu au château... ce furent des bandes de misérables venues des paroisses voisines ; notre seul tort à nous fut de trembler et de ne pas mourir pour défendre la propriété de nos maîtres contre cette troupe féroce.... N'est-ce pas, mes amis, continua-t-il en s'adressant aux assistans, qu'aucun habitant de Précigny ne prit part à cette action abominable ?

Des réclamations s'élevèrent de toutes parts ; plusieurs vieillards attestèrent la vérité des paroles de Nicolas. Le jeune gentilhomme écoutait d'un air sombre :

— C'est possible, dit-il enfin ; nous avons peut-être été trompés par de faux rapports. A l'époque de cette catastrophe, ma mère et moi nous étions en Allemagne, et nous venions d'apprendre la mort funeste de mon père ; on a pu calomnier les gens de ce village... Mais à quoi bon ressusciter ces vieilles histoires du temps passé ? ajouta-t-il en reprenant son ton léger et un peu sec ; je n'avais pas l'intention de débiter un sermon sur l'ingratitude ; je ne suis ni un prédicateur ni un philanthrope, mais un humble propriétaire qui veut vivre en paix avec ses voisins. Ainsi donc, maître Nicolas, rompons cet entretien : je n'aime pas à m'échauffer la bile, et vous me permettrez d'aller me distraire un peu en tuant quelques perdreaux dans la brande.

Il porta la main à sa casquette, siffla son chien, et voulut encore s'éloigner ; Nicolas le retint !

— De grâce, ne nous abandonnez pas ! s'écria-t-il ; ne nous laissez pas mourir sans tenter au moins un effort pour nous sauver !

Alfred de Précigny fit un geste d'impatience.

— Ah çà ! vieux Nicolas, dit-il brusquement, que diable désirez-vous de moi ? Puis-je donc quelque chose contre la fièvre qui décime les habitans de ce village ? suis-je médecin ? suis-je en possession d'une panacée pour guérir les maladies causées par l'insalubrité de l'air ? Sur ma parole, Nicolas, vous rêvez !

— Je ne rêve pas, monsieur de Précigny ; vous n'êtes pas médecin, en effet, mais vous êtes d'une race fière et généreuse qui a produit bien des hommes de cœur ; si nous parvenions à vous intéresser à nos malheurs, nous ne devrions pas désespérer de les voir cesser... Je vous connais bien, moi, je vous connais peut-être mieux que vous ne vous connaissez vous-même ; vous êtes le protecteur qu'il nous faut ! Énergie, courage, dévouement, vous avez tout ; vous n'épargneriez ni soins, ni sacrifices pour nous obtenir justice ; aucun ennemi, si puissant qu'il fût, ne vous ferait peur, et nous triompherions, j'en suis sûr, nous triompherions !

En dépit de son sourire ironique, le jeune gentilhomme était évidemment flatté de la confiance que lui témoignaient les anciens vassaux de son père. Après une longue et sanglante révolution populaire, après avoir lui-même passé vingt ans en exil, il sentait une douce satisfaction à voir ces malheureux recourir à lui, dans leur affliction ; invoquer de lui, sous une monarchie constitutionnelle, l'ancien patronage féodal. Cependant il répondit à Nicolas d'un ton calme :

— J'ignore si vous et vos amis vous vous trompez sur mon caractère, mais certainement vous vous trompez sur ma position... Comment pourrais-je vous servir ? Bien des années se sont écoulées depuis l'époque où les comtes de Précigny étaient les maîtres de ce canton et pouvaient donner un appui efficace aux habitans de leurs terres ! Que suis-je aujourd'hui de plus que vous ? Rien au point de vue de la loi, bien peu de chose au point de vue de la fortune. Des immenses propriétés possédées autrefois par mes ancêtres, il me reste cette petite ferme là-bas, près des ruines du château. Une masure et quelques arpens de terre échappés par miracle aux spoliateurs, voilà aujourd'hui le seul patrimoine du comte de Précigny. Les temps sont bien changés, mes bonnes gens ! Tel petit cultivateur du voisinage est plus riche que moi. Quant au crédit, je n'en ai aucun, je n'ai aucune faveur à attendre du pouvoir. J'ai vécu obscurément et isolément dans une petite ville d'Allemagne, jusqu'au moment où j'ai cru devoir prendre possession du dernier débris de ma fortune. Je ne connais aucun personnage puissant, et aucun personnage puissant ne me connaît ; je ne demande qu'à vieillir dans la retraite et dans l'oubli... Vous voyez, mes bons amis, que mon intervention ne vous serait d'aucun secours ; cherchez quelqu'un de plus habile, de plus hardi que moi, pour être votre champion... Je voudrais me sentir assez fort, mais je ne ferais que compromettre votre cause, et, s'il faut l'avouer, je crains de troubler inutilement mon repos. Cessez donc de me presser ; c'est impossible... c'est impossible.

— Ne dites pas que c'est impossible ! s'écria Nicolas, il n'y a rien d'impossible à un homme courageux qui défend l'opprimé... Mais, excusez la franchise d'un vieux serviteur de votre père, je vois ce qui vous arrête, monsieur le comte ; votre cœur s'est endurci dans l'exil, il s'est rempli de fiel et de colère ; vous considérez nos maux actuels comme un châtiment de Dieu.

III

Alfred rougit, car le vieillard avait deviné sa pensée secrète.

— Eh bien ! quand cela serait, n'aurais-je pas des raisons suffisantes pour garder rancune au passé ?... Mais finissons cette scène ridicule, mon vieux Nicolas, continua-t-il d'un ton léger ; je suis fort touché des maux qui vous accablent, mais je n'ai aucun motif pour me mêler de cette affaire. Le pacte qui unissait autrefois les comtes de Précigny aux habitans de ce village fut rompu violemment le jour où la tête de mon père roula sur un échafaud. Votre seul protecteur aujourd'hui, c'est la loi ; adressez-vous à elle.

— Et si la loi est impitoyable, si un homme puissant, égoïste, avare, comme ce manufacturier de là-bas, empêche nos plaintes de parvenir jusqu'aux interprètes de cette loi souveraine, qu'adviendra-t-il de nous ?

— Je vous plains, mais que faire ? Je ne suis pas chargé de punir ceux qui, dans la limite de la légalité, abusent de leurs avantages. Pourquoi irais-je m'attaquer à ce Laurent ? Quoiqu'il ait été l'homme d'affaires de mon père, il a acheté des biens que j'aurais été spolié ; mais, lui ou un autre, qu'importe ! Depuis mon retour ici, il n'a pas eu de mauvais procédé envers moi ; il est même venu à mon ermitage me faire une visite de politesse que je ne lui ai pas rendue. Pourquoi serais-je son ennemi ? il ne m'a pas offensé... S'il m'avait offensé...

Son front se crispa, il tendit un poing fermé vers la fabrique d'un air de menace ; un éclair jaillit de ses yeux.

— Le voyez-vous ? s'écria Nicolas avec enthousiasme en s'adressant à la foule, toute l'âme fière de ses ancêtres était dans ce regard.. Mes amis, implorons-le pour qu'il venge nos injures comme il saurait venger les siennes. A genoux, mes amis, à genoux devant lui...! Demandons-lui la vie pour nous, pour nos enfans, pour nos femmes, et pour nos mères... Prosternons-nous, prosternons-nous bien bas, car de lui dépend notre salut !

En même temps, il fléchit le genou, et la foule électrisée l'imita spontanément. Les plaintes, les gémissemens, les sanglots éclatèrent de nouveau comme à un signal. Tous les regards pleins de larmes se tournaient vers le jeune gentilhomme, toutes les mains suppliantes se tendaient vers lui. Les plus forts dans cette malheureuse population en étaient venus à ce point d'abattement et de désespoir où la volonté s'abdique elle-même. D'ailleurs, ces trois fosses à peine refermées, ces croix de bois qui hérissaient autour d'eux le sol du cimetière, comme pour marquer leur place ; puis, l'exemple de ce vieillard, le patriarche du village, le conseiller vénéré de toutes les familles, avaient vivement frappé leur imagination. On leur désignait leur protecteur, et ils se prosternaient devant lui, et ils l'imploraient, sans discussion, sans arrière-pensée.

Alfred de Précigny était confus des démonstrations respectueuses dont il se voyait l'objet ; son beau visage devint pourpre.

— Que signifie ceci? dit-il à Nicolas d'un ton animé. Ne restez pas ainsi, je vous en prie ! Relevez-vous, faites relever ces braves gens...

— Nous ne nous relèverons pas, comte de Précigny, si vous ne promettez d'être pour nous ce que vos pères étaient autrefois. Au nom de votre aïeul Henri le Boulanger, au nom de votre père, ce saint martyr, faites ce qu'ils eussent fait à notre place, protégez-nous... sauvez-nous!

— Sauvez-nous! sauvez-nous! répéta la foule tout d'une voix.

Nicolas, toujours agenouillé, saisit son petit-fils entre ses bras et éleva la tête blonde et pâle de l'enfant au niveau de celle du comte.

— Regardez cette pauvre petite créature! dit-il en fondant en larmes; c'est le dernier rejeton de ma famille autrefois nombreuse... Si vous nous abandonnez, elle mourra demain, comme moi son aïeul ; pitié pour elle! pitié pour nous tous!

Alfred de Précigny semblait vivement agité ; un souffle irrégulier soulevait sa poitrine. Tout à coup il saisit Nicolas par le bras, et il s'écria impétueusement :

— Allons, mes amis, je n'y tiens plus... je suis à vous, disposez de moi ; on n'aura pas invoqué vainement le souvenir de mon père. Oh! je suis fier de vos instances, de vos prières ! mes ancêtres ont dû répandre autour d'eux de grands bienfaits pour que mon nom seul vous ait inspiré tant de confiance. Dans votre cruelle infortune vous avez recours, à moi, pauvre jeune homme sans crédit et sans puissance, dont le seul mérite est d'être le descendant de vos bienfaiteurs ; eh bien ! votre espoir ne sera pas trompé. Je ne sais quels moyens j'emploierai, je ne sais comment je m'y prendrai, mais j'obtiendrai justice pour vous, dussé-je périr à la peine. Dieu m'inspirera : on dit que la volonté c'est du génie; j'aurai du génie pour vous sauver.

En parlant ainsi il s'était redressé ; son mâle visage rayonnait d'enthousiasme; ses narines se gonflaient d'ardeur; son accent était franc et assuré. A le voir, à l'entendre, les malheureux habitans de Précigny sentirent l'espérance rentrer dans leurs cœurs ; ils se levèrent et l'entourèrent avec empressement.

— Quand vous disais-je qu'il était de la bonne race ! s'écriait Nicolas plein d'orgueil et de joie; maintenant, mes amis, courage ! vous verrez ce que vaut la promesse d'un Précigny.

La foule entourait en désordre le jeune chasseur ; les hommes lui serraient la main ; les vieillards le remerciaient avec effusion ; les femmes cherchaient à toucher ses vêtemens, comme elles eussent fait à ceux d'un saint. Alfred de Précigny était profondément attendri de ces simples caresses, de cette naïve gratitude; il encourageait les uns, il souriait aux autres, et ses yeux se remplissaient de douces larmes.

— Eh bien! qu'attendons-nous encore? s'écria-t-il avec chaleur ; nous n'avons pas de temps à perdre pour porter remède à des maux si pressans... Tiens, mon ami, continua-t-il en présentant son fusil et la laisse de son chien à un jeune garçon d'une douzaine d'années qui était près de lui, charge-toi de mon arme et de Ravaude ; va là-bas chez moi, à la ferme, reporter mon équipage de chasse... Pour nous, mes braves gens, nous allons nous rendre tous ensemble à la fabrique... Nous verrons monsieur Laurent, nous lui exposerons nos plaintes, et, s'il ne nous écoute pas, que les conséquences de son inhumanité retombent sur sa tête !

— Oui... c'est cela... partons! s'écrièrent plusieurs voix.

Maintenant que nous avons un chef hardi et résolu, nous mènerons bon train ce coquin de manufacturier. Il faut profiter du moment où quelques-uns de nous ont encore la force de se défendre... Partons!

Mais Nicolas, qui avait soulevé ce mouvement populaire, sentit la nécessité de le modérer. Jusqu'alors, il avait parlé sous l'inspiration exclusive de la douleur causée par la perte récente de son petit-fils, maintenant la prudence de son âge se réveillait.

— Prenez garde, mon jeune maître, dit-il en se penchant vers Alfred ; il y aurait du danger peut-être à conduire tant de monde à la fabrique... A cette heure-ci, les ouvriers de Laurent sont réunis dans les ateliers ; beaucoup de ces ouvriers sont Anglais, comme ce méchant Smithson, le contre-maître général, et ils ont eu déjà des querelles avec les habitans du village... Si nous arrivions là-bas en troupe nombreuse, ces discussions pourraient se ranimer ; on n'est pas toujours maître de contenir des gens exaspérés comme les nôtres, et nous devons, avant tout, employer les moyens de conciliation et de douceur.

Précigny, malgré son impétuosité, avait trop de bon sens pour ne pas comprendre la justesse de ces observations.

— Nicolas a raison, reprit-il à voix haute ; il y aurait des inconvéniens à nous rendre ainsi tumultueusement chez monsieur Laurent. Restez donc, mes amis ; Nicolas et moi nous nous chargerons d'aller plaider votre cause devant cet impitoyable bourgeois... Fiez-vous-en à nous pour lui dire ce qu'il faut qu'il sache, et, si nous n'obtenons rien de lui, eh bien! nous agirons vigoureusement, je vous le garantis....

Nicolas approuva cette décision ; pendant que le comte adressait quelques paroles de bonté à ceux des habitans qu'il reconnaissait dans la foule, le vieillard s'approcha d'une voisine et lui remit son cher petit-fils.

— Je ne puis mener cet enfant avec moi, dit-il avec émotion, je vous le confie, bonne Fanchette ; veillez bien sur lui pendant mon absence ; ne le perdez pas de vue un instant... N'est-ce pas que vous me promettez de me le rendre bien portant? Mon petit Pierre, voyez-vous, c'est mon bonheur, c'est ma vie!

La voisine assura qu'elle aurait la plus grande vigilance. Nicolas embrassa deux fois l'enfant, lui sourit, l'embrassa encore, et revint vers Alfred.

Cependant, au moment de se mettre en route, il examina d'un air de préoccupation le costume de Précigny. Celui-ci, après s'être débarrassé de son attirail de chasse, était resté en guêtres de cuir, en blouse de coutil et en casquette. Quoique la coupe de ces divers ajustemens ne manquât pas d'une certaine élégance, leur ensemble ne formait pas une tenue convenable pour une visite de cérémonie ; Nicolas en fit timidement l'observation.

— Ai-je besoin de me revêtir d'un habit noir pour paraître devant l'ancien intendant de mon père? dit le jeune homme avec une hauteur dédaigneuse.

— Non, sans doute, monsieur le comte, répliqua le vieux paysan, qui semblait avoir une raison secrète d'insister sur ce sujet ; mais, comme vous le disiez tout à l'heure, les temps sont bien changés ! Nous allons à la fabrique solliciter une faveur, une grâce, et il pourrait s'y trouver telles personnes...

— Je perdrais trop de temps à retourner chez moi, à la Pommeraie, interrompit le jeune comte ; peu importe mon costume pourvu que l'on m'entende... ! D'ailleurs, continua-t-il, je suis le délégué des habitans de Précigny, et je ne prétends pas être vêtu plus richement qu'eux ; on saura ainsi que je suis leur ami, leur égal, et que je défends mon propre intérêt en défendant le leur.

Ces paroles affectueuses portèrent au comble la reconnaissance des campagnards. Ils levaient les yeux au ciel d'un air attendri.

— Partons donc, reprit Nicolas ; vous, mes amis, ne nous suivez pas... vos intérêts sont en bonnes mains !

Ils allaient s'éloigner, quand Mathurin s'avança dans le cercle dont ils occupaient le centre.

— Monsieur de Précigny, et vous, père Nicolas, dit-il, réfléchissez à ce que vous allez faire... Il n'est peut-être pas prudent à vous de vous hasarder seuls ainsi à la fabrique, et vous agiriez sagement en me permettant de vous accompagner avec une demi-douzaine de nos garçons les plus robustes. Nous n'entrerions pas chez Laurent, nous attendrions à la porte, et nous n'apparaîtrions qu'en cas de besoin... Vous, père Nicolas, vous êtes un homme posé et froid, mais monsieur le comte est vif, plein de courage; un mot de travers, si la discussion s'animait, pourrait vous mettre en danger, et alors...

— Merci, Mathurin, nous n'aurons pas besoin d'un pareil secours ; la filature de Laurent n'est pas un coupe-gorge, que diable ! et deux hommes peuvent bien s'y risquer en plein jour... D'ailleurs, monsieur le comte sera réservé; il sait trop quelles conséquences funestes une parole inconsidérée pourrait avoir dans les circonstances actuelles.

— Nous n'avons rien à craindre, dit Alfred avec assurance ; anglaise ou française, la canaille ne m'a jamais fait peur !... Adieu donc, mes braves gens ; vous entendrez bientôt parler de vos fondés de pouvoirs.

Il salua gracieusement du geste, et, prenant le bras du vieillard, qui voulait se soustraire à cet honneur, tous les deux traversèrent le village pour se rendre à la fabrique.

La foule le suivit longtemps des yeux ; lorsqu'ils eurent disparu, les groupes se formèrent devant le cimetière, et quelques notables se mirent à causer des chances probables de la démarche que l'on allait tenter.

— Sur ma foi ! disait l'un d'eux, le jeune noble s'est bien conduit, quoiqu'il se soit fait longtemps prier !... je ne sais s'il obtiendra quelque chose, mais ça donne du courage d'avoir un ami si chaud et si fier.

— Faudra voir, faudra voir, répondit Mathurin en secouant la tête ; l'avenir décidera ce beau feu-là sera de longue durée... En attendant, M. de Précigny me paraît pécher par trop d'ardeur, et je crains tout de bon qu'il ne s'attire là-bas une mauvaise affaire avec les *Englishman* de la fabrique.

— Ce serait bien dommage, s'écria une femme ; un si beau et si brave garçon !

— Au fait, ce serait une honte pour nous, si on insultait nos délégués... surtout ce bon jeune noble que nos affaires ne regardaient pas.

— Eh bien ! j'y veillerai, reprit Mathurin d'un ton résolu ; vous, mes voisins, ne quittez pas le village, et tenez-vous prêts à la moindre alerte... Pour moi, je vais aller rôder dans les environs de la fabrique... Je ne suis pas tranquille, et décidément notre nouvel ami vaut la peine qu'on s'inquiète de lui.

Il donna encore quelques instructions aux assistans; puis il prit à son tour la route de la manufacture, pendant que les autres paysans se dispersaient lentement.

IV

Monsieur Laurent, le maître de cette usine devenue si fatale aux habitants de Précigny, n'était pas précisément, malgré la haine de ses voisins, un méchant ou un malhonnête homme. C'était un de ces spéculateurs, assez communs à notre époque d'industrialisme, qui prennent volontiers le bien-être matériel de la société pour son intérêt suprême, et qui, de la meilleure foi du monde, croient rendre service à l'État en faisant leur fortune. Auprès de pareilles gens, le désir d'acquérir se substitue tout naturellement aux sentiments de générosité, de grandeur, de fraternité humaines; le génie des affaires éteint le cœur ; une sèche et impitoyable raison étouffe les idées morales, que l'on s'habitue à regarder comme de vaines futilités.

Avec un homme de ce caractère, la mission acceptée inopinément par Alfred de Précigny ne devait pas être facile. L'histoire de Laurent était bien connue, et rien n'annonçait que le manufacturier dût consentir au moindre sacrifice pour remédier aux maux dont il était la cause indirecte.

Laurent, fils d'un petit bourgeois d'une ville voisine, avait passé sa première jeunesse dans une maison de commerce de cette ville, et il y avait pris de bonne heure ce goût des affaires, pour lesquelles il montra plus tard tant d'aptitude. Actif, entreprenant, d'un esprit juste quoique mesquin et étroit, il avait su calculer avant de savoir lire. Peu fortuné, il s'habitua à l'économie sans avoir senti le besoin ; il ne comprit jamais que l'on pût dépenser au delà du strict nécessaire. Une seule fois dans sa vie, il eut occasion de voir de près le luxe et la richesse, ce fut à l'époque où il vint habiter le château de Précigny. Le père d'Alfred avait demandé à l'un de ses amis un jeune homme instruit et laborieux, pour gérer, sous sa direction immédiate, ses vastes domaines; Laurent, alors sans place, lui avait été envoyé, et nous pouvons dire qu'il s'était acquitté de sa mission, pendant plusieurs années, de manière à mériter des éloges. Néanmoins, l'abondance et le faste qui régnaient au château de Précigny n'avaient pas un instant excité son ambition; il était de ces modestes bourgeois de province qui se croyaient naïvement d'une autre espèce que les nobles ; s'il désira la fortune, ce fut pour la fortune elle-même, et non pour les jouissances qu'elle procure.

La révolution arriva, et nous savons combien elle fut funeste aux Précigny. Laurent avait quitté ses maîtres dans les termes les plus honorables; trop égoïste pour se dévouer à eux dans leur infortune, il était néanmoins trop honnête pour leur faire aucun mal. Il avait acquis quelque bien à leur service, non pas qu'on pût lui reprocher aucune malversation dans son administration des domaines de Précigny ; mais le père d'Alfred, en vrai gentilhomme, avait toléré que son intendant tirât tous les avantages raisonnables de sa position. Laurent possédait donc d'assez belles économies, et les circonstances étaient favorables pour les faire valoir. Il spécula sur les laines, dont le Berri a toujours été un des principaux marchés; dans ce temps où il n'y avait pas de concurrence, ses spéculations ne pouvaient manquer d'être heureuses ; ses modestes capitaux doublèrent, triplèrent en peu de temps: alors il songea à tenter la fortune sur une plus large échelle.

Les biens de la famille Précigny, devenus biens nationaux, étaient en vente pour une somme modique; Laurent acquit un lot assez considérable de cette propriété. C'était, il est vrai, la partie la plus stérile, la moins favorable à l'agriculture ; le spéculateur avait un plan arrêté depuis longtemps. Sur ce terrain en friche se trouvait un cours d'eau qu'il comptait utiliser; il s'associa quelques personnes riches, dont il avait su captiver la confiance; il se maria, afin d'avoir à palper une dot, et on connut enfin vers quel but tendaient ses efforts.

Un beau jour, les habitans de Précigny virent les eaux du ruisseau retenues par un barrage, à quelque distance du village ; en même temps des ouvriers se mirent à l'œuvre pour construire au-dessous une petite filature. Ils ne s'effrayèrent pas de ce voisinage, car ils ne songeaient pas encore à l'insalubrité qui pouvait en résulter pour eux; la plupart même se réjouissaient d'avoir à portée un lieu où ils pouvaient vendre leurs laines sans se déranger. Cependant, peu à peu la filature prit du développement, le barrage se changea en solide chaussée, et les eaux commencèrent à refluer vers le bourg ; quelques cas de fièvre se manifestèrent ; on s'en plaignit, mais sans aigreur. Tout le monde croyait trouver un avantage à ce qu'un semblable établissement prospérât dans le pays; on se résignait à acheter cet avantage par quelques inconvéniens.

Cette résignation encouragea Laurent et ses associés, si toutefois ils en eurent connaissance. Leurs affaires allaient à merveille; ils sentaient de jour en jour la nécessité de s'agrandir pour donner à leur fabrication toute l'extension dont elle était susceptible. Enfin, quelques années avant l'époque où commence cette histoire, l'établissement industriel avait subi sa dernière, sa plus importante métamorphose : de nouveaux bâtiments y avaient été ajoutés ; la simple filature était devenue manufacture de draps. La force motrice devant être plus puissante après cette addition de métiers, on avait fait venir à grands frais du haut pays divers cours d'eau pour les réunir à l'ancien. Ainsi, le petit étang, premier réservoir de l'usine, prit les proportions d'un vaste lac, qui s'étendait jusqu'au village et y répandait, pendant la majeure partie de l'année, la fièvre et l'épidémie.

Telle avait été l'histoire de Laurent et de sa fortune ; quant à sa vie privée, elle n'avait offert aucune circonstance bien remarquable. Sa femme, créature assez insignifiante, était morte vers le milieu de l'Empire, en lui laissant une fille qu'il avait fait élever sous ses yeux avec beaucoup de soin. C'était de cette fille que les pauvres de Précigny avaient parlé récemment avec tant d'éloges ; mademoiselle Laurent était, en effet, aux yeux des gens du pays, le bon ange qui les protégeait auprès du puissant manufacturier, comme son factotum, l'Anglais Smithson, était le mauvais génie qui lui attirait l'exécration publique.

Du reste, ce n'était pas sans raison que Nicolas avait tant insisté pour décider Alfred de Précigny à se charger des intérêts du pauvre village. A son arrivée dans la commune, le jeune émigré s'était tenu enfermé chez lui, témoignant assez par ses allures farouches qu'il n'entendait frayer avec aucun de ses voisins. Cependant, à la première nouvelle de son retour, on avait vu le manufacturier se rendre à la ferme, en habit de cérémonie, pour visiter le fils de son ancien maître. Alfred l'avait reçu avec politesse, mais avec une froideur glaciale, et il ne lui avait pas rendu sa visite, de sorte que, depuis ce moment, tous rapports avaient cessé entre le gentilhomme et le manufacturier.

Cette démarche, insignifiante en apparence, avait néanmoins inspiré au vieux Nicolas de secrètes espérances pour le succès de la cause dont le comte se faisait le champion. Quel motif, en effet, pouvait avoir eu Laurent, cet homme positif dont la vie avait été une spéculation perpétuelle, de se montrer si empressé envers un jeune homme pauvre, isolé, sans amis, lui riche, influent, lié avec tous les personnages importans du département? De deux choses l'une : ou le manufacturier, malgré son extérieur sec et froid, avait conservé un bon souvenir de ses premiers bienfaiteurs et avait reporté sur le fils la reconnaissance qu'il éprouvait pour le père, ou bien il avait un intérêt quelconque et secret à ménager Alfred de Précigny. D'un autre côté, Nicolas savait de science certaine qu'à la fabrique on s'occupait beaucoup du jeune comte ; plusieurs fois on avait interrogé les gens du village sur les habitudes d'Alfred ; plusieurs fois on avait demandé s'il *boudait* toujours : on s'informait de ses démarches les plus indifférentes, et la curiosité campagnarde ne semblait pas avoir été le seul motif de ces petites enquêtes. Bref, de tout ceci Nicolas concluait que si quelqu'un au monde pouvait obtenir du manufacturier des concessions importantes en faveur des malheureux compatriotes, c'était certainement Alfred.

Celui-ci ignorait la plupart de ces détails, aussi voyait-il les choses sous un point de vue différent. Tout en allant à la fabrique, il se rappelait avec quelle hauteur il avait reçu jadis l'ancien homme d'affaires de son père ; il songeait que nécessairement un parvenu avait dû lui garder rancune de l'impolitesse qu'il avait commise en ne lui faisant pas de visite ; d'ailleurs, il ne l'ignorait pas, ce que la plupart des hommes pardonnent le moins, ce sont des services rendus. Il n'espérait donc rien de l'amiable du riche fabricant, et il se préparait à la lutte avec courage. Encore sous l'impression de la scène désolante du cimetière, fier de la confiance dont il était investi par une population entière menacée de mort, il pressait le pas de son compagnon, et semblait impatient de se trouver en présence de l'auteur de tant de maux.

Nicolas se garda bien de diminuer cette ardeur ; loin de là, pendant le chemin, il se plut à entretenir le jeune comte des anciens seigneurs de Précigny, au sujet desquels il savait une foule d'anecdotes particulièrement intéressantes pour leur descendant. Il prenait texte de tout pour citer quelque action louable, quelque trait généreux d'un Précigny. Ici l'aïeul d'Alfred avait fait relever une pauvre chaumière qui tombait en ruines ; là, son bisaïeul avait tué d'un coup de fusil un taureau furieux prêt à éventrer un pâtre. Un peu plus loin, on s'arrêtait devant le petit champ où son père avait fait les premières expériences de la culture de la pomme de terre, afin de doter la province de ce précieux tubercule. Ces souvenirs si honorables augmentaient l'enthousiasme de l'impétueux jeune homme ; il brûlait de tenter quelque chose en faveur de ces bonnes gens dont ses pères avaient été si longtemps la providence visible ; il roulait déjà dans sa tête des projets, inexécutables peut-être, mais à coup sûr pleins de générosité et de dévouement.

Les promeneurs avaient pris un chemin en assez mauvais état, qui suivait les sinuosités vaseuses de l'étang ; bientôt ils atteignirent l'immense et solide chaussée, barrière puissante de cette masse d'eau. A l'extrémité s'élevait la magnifique usine de monsieur Laurent.

Elle formait un vaste carré dont le fond était occupé par de beaux jardins remplis d'arbres verts. Les quatre principaux corps de logis, comme nous l'avons dit, avaient été construits à diverses époques, mais il régnait entre eux une telle symétrie, qu'évidemment, en faisant construire le premier, monsieur Laurent avait déjà dressé le plan de l'édifice entier. Chaque côté du quadrilatère présentait à l'œil une longue suite de cintres et de fenêtres en briques dont la couleur rouge vif tranchait sur la blancheur des murs. En approchant, les promeneurs, dont l'oreille était habituée au morne silence de la campagne, entendirent un bruit confus qui grandissait de minute en minute ; quand ils furent arrivés devant la porte principale de l'usine, ils s'arrêtèrent spontanément.

Leur regard plongeait dans une immense cour autour de laquelle s'élevaient les bâtimens de la fabrique. Sur la gauche, l'eau de l'étang s'échappant d'une écluse, tombait avec fracas sur la gigantesque roue qui mettait en mouvement les machines et les métiers ; cette eau, après avoir rempli divers réservoirs destinés au lavage des laines, fécondait les jardins verdoyans, et se perdait dans les bruyères à quelque distance. Un monde d'ouvriers, hommes, femmes et enfans, allaient et venaient autour des bassins ; sous des hangars, on voyait des ballots empilés, des chariots chargés et prêts à partir. Le bruit que les visiteurs avaient entendu à distance était devenu assourdissant, il se composait de mille bruits divers et souvent bizarres ; c'était d'abord le mugissement de la chute d'eau, puis le grincement de la pesante roue sur son pivot d'acier, puis le cliquetis des machines dans les ateliers du premier étage. Au rez-de-chaussée, où se trouvaient des métiers de tisserand, on entendait le frôlement des navettes et les coups secs des pédales. Au milieu de tout cela, cent voix aux timbres variés causaient, s'appelaient, transmettaient des commandemens. On eût dit d'un monde à part où, sous l'apparence du désordre, se cachait l'harmonie la plus parfaite.

Cette activité, ce bruit industriel, contrastant avec le calme de la nature extérieure, avec ce lac noir et immobile, avec ces brandes vaporeuses, avec cette campagne solitaire, frappaient l'imagination d'Alfred de Précigny. Plusieurs fois il avait passé devant la fabrique pour aller à la chasse ; mais, dans la crainte qu'on ne lui attribuât le désir de se lier avec le maître de cet établissement, il avait toujours détourné la tête, et s'était éloigné en sifflant entre ses dents. Ce spectacle était donc nouveau pour lui; un étonnement mêlé d'admiration se peignit sur son visage.

Le vieux Nicolas, qui l'observait, attribua cette impression à une autre cause.

— Vous êtes surpris, monsieur, lui dit-il, de ne pas voir les habitants de la fabrique aussi faibles, aussi malades que nous! Que voulez-vous, c'est à n'y rien comprendre; beaucoup sont atteints, mais ils résistent. Sans doute ils s'exposent moins que nous autres aux influences malfaisantes du grand air... A l'exception de la fille unique de monsieur Laurent, personne ici ne semble sérieusement attaqué de la terrible fièvre; mais cette préférence même de la maladie n'est-elle pas une preuve que la Providence veille pour nous, que le châtiment de notre ennemi est déjà prêt?

Alfred n'avait pas entendu ces paroles; en proie à une distraction singulière, il dit à demi-voix, comme à lui-même :

— Je n'avais aucune idée d'une semblable merveille. En vérité, l'homme qui a créé cette immense manufacture, l'homme dont la volonté dirige tous ces bras intelligens, toutes ces superbes machines, doit souvent s'admirer dans son œuvre! L'industrie peut-elle donc avoir aussi sa poésie et sa grandeur? Tout ici est beau et imposant; tout respire l'abondance, le bien-être et la paix.

— Oui, et là-bas on souffre et on meurt! dit le vieillard avec une ironie mélancolique, en étendant sa main vers le village.

Le comte se redressa vivement.

— Croyez-vous qu'il soit déjà nécessaire de me le rappeler? répliqua-t-il avec un accent de reproche; entrons, Nicolas; vous allez voir si l'étalage de cette puissance me fait oublier mes promesses aux faibles et aux opprimés.

En même temps, il franchit la porte d'entrée d'un pas si rapide, que le vieillard avait peine à le suivre.

Laurent avait réservé pour son logement et ses bureaux un pavillon situé à l'angle de la cour; on y arrivait par un perron de quelques marches, protégé contre le soleil et la pluie par un auvent élégamment peint; sur les marches de ce perron s'étageaient des vases en fonte garnis de fleurs.

Au moment où le comte et Nicolas atteignirent le pavillon, un petit cri de surprise, un cri de femme, retentit au-dessus de leur tête. Alfred ne l'entendit pas au milieu du bruit, mais Nicolas, levant les yeux, aperçut quelqu'un qui se retirait précipitamment d'une fenêtre.

Le vieillard sourit avec satisfaction :

— Elle nous a vus, murmura-t-il; elle est là... courage!

Et il rejoignit le jeune comte, qui gravissait résolument les marches du perron.

V

La cour était remplie de travailleurs et de travailleuses; cependant aucun n'avait paru remarquer l'arrivée des étrangers, aucun ne s'était présenté pour les introduire auprès du chef de l'établissement. Ils pénétrèrent donc seuls dans une espèce de bureau divisé par des grillages en compartimens inégaux, dont le principal était soigneusement entouré d'un rideau vert.

D'abord ils ne virent personne dans ce sanctuaire administratif, mais, au bruit de leurs pas, une figure refrognée, quoique jeune encore, surmontée d'une chevelure rouge et embellie de lunettes d'or, se montra à un guichet du grillage semblable à ceux des bureaux de caisse, et une voix aigre cria avec un accent anglais fortement prononcé :

— Tout à l'heure.

Puis la tête disparut, et le plus profond silence régna dans la salle.

Le comte, étranger aux formes âpres en usage encore aujourd'hui dans certaines administrations, fronça légèrement le sourcil. Nicolas lui dit à voix basse :

— C'est monsieur Smithson, le contre-maître anglais... Les habitants de Précigny n'ont pas de plus mortel ennemi.

Ce renseignement n'était pas de nature à diminuer l'impatience du bouillant jeune homme. Il s'approcha du grillage; Smithson, penché sur un énorme registre ouvert, ne faisait aucune attention aux nouveaux venus. Alfred attendit quelques secondes; puis, n'y tenant plus :

— Monsieur, dit-il d'une voix déjà altérée par la colère, je désirerais...

— Tout à l'heure, répéta Smithson avec son flegme britannique.

Cette fois, Alfred perdit complètement patience.

— Mais, monsieur, ce n'est pas à vous que j'ai affaire... c'est à monsieur Laurent, à lui seul, et si vous êtes à son service, veuillez le faire prévenir sur-le-champ.

L'Anglais leva lentement la tête; après avoir envisagé son interlocuteur, il se décida enfin à mettre de côté l'énorme registre qu'il était en train de compulser.

— Eh bien! voyons, de quoi s'agit-il? dit-il avec raideur, sans bouger de son fauteuil de cuir; vous pouvez traiter avec moi, monsieur... Quoique je ne sois pas *en nom* dans la *raison sociale*, j'ai qualité pour conclure les marchés, et j'ai la signature de la maison Laurent.

— Il ne s'agit pas de transaction commerciale, monsieur; l'affaire qui m'amène ici est toute personnelle à monsieur Laurent. Je vous prie donc de lui annoncer que les délégués du village de Précigny désirent avoir avec lui un instant d'entretien.

Smithson se pencha en arrière, et lança un regard dédaigneux à Alfred par-dessous ses lunettes d'or.

— Vous ne venez donc pas pour une commande? dit-il avec insolence; j'aurais dû m'apercevoir en effet que vous n'étiez pas de nos commettants ordinaires... Eh bien! mes braves gens, on ne voit pas monsieur Laurent comme cela. Monsieur Laurent est un homme occupé, dont le temps est précieux; il a autre chose à faire qu'à écouter d'inutiles jérémiades.

— Il paraît que nos motifs de plainte ne sont pas entièrement inconnus ici! dit le jeune homme avec amertume; mais finissons. Monsieur, continua-t-il d'un ton fier, si monsieur Laurent est aujourd'hui trop grand seigneur pour recevoir les envoyés des pauvres paysans qu'il opprime et qu'il tue, il recevra, je l'espère, le comte Alfred de Précigny, le fils de son ancien maître.

Ces paroles, dites avec beaucoup de noblesse, surtout le nom d'Alfred de Précigny, produisirent une vive impression sur le contre-maître. Il fit un geste de surprise, et laissa échapper une exclamation en anglais.

Au même instant on entendit, dans le cabinet si soigneusement fermé avec des rideaux de soie verte, un bruit sourd semblable à celui de plusieurs registres que l'on renverse, et quelqu'un s'écria avec précipitation :

— Le comte Alfred chez moi!... Me voici, me voici.

Une petite porte pratiquée dans la claire-voie s'ouvrit alors, et monsieur Laurent, qui avait entendu la conversation précédente, sortit du cabinet.

Le manufacturier avait cinquante-cinq ou soixante ans; mais il conservait cette verdeur, résultat ordinaire d'une constante activité. Il était grand, sec; toute sa personne avait quelque chose de froid et de compassé. Son visage, sans être dur, était sévère; ses cheveux gris, un peu rares sur le crâne, laissaient découvert un front large sillonné de rides profondes. Ses manières étaient graves; l'habitude de commander lui avait donné un ton bref dont il ne pouvait toujours se défaire quand les circonstances l'exigeaient. Son costume n'avait rien de remarquable; une grande redingote, boutonnée de travers, l'enveloppait tout entier. Monsieur Laurent possédait une sorte de majesté bureaucratique qui ne devait pas produire peu d'effet sur ses inférieurs, et qui imposait même à ses égaux. Surpris au milieu de ses travaux journaliers, il avait passé sa plume derrière son oreille, suivant une habitude des commis de l'ancien régime; cet ornement bizarre ajoutait encore un caractère de raideur à sa physionomie.

— C'est en effet monsieur de Précigny, dit-il en s'inclinant d'un air cérémonieux devant le jeune gentilhomme. Comment, Smithson, n'avez-vous pas reconnu monsieur le comte, qui passe si souvent devant la maison pour aller chasser dans la brande? Je suis à vos ordres, monsieur de Précigny, entrez dans mon cabinet... entrez aussi, maître Nicolas. Je ne peux refuser de vous entendre.

Quoique cet accueil fût très réservé, il dut paraître d'une bienveillance extraordinaire à ceux qui connaissaient les habitudes passablement cavalières du manufacturier. Smithon ouvrait de grands yeux effarés, et le vieux Nicolas, après s'être assis dans un fauteuil de cuir, se demandait à part lui où monsieur Laurent avait pris tant de mansuétude et de loquacité. Le comte, moins au fait du caractère du fabricant, ne partageait pas cet enthousiasme. Cependant il dit d'un ton poli:

— J'ai des excuses à vous adresser, monsieur, pour ma mauvaise humeur de tout à l'heure... Les difficultés que j'éprouvais pour parvenir jusqu'à vous...

— Assez sur ce sujet, interrompit Laurent avec un faible froncement de lèvres qui pouvait passer pour un sourire; je suis habitué à tenir plutôt compte des actes que des paroles... Parlons donc du sujet de votre visite, car, si je ne trompe, le comte de Précigny n'est pas venu chez moi dans un simple but de politesse.

Pour la première fois, Alfred comprit les difficultés de la mission qu'il avait acceptée spontanément et sans réflexion. Convaincu de la justice de sa cause, il n'avait pas songé à la nature des sacrifices qu'il pouvait demander au manufacturier. Aussi, en se trouvant tout à coup devant cet homme calme, rigoureux comme un chiffre, impitoyable comme la logique, en voyant cet œil ferme, inquisiteur, fixé sur lui, éprouvait-il quelque embarras à commencer la discussion. Les idées lui venaient en foule; mais il sentait qu'avec un pareil adversaire il devait faire un choix rigoureux dans ses expressions. Pendant qu'il hésitait, Nicolas prit la parole:

— Excusez-moi, monsieur Laurent, dit-il d'un ton timide, si j'ose prendre la parole avant mon jeune maître, mais la douleur l'emporte sur le respect. Vous avez bien des fois reçu nos plaintes, et vous n'y avez jamais fait droit. Cette fois, nos maux sont devenus intolérables... la fièvre a redoublé de violence à Précigny, vous ne l'ignorez pas... Plusieurs personnes sont mortes la semaine dernière; trois ont encore été enterrées ce matin, et parmi elles, ajouta le vieillard, dont la voix s'altéra, se trouve un pauvre enfant qui m'était bien cher... Nous n'avons plus le courage de souffrir; aussi les pauvres habitans du village nous ont-ils envoyés vers vous, monsieur de Précigny et moi, un jeune seigneur et un pauvre paysan, pour implorer votre pitié. Repousserez-vous monsieur de Précigny comme vous nous avez repoussés si souvent?

Pas une fibre du visage du manufacturier ne bougea; son œil sévère avait quitté le jeune comte pour se fixer sur l'autre interlocuteur. Il répondit tranquillement:

— Vous ne m'apprenez rien de nouveau, mon brave homme; la fièvre a causé, en effet, cette année-ci, plus de ravages que les années précédentes; ne suis-je pas maire de la commune? ne suis-je pas chargé d'enregistrer les décès?... Heureusement l'hiver approche; bientôt l'épidémie perdra beaucoup de sa violence, si elle ne disparaît complètement jusqu'au printemps prochain.

Cette réponse rendit à Alfred toute son énergie.

— Et voilà quelles consolations vous donnez à une population malheureuse, menacée d'une destruction prochaine? s'écria-t-il impétueusement; monsieur le fabricant, oubliez-vous donc que cette horrible maladie est causée par les émanations malfaisantes de votre étang? Ignorez-vous qu'il dépend de vous de la faire cesser?... Mais je m'emporte et je veux être calme, reprit-il d'un ton plus doux : je m'irrite quand je devrais prier... Monsieur Laurent, au milieu de votre éclatante prospérité, la plainte du pauvre parvient jusqu'à vous; gardez-vous de lui fermer votre oreille et votre cœur. Vous êtes maire de cette commune, vous êtes en même temps le personnage le plus riche et le plus influent du pays; Dieu vous a donné cette richesse et cette influence, comme autrefois à mes pères, pour faire le bien, soutenir le faible, secourir le malheureux; toute question d'intérêt personnel doit passer après cette grande question d'humanité... C'est ainsi, du moins, monsieur, que nous entendions nos devoirs sous l'ancien régime; vous en souvenez-vous?

Laurent l'examinait toujours sans s'émouvoir.

— Le vieux sang des Précigny ne s'est pas refroidi dans vos veines, monsieur le comte, reprit-il enfin avec ce léger froncement de lèvres qui lui tenait lieu de sourire; mais parlons sérieusement... Vous m'accusez de dureté, d'inhumanité envers les pauvres habitans du village; vous allez donc m'indiquer, je pense, un moyen de faire cesser les maux dont ils se plaignent!

— Il en est un fort simple, répliqua Alfred avec la candeur d'un honnête homme, c'est de rendre aux eaux stagnantes leur cours naturel, de dessécher ce fatal étang.

Le manufacturier se tut un moment, comme s'il n'eût pu croire à la réalité d'une semblable proposition. Enfin il s'approcha d'une fenêtre qui donnait sur la cour, et, l'ouvrant brusquement, il montra au comte les travailleurs qui s'agitaient autour des bassins, ou qui remplissaient leur tâche dans les ateliers.

— Regardez, dit-il d'un ton grave, ces gens ne méritent-ils pas aussi quelque intérêt? Il y a là deux cents ouvriers, et souvent davantage, qui font vivre leurs familles du prix de leur travail... Deux cents familles tomberaient donc dans la misère ou mourraient de faim si cet établissement n'existait plus?

— Ces ouvriers trouveraient ailleurs du travail et du pain... Mais voyons, monsieur; je suis fort peu expert en pareille matière; cependant j'ai entendu dire que dans beaucoup d'usines on commençait à substituer la vapeur, comme force motrice, aux chutes d'eau...

— Voici enfin une proposition qui a quelque chose de raisonnable, dit le manufacturier; eh bien! approchez, Smithson, continua-t-il en s'adressant au contre-maître anglais qui était resté dans son bureau, indifférent en apparence, mais très attentif en réalité à tout ce qui se passait; ceci vous regarde... Vous avez étudié dans votre pays l'application de la vapeur à l'industrie, et, sur ma demande, vous avez fait des calculs que j'ai vérifiés moi-même; donnez-nous le résultat de vos recherches sur cette question.

L'Anglais s'avança d'un air compassé:

— Monsieur, répliqua-t-il avec son accent britannique fortement accusé, ces résultats ne sont guère encourageans, vous le savez bien... Nos produits, manufacturés au moyen de la vapeur, nous reviendraient, déduction faite du prix des machines et du combustible, à trente-sept pour cent plus chers que par les procédés actuels de fabrication. En déduisant encore de ces trente-sept pour cent une économie de main-d'œuvre de sept pour cent, on trouve trente pour cent à ajouter au coût actuel de la production brute...

— Je n'entends rien aux chiffres, et surtout à ceux groupés par monsieur Smithson, interrompit Alfred avec un peu de hauteur; mais certainement il doit exister d'autres forces que l'eau pour mettre en mouvement les machines d'une filature; des chevaux, par exemple...

— Vous permettrez encore à Smithson de vous répondre, monsieur le comte, dit le manufacturier; nous autres Français, nous devons toujours consulter nos voisins d'outre-Manche dans les questions de cette nature; ils sont nos maîtres en industrie, et monsieur Smithson est le plus habile mathématicien que je connaisse..... Eh bien ! Smihson, que pensez-vous des chevaux employés comme force motrice ?

— Allons donc! répliqua le contre-maître d'un air railleur ; il nous faudrait soixante chevaux travaillant quatorze heures par jour. Une pareille dépense, au lieu de trente sept pour cent, comme la vapeur, augmenterait notre prix de revient de quarante-cinq... A ce taux, nous ne pourrions soutenir la concurrence contre aucune fabrique de France ; nos gros draps coûteraient plus cher que les beaux produits extra de Louviers et d'Elbeuf.

Alfred et Nicolas se regardaient avec embarras, ne sachant que répondre à ces argumens de comptoir assez peu intelligibles pour eux. Laurent restait toujours impassible ; mais l'air suffisant du positif et orgueilleux Anglais avait blessé Précigny.

— Monsieur, dit-il vivement en se tournant vers le manufacturier, je n'ai pas la prétention de lutter d'arithmétique industrielle avec votre commis, et j'ai eu tort d'accepter la discussion sur un terrrain où je devais inévitablement être battu... Jusqu'ici, nous n'avons pu nous entendre parce que vous voulez voir une spéculation commerciale où je ne vois qu'une question d'humanité. Peut-être les conditions d'existence de votre fabrique sont-elles ce que dit cette habile calculateur ; je l'ignore, mais eût-il dit vrai, vous ne devriez pas hésiter à sacrifier cet établissement même aux devoirs les plus sacrés. Vous êtes riche, je le sais ; en vous retirant aujourd'hui des affaires, vous pourriez encore vivre dans l'opulence... Votre objection au sujet des ouvriers établis ici n'est pas sérieuse ; ils trouveront aisément de l'ouvrage dans une autre manufacture qui ne présentera pas les inconvéniens de celle-ci. Le désir de poursuivre vos succès commerciaux, de vous enrichir encore, d'entasser somme sur somme, peut donc seul vous inspirer la cruelle pensée de conserver cette usine dans ces conditions actuelles d'existence. Monsieur, je m'adresse à votre cœur. Il n'a jamais passé pour mauvais, quoique l'habitude des affaires ait pu l'endurcir. Je représente une population malheureuse dont tout l'espoir repose sur votre générosité ; sa demande a été repoussée par les pouvoirs officiels ; avant de la renouveler, elle vous supplie, par ma voix, de lui permettre de vivre... ce sont les larmes des mères, les supplications des frères et des sœurs, les plaintes touchantes des vieillards que nous venons vous apporter ici !

Ces paroles, prononcées avec un accent de l'âme, semblaient devoir impressionner l'homme le plus dur ; cependant le manufacturier ne donna aucun signe d'émotion. Nicolas, attendri, serra furtivement la main du chaleureux jeune homme.

— Bien ! bien ! monsieur le comte, murmura-t-il ; les pauvres vous remercieront.

Un soupir se fit entendre de l'autre côté du grillage qui fermait l'enceinte du cabinet ; une personne venait d'entrer d'un pas furtif dans le bureau, mais elle restait cachée derrière le rideau de soie verte ; rien jusque-là n'avait trahi sa présence.

VI

— Monsieur le comte, reprit enfin le manufacturier d'un ton sec, j'apprécie comme je le dois les motifs généreux de votre intervention dans cette affaire ; mais, vous l'avouerez, vous êtes venu m'adresser une proposition fort étrange. Parce que des individus de mauvaise constitution meurent de la fièvre dans un village voisin, vous me demandez la destruction du plus bel établissement industriel du pays, vous demandez ma ruine, celle de mes commettans, celle de mes ouvriers... — Smithson se frottait les mains en riant de ce rire lourd et insolent, particulier à la nation britannique. Cependant il se taisait, et Alfred se contenta de lui jeter un regard de colère. — Vous ne serez donc pas surpris, continua le fabricant, si je ne change rien à l'état des choses, et si j'exerce paisiblement comme par le passé mon utile industrie. Les habitans de Précigny ont adressé une pétition au pouvoir législatif pour obtenir la suppression de mon usine ; cette demande ayant été repoussée, rien ne peut plus entraver mes opérations commerciales.

— Prenez garde, monsieur, s'écria le comte, il s'élèvera peut-être, en dehors de la légalité, une puissance avec laquelle il vous faudra compter aussi. Le droit de vivre est un droit sacré : l'homme est bien fort quand il a sa vie à défendre..... Prenez garde, je vous en conjure ! ce bon vieillard (et il désignait Nicolas) vous le dira comme moi ; les patiences sont à bout là-bas, à Précigny ; et, mort pour mort, on pourrait choisir celle qui serait suivie de vengeance. Quant à moi, monsieur, je ne vous le cacherai pas, je me suis engagé à défendre ces malheureux jusqu'à la dernière extrémité..... Je suis sans crédit, il est vrai ; mais une volonté ferme, une conscience pure, me soutiendront dans cette lutte inégale : fortune, repos, avenir, je sacrifierai tout pour obtenir la réparation d'une monstrueuse iniquité.

Le manufacturier pinça ses lèvres :

— On est ardent et opiniâtre dans votre famille, dit-il sèchement, et je sais ce que doit me faire présager cet aveu... Eh bien ! j'attendrai l'exécution de vos menaces.

Il se leva comme pour rompre l'entretien, et Alfred l'imita. Nicolas, qui avait compté sur une conclusion différente, manifesta un douloureux étonnement.

— Quoi donc, monsieur Laurent, s'écria-t-il avec un accent de reproche, est-ce là tout ce que vous avez à dire au fils et à l'héritier de votre premier bienfaiteur ? Était-ce pour cela que vous vous informiez si fréquemment de monsieur le comte Alfred auprès des gens du village ? Je pensais qu'à la première occasion, une réconciliation...

— Une réconciliation n'est possible qu'entre ennemis, interrompit Laurent avec un léger embarras, et, jusqu'ici du moins, monsieur de Précigny et moi nous n'avons pas été ennemis.

— Pourquoi alors voulez-vous le devenir ? Vous ne pouvez vous séparer ainsi... Vous, monsieur le comte, ajouta Nicolas en se tournant vers Alfred, vous avez eu tort d'adresser des menaces à monsieur Laurent ; il aime à les braver, elles l'endurcissent encore davantage. Il valait mieux vous adresser à son cœur, comme vous avez fait d'abord, lui parler de nous, de nos souffrances. Il fallait surtout lui parler de sa fille, de cette bonne mademoiselle Thérèse ; elle souffre de la même maladie que nous, elle en mourra comme nous, si son père s'obstine à habiter ce lieu empesté.

Cette fois, Laurent parut vivement ému.

— C'est une calomnie ! dit-il d'une voix tremblante, ma fille n'est pas attaquée de cette fièvre épidémique ; son médecin, ses amis, tous ceux qui l'approchent peuvent le certifier. Elle souffre d'un mal héréditaire dans la famille de sa mère. Oui ! c'est une calomnie des paysans du voisinage ! on veut me faire passer pour un père avare, dénaturé, on veut m'effrayer moi-même et exploiter mon affection bien connue pour ma fille unique ; mais je saurai me mettre au-dessus de ces ridicules allégations.

Tout le monde se tut. Un nuage s'était assemblé sur le front si impassible d'ordinaire de monsieur Laurent ; Alfred voyait clairement l'impossibilité d'une solution pacifique, et Nicolas lui-même désespérait d'adoucir l'inexorable fabricant.

— Allons, reprit le comte avec dignité, il est inutile de prolonger cet entretien... Monsieur Laurent est décidé à se tenir dans les limites de son droit rigoureux. Laissons à sa conscience la responsabilité de ce qui pourra arriver dans l'avenir.

Le manufacturier restait immobile et pensif.

— Si encore on m'avait présenté une proposition raisonnable, dit-il avec réflexion ; mais demander ma ruine, l'anéantissement de ce magnifique établissement qui a été l'œuvre de ma vie, c'est une chose impossible, c'est une folie !

Et il salua les étrangers.

Depuis un instant, Smithson allait et venait autour des interlocuteurs, se frottant les mains, ricanant tout bas avec insolence. En voyant Alfred et son vieux compagnon près de se retirer, il crut pouvoir se donner carrière.

— Eh bien ! monsieur Laurent, dit-il dans son jargon ordinaire, en goguenardant, l'opération que vous proposent les délégués de Précigny n'est donc pas décidément de votre goût ? Voyons, réfléchissez bien... Appellerai-je les ouvriers pour démolir notre belle chaussée ? Je peux moi-même aller mettre le feu aux quatre coins de la fabrique ; ce sera fait en un tour de main... Eh ! eh ! eh ! la gentille spéculation.

Le manufacturier réprima par un regard distrait cette joyeuse humeur. Alfred répliqua avec l'accent d'un profond mépris :

— Il vous appartient mieux, monsieur l'Anglais, de spéculer sur le sang et la sueur du pauvre que de comprendre une haute question de religion et d'humanité. Mais notre demande vous semble donc bien plaisante !

— Plaisante ?... oui... plaisante *beaucoup fort*, répliqua Smithson en riant toujours, pendant que le manufacturier était plongé dans sa rêverie. Détruire la fabrique parce que deux ou trois coquins de paysans ont la fièvre !... Ah ! ah ! ah ! je trouve joli... je trouve amusant... je...

Une main brûlante s'abattit bruyamment sur sa joue ; le bouillant gentilhomme n'avait pu supporter plus longtemps ces grossières bravades. L'Anglais avait reçu un soufflet.

Il y eut un moment de stupeur ; l'offenseur lui-même paraissait étonné de son action, comme si elle eût été involontaire. Smithson devint livide ; ses lunettes d'or avaient sauté en éclats, ses yeux flamboyaient. Il était maigre, mais souple et nerveux ; il poussa une espèce de rugissement, et se replia sur lui-même, comme le tigre prêt à fondre sur sa proie. Laurent se précipita au-devant de lui :

— Smithson, s'écria-t-il, soyez calme... N'allez pas mettre tout en rumeur dans la fabrique ; il est inutile d'appeler du monde, de causer du scandale.

Le contre-maître continuait de pousser des sons inarticulés, en cherchant à se dégager des mains de Laurent et des mains encore robustes de Nicolas.

Cependant Précigny disait avec mépris :

— Laissez-le aller ; je vous prie de le laisser libre... quoique je n'aie jamais appris l'art ignoble de boxer, je ne crains pas ses attaques.

Smithson, voyant l'impossibilité de vaincre la résistance de ses deux adversaires, cessa des efforts inutiles ; il était hors de lui, il écumait :

— Un soufflet à moi ! s'écria-t-il en accompagnant ses paroles de blasphèmes anglais et français ; à moi un sujet du roi George, un Anglais, un gentleman... et je ne me vengerai pas, goddam !... Mille diables d'enfert ! je tuerai ce cokney, ce noble mendiant français... Je le tuerai aussi sûrement...

— Allons ! taisez-vous Smithson, reprit Laurent avec force ; voyez... nos ouvriers ont entendu du bruit de ce côté et se mettent déjà aux fenêtres !

— Alors je trouverai des amis pour soutenir la cause de la vieille Angleterre ! s'écria Smithson en s'élançant à son tour vers la fenêtre restée entr'ouverte ; holà ! mes braves garçons, mes bons fileurs anglais, cria-t-il d'une voix puissante en se servant de sa langue nationale, à moi !... à mon secours !... que les vrais enfans de John Bull viennent me donner un coup de main ! A moi les vaillans drôles de Birmingham et de Manchester !

Des clameurs confuses répondirent de toutes les parties de la fabrique à ce bruyant appel. Au même instant, des pas précipités retentirent sur le pavé de la cour ; le manufacturier se montra très effrayé.

— Monsieur le comte, dit-il rapidement, votre sûreté exige que vous vous cachiez un instant... Ces Anglais ne sont pas maniables ; ils se font craindre, même des autres ouvriers de la fabrique. Monsieur Smithson seul a des rapports directs avec eux ; son autorité, dans les circonstances présentes, pourrait l'emporter sur la mienne propre. Je vous prie avec instance de vous retirer, pendant que je vais essayer de les apaiser, si vous voulez éviter quelque scène fâcheuse.

— Je ne fuirai pas... Pourquoi fuirais-je ? dit Alfred avec assurance.

Les vociférations se rapprochaient.

— Par ici ! criait Smithson toujours à la fenêtre ; à moi, les amis de la joyeuse Angleterre !

— Monsieur, reprit le manufacturier de plus en plus agité, je ne réponds pas des malheurs...

— Je ne me cacherai pas devant ces coquins d'étrangers, dussent-ils m'assassiner !

— Qui donc alors, prendrait la défense des pauvres habitans de Précigny ? dit Nicolas avec véhémence ; ne vous obstinez pas, monsieur, dans un absurde point d'honneur... mais par où faut-il nous retirer ?

— Venez ! murmura une voix douce et effrayée.

Ils se retournèrent ; une jeune fille vêtue de blanc, la tête nue, le visage d'une pâleur mortelle, était debout à quelques pas.

— Mademoiselle Thérèse ! s'écria le vieillard avec bonheur ; c'est un ange que le ciel nous envoie !

Monsieur Laurent fit un signe à la jeune fille ; elle s'avança précipitamment vers les étrangers, et les entraîna avant qu'ils eussent songé à résister.

Tous les trois, après avoir traversé le bureau, franchirent une porte qui conduisait dans l'intérieur du pavillon et qui se referma sur eux. Aussitôt des trépignemens retentirent dans le bureau même ; monsieur Laurent et Smithson cherchaient, dans des buts différens, à dominer le tumulte.

Le comte Alfred et Nicolas, conduits par la fille du manufacturier, parcoururent sans s'arrêter un petit corridor obscur à l'extrémité duquel se trouvait un escalier. Là, mademoiselle Laurent lâcha leurs mains qu'elle avait retenues jusqu'à ce moment dans les siennes, et elle se mit à gravir les marches en silence. Les deux hommes la suivirent, et bientôt elle les introduisit dans une espèce de petit salon particulièrement affecté à son usage.

Cette pièce, sans être meublée avec luxe, avait un air de bon goût et de fraîcheur peu ordinaire dans les campagnes écartées. Un épais tapis couvrait le parquet de brique, un piano, meuble assez rare alors, était ouvert dans un coin. Auprès de la cheminée, devant un fauteuil de damas, une table à ouvrage était couverte de livres, de broderies commencées. Des rideaux de mousseline blanche donnaient à ce joli réduit quelque chose de virginal. Une des fenêtres était ouverte ; le vieux campagnard la reconnut pour celle d'où était parti un cri féminin au moment où lui et son compagnon avaient pénétré dans la cour de l'usine.

Nicolas promenait autour de lui des regards d'admiration ; mais cette élégance bien entendue occupait moins Alfred que l'habitante elle-même de ce petit salon. Le comte n'avait fait qu'entrevoir jusqu'à ce moment ; pendant qu'elle s'empressait d'offrir timidement des sièges, il put l'examiner avec attention.

Mademoiselle Laurent était mince et élancée ; la finesse de sa taille souple ressortait encore davantage sous la blancheur de sa robe d'organdi. Ses cheveux blonds cendré formaient, suivant une mode du temps, une infinité de boucles autour de son visage de l'ovale le plus parfait. Ses yeux bleus, pleins de douceur langoureuse, son nez mince et droit, ses petites narines roses, sa bouche mignonne, composaient un ensemble d'un charme infini. Mais ce qui frappait le plus Alfred de Précigny, c'était la pâleur de la jeune fille. Bien qu'elle parût remise de sa frayeur, son visage était toujours d'une blancheur de cire; le sang ne semblait pas circuler sous cette peau délicate et transparente. Le comte se souvenait aussi que, dans le court moment où la main de sa libératrice avait touché la sienne, cette main, quoique moite, était glacée. La rumeur publique désignait mademoiselle Laurent comme attaquée de cette affreuse fièvre qui décimait la population voisine ; à la voir elle-même, ce bruit ne semblait pas dénué de fondement.

Quoi qu'il en fût, il était impossible de trouver plus de grâce naïve, de bonté mélancolique, de touchante douceur dans une femme que dans la fille du manufacturier. Elle avait un air de souffrance résignée, de candide abandon qui eût imposé le respect à son plus mortel ennemi, si cette créature angélique avait pu avoir un ennemi. Sa beauté était merveilleuse; mais cette beauté ne parlait pas aux sens, elle parlait à l'âme. Thérèse semblait ne pas appartenir à la terre; tout en elle était chaste, pur, éthéré; une pareille femme ne pouvait inspirer qu'un amour noble et poétique comme elle-même.

VII

Le comte Alfred éprouvait une surprise, une admiration qu'il ne songeait pas à cacher. Thérèse ferma la fenêtre afin qu'on ne pût apercevoir du dehors ses hôtes; quand elle se retourna, elle vit les yeux du jeune homme obstinément fixés sur elle.

Une nuance rose presque imperceptible colora le velouté de ses joues.

— Un peu de patience, messieurs, dit-elle avec une grâce timide; vous êtes ici en sûreté : ces furieux n'oseront venir vous chercher jusque chez moi, et votre captivité, je l'espère, ne sera pas de longue durée.

Alfred fit un effort pour répondre : Laurent, Smithson, et les pauvres malades de Précigny, et cette canaille insolente qui hurlait dans la cour, il avait tout oublié.

— Mademoiselle, répliqua-t-il avec embarras, cette captivité ne peut être pénible que pour vous... Quant à moi...

— Il n'acheva pas sa pensée, et il reprit après une pause :
— Nous vous devons une vive reconnaissance pour votre obligeante intervention. Je ne puis croire encore que ces hommes se fussent portés à de fâcheuses extrémités envers nous; cependant...

— Cependant, monsieur le comte, reprit la jeune fille avec un ton de reproche, il eût été plus sage peut-être de ne pas jouer un pareil jeu ; il eût été prudent surtout de ne pas compromettre une cause juste et généreuse dans son principe, par un emportement indigne de votre caractère.

— Une cause juste et généreuse! répéta Alfred avec étonnement ; mademoiselle, vous savez donc...

— J'étais descendue au bureau pour chercher mon père, répliqua Thérèse en abaissant ses paupières aux longs cils sur ses yeux humides; j'ai entendu, presque malgré moi d'abord, votre discussion; puis j'ai fini par écouter avec intérêt, car vous disiez à mon père des choses que je lui avais dites moi-même... avec moins d'éloquence.

— Quoi ! mademoiselle, serait-il vrai ? auriez-vous aussi parlé pour ces malheureux?... Si monsieur Laurent a résisté à vos prières, comment aurait-il pu céder aux miennes ?

— Je vous avais prévenu, monsieur le comte, le vieux Nicolas avec reconnaissance; mademoiselle Thérèse est pour nous, et nous le savons bien. Aussi nous la vénérons comme une sainte ! Ensuite, voyez-vous, comment n'aurait-elle pas pitié de nos souffrances, puisqu'elle-même...

Il s'arrêta tout à coup.

ROMANS CHOISIS.

— Puisque moi-même je suis destinée à mourir bientôt, n'est-ce pas cela, Nicolas? continua la jeune fille ; il est vrai, mon jour est marqué ; mais quand Dieu voudra m'appeler à lui, je suis prête. — Un sourire d'angélique résignation effleura ses lèvres pâles. Comme les clameurs redoublaient dans la cour, elle alla soulever le rideau de la fenêtre. — Je crois que mon père aura de la peine à dompter ces Anglais turbulens et intraitables, reprit-elle avec inquiétude; chacun d'eux prend fait et cause pour un compatriote, et monsieur Smithson a sur eux une autorité absolue.

— Et pourquoi monsieur Laurent souffre-t-il qu'un inférieur se fasse ainsi un parti puissant dans sa propre maison ? Pourquoi ne pas congédier ces étrangers farouches, capables de méconnaître l'autorité de leur maître réel ?

— Smithson n'est pas tout à fait un inférieur ; il a rendu des services immenses à la manufacture, et mon père le considère comme un autre lui-même... Ensuite, monsieur de Précigny, ajouta la jeune fille avec un enjouement mélancolique, vous pourriez ici faire bien des questions auxquelles on répondrait par un seul mot: *l'intérêt commercial*. Ces Anglais turbulens sont d'excellens ouvriers qu'il serait difficile de remplacer ; on les garde, malgré leur humeur querelleuse.

Alfred rêva un moment.

— Quelle existence que la vôtre, mademoiselle ! dit-il avec un accent d'une profonde pitié; vous si pure, obligée de vivre dans ce monde brutal, auprès d'un père dont la seule occupation est de s'enrichir !

— Ne parlez pas ainsi de mon père, monsieur le comte, répliqua la jeune fille avec fierté; il est digne de votre estime comme il est digne de mon affection et de mon respect. Vous vous êtes trop pressé de plaindre mon sort.

— Je serais désolé, mademoiselle, de vous avoir blessée ; mais comment expliquer la conduite du maître de cette fabrique, sinon par le désir d'augmenter sa fortune?

— Par l'habitude, monsieur. Depuis longtemps mon père a acquis une fortune plus que suffisante pour ses goûts simples et bornés ; dans quel but accepterait-il les tracas, les inquiétudes, les fatigues de sa vie présente?... Je suis sa seule parente, sa seule héritière, et vous voyez si j'aurai le temps de jouir des biens qu'il amasse. Si donc il persévère dans cette vie laborieuse, c'est qu'en faisant le contraire il mourrait d'ennui au bout de quelques mois. Une fois, il y a deux ans, on crut, je crus moi-même que la maladie dont je suis atteinte provenait d'une de ces fièvres pernicieuses dont le pays est désolé. Il fut question d'aller m'établir dans une ville voisine ; mon père m'aime plus que lui-même, il résolut de m'accompagner. Il lui fallait quitter son usine, ses occupations, ses travaux... A mesure que l'époque du départ approchait, je le voyais dépérir. Il ne se plaignait pas : je le devinai, je lui dis mes soupçons, et il m'avoua la vérité; l'oisiveté, le repos, même avec sa fille unique, l'effrayaient à l'avance... Je compris le danger, nous ne partîmes pas.

— Et vous avez sacrifié votre vie peut-être à ces goûts inconcevables de monsieur Laurent ?

— Non, non ; mon médecin reconnut plus tard son erreur. Le climat n'influait en rien sur mes souffrances ; ici ou ailleurs, mon sort était fixé. Cependant, depuis cette époque, mon père ne peut entendre dire que je suis atteinte de la fièvre sans éprouver une émotion extraordinaire... Aujourd'hui même, vous en avez été témoin.

Alfred écoutait avec un étonnement mêlé de tristesse. Thérèse alla de nouveau à la fenêtre. — Courage, messieurs, reprit-elle avec gaieté, l'émeute se calme ; les ouvriers rentrent dans les ateliers; on ne voit plus que quelques Anglais de l'intimité de monsieur Smithson. Rassurez-vous, monsieur le comte, votre captivité ne sera pas aussi longue que celle de l'un de vos aïeux, le chevalier de Brenne... Il resta enfermé vingt années, dit-on, dans la tour d'Héracle, au château d'Argenton.

— Comment ! mademoiselle, demanda Alfred tout surpris, connaissez-vous si bien l'histoire de ma famille? J'aurais cru...

— Que la fille du manufacturier devait être étrangère aux vieilles traditions du pays? Ma science à cet égard est bien naturelle; j'ai été élevée par une excellente dame dont la mémoire était remplie des faits et gestes des seigneurs de Précigny; elle était née sur leurs terres, elle avait été comblée de leurs bienfaits. Elle m'a parlé bien souvent de votre aïeul, de votre père, de vous-même, monsieur le comte, quoique vous fussiez tout enfant lorsqu'elle habitait le château... Je vous connaissais déjà avant de vous avoir vu.

— De qui parlez-vous, mademoiselle? Serait-ce de cette bonne madame Dumont, l'ancienne femme de charge du château, l'amie, la confidente de ma mère?

— D'elle-même, monsieur le comte; quand votre famille fut partie pour l'émigration, madame Dumont se retira auprès de ses parens; mais bientôt les malheurs vinrent l'accabler; elle était pauvre. Il y a douze ans environ, mon père la recueillit et la chargea de mon éducation... Je lui dois le peu que je sais; toute ma vie je lui serai reconnaissante des services qu'elle m'a rendus... Dieu me l'a enlevée peu de temps avant votre arrivée ici... Elle était pour moi une seconde mère!

Les yeux de Thérèse se mouillèrent de larmes qu'elle n'avait plus pour ses propres souffrances.

— Ainsi donc, mademoiselle, reprit Alfred attendri, nous avons reçu les mêmes soins, nous avons presque été bercés par les mêmes bras? Monsieur Laurent ne m'avait rien dit de sa conduite généreuse envers cette excellente amie de ma famille!

— Vous n'avez vu mon père qu'une fois, monsieur le comte, et s'il vous parla de cette circonstance, elle s'est effacée de votre mémoire. Avouez-le, jusqu'à ce moment vous n'avez pensé à l'ancien intendant de votre famille que pour l'éviter de tout votre pouvoir... Combien de fois vous ai-je vu d'ici passer rapidement devant la fabrique en détournant les yeux, comme si vous aviez craint d'être forcé de rendre une politesse, un simple salut! — Alfred rougit; la jeune fille elle-même, en réfléchissant aux paroles qu'elle venait de prononcer, éprouva quelque confusion. Heureusement pour tous deux, des pas rapides retentirent dans l'escalier, et on frappa à la porte. — Est-ce vous, mon père? demanda Thérèse avec vivacité.

— C'est moi, ma fille.

Monsieur Laurent entra dans le salon. Il était haletant; de grosses gouttes de sueur perlaient sur son visage.

— Eh bien! demanda Thérèse, êtes-vous parvenu enfin à faire rentrer ces méchans Anglais dans le devoir?

— Pas encore, mon enfant, répondit le manufacturier en se laissant tomber sur un siège; ils croient leur honneur à tous intéressé dans cette affaire; il est impossible, pour le moment, de calmer leur exaspération.

— Cependant ils ont quitté votre bureau, et, n'entendant plus leurs voix, j'espérais...

Ils ont pris un autre parti. Sachant bien que monsieur le comte est encore dans la maison, ils gardent avec soin toutes les issues.

— Quoi! mon père, souffririez-vous que des hommes à vos gages s'insurgent ainsi contre votre autorité? Ne pourriez-vous les menacer de les renvoyer, si...

— Je l'ai fait, ma fille, je crois même leur avoir dit nettement qu'ils ne compteraient plus parmi les ouvriers de ma fabrique; ils n'ont tenu compte de rien. Smithson, qui les dirige, est tout à fait méconnaissable; lui si raisonnable, si sensé d'ordinaire, il a complétement perdu la tête; prières et menaces sont venues se briser contre son opiniâtreté: il veut se venger à tout prix.

— Eh bien! monsieur, dit Alfred chaleureusement, si monsieur Smithson est dans ces intentions, à quoi bon faire tant de bruit? N'est-il pas en droit de réclamer une réparation?... Je vous en donne ma parole, je ne la lui refuserai pas. Je n'aime pas ces Anglais; ils ont importé chez nous cet esprit mercantile, cet égoïsme industriel qui effacent peu à peu tout ce qu'il y avait de brillant, de généreux, de chevaleresque dans notre caractère national. Cependant mes préjugés contre eux ne vont pas jusqu'à leur refuser le courage; ils sont braves, je le sais... Que monsieur Smithson vienne me demander satisfaction... il l'aura sur-le-champ.

— Voilà ce que je voudrais éviter, répliqua le manufacturier en passant la main sur son front ridé.

— Je comprends... monsieur Laurent craindrait le résultat d'un duel pour ce commis, cet associé, cet ami dont l'expérience lui est si nécessaire.

— Et pourquoi ne le craindrais-je pas aussi, répondit le fabricant avec sévérité, pour une autre personne dont les bonnes intentions ne rachètent pas l'inconcevable légèreté?... Vous avez bien fait des fautes depuis quelques heures, monsieur le comte... D'abord vous êtes venu à moi la menace à la bouche, pour m'imposer des sacrifices immenses, inouïs, auxquels vous n'avez même pas pris la peine de réfléchir. En voyant votre proposition déraisonnable accueillie avec quelque ironie, vous vous êtes laissé emporter à votre caractère bouillant; vous avez fait à un homme paisible le plus odieux, le plus sanglant outrage. Et maintenant, au lieu d'expier par le repentir et la modération un coupable emportement, vous semblez tout prêt à en appeler de nouveau à la violence... Soyez vous-même juge, monsieur de Précigny: cette conduite provocatrice est-elle digne de vous? Est-elle dans votre intérêt, dans l'intérêt de ceux dont vous avez pris la défense?

Alfred baissait la tête, car il sentait tout ce qu'il y avait de vrai dans ces reproches. Cependant son amour-propre blessé ne lui eût pas permis de laisser sans réponse certaines expressions du vieux fabricant; un geste suppliant de Thérèse lui ferma la bouche.

— Eh bien! mon père, reprit la jeune fille, pourquoi ne pas réunir une douzaine de vos ouvriers les plus robustes et les plus dociles? Avec cette escorte vous accompagneriez monsieur le comte jusqu'au village ou même jusque chez lui...

— Y penses-tu, Thérèse? il pourrait en résulter un grave conflit, une sorte de guerre civile. Il existe déjà de l'animosité entre nos ouvriers anglais et nos ouvriers français: une pareille démarche serait dans le cas de susciter des rivalités terribles, et même de faire verser le sang... Non, non! ce moyen est impolitique, dangereux.

— Excusez-moi, monsieur, dit timidement le vieux Nicolas, mais moi, du moins, je puis sortir d'ici sans difficulté; ce n'est pas moi qui ai donné un soufflet à votre monsieur Smithson. Je vais donc aller là-bas au village; un mot suffira pour mettre tout le monde sur pied; chacun voudra concourir à la délivrance de ce bon jeune homme, et nous viendrons ici en troupe suffisante pour le mettre à l'abri d'une insulte.

— Et pouvez-vous répondre des suites d'une collision entre nos ouvriers et les villageois de Précigny? demanda le manufacturier avec vivacité; ne frémissez-vous pas de penser à ce qui arriverait quand ces deux bandes, également irritées, également folles, se trouveraient en présence l'une de l'autre? Non, ce parti est encore plus dangereux que le premier. Malheureusement il ne serait pas impossible que le bruit des événements survenus ici se fût déjà répandu à Précigny... les mauvaises nouvelles vont si vite! Aussi n'y a-t-il pas de temps à perdre pour employer le seul moyen raisonnable de terminer convenablement cette affaire.

— Et quel est ce moyen, mon père?

Le manufacturier resta un moment sans répondre.

— Une réconciliation entre monsieur de Précigny et monsieur Smithson, dit-il enfin.

VIII

A ce mot de *réconciliation*, Alfred ne put retenir un sourire ironique.

— Ne riez pas, monsieur, dit Laurent avec autorité, ne riez pas, car la circonstance est grave pour vous, pour Smithson, pour nous tous. Vous avez déshonoré un homme paisible, que son caractère inoffensif eût dû vous rendre sacré... Peut-être cet outrage sera-t-il le signal de malheurs plus grands encore ! Un semblable événement, dans l'état actuel des esprits, peut enflammer bien des têtes, soit ici, soit au village. Il résultera des inimitiés, des haines, des conflits déplorables... Vous êtes jeune, monsieur ; vous ne voyez pas les choses d'aussi loin qu'un homme à cheveux gris comme moi ; et cependant, songez-y, ce soufflet donné au sous-directeur de la fabrique pourra devenir plus fatal au pays que cette fièvre dont on fait tant de bruit, si vous ne voulez m'aider à étouffer ce malheureux différend... Je ne vous parle pas des dangers qui vous menaceraient personnellement ; vous mettriez, je le sais, une sorte de point d'honneur à les braver. Réfléchissez néanmoins à quelles rencontres vous seriez exposé, quand vous parcourriez la campagne, seul et à pied... Trente ennemis tels que ces vindicatifs Anglais ne sont pas à dédaigner, même pour le descendant de tant de braves chevaliers.

Alfred comprenait la force de ces raisonnemens ; mais une susceptibilité exagérée l'empêchait d'entrer dans la voie des concessions.

Mademoiselle Laurent avait écouté ces paroles d'un air très ému. Elle entraîna rapidement son père vers l'autre côté de la chambre.

— Serait-il vrai ? demanda-t-elle d'une voix tremblante, ces Anglais auraient-ils de mauvais desseins contre monsieur de Précigny ? Seraient-ils capables de lui tendre des pièges, de l'attaquer s'ils le rencontraient par hasard ?

— Ils le feront, mon enfant, ils le feront sans aucun doute, et j'en crois leurs effroyables sermens... Oui, plusieurs d'entre eux seraient capables de le tuer, s'il tombait entre leurs mains.

— Le tuer, mon Dieu ! le tuer ! répéta la jeune fille en jetant sur le comte un regard empreint d'une mortelle angoisse ; mais ces hommes sont donc des brigands, des assassins ? Il faut les congédier, mon père, les congédier tous, je vous en supplie.

— Cette mesure augmenterait encore le danger de monsieur de Précigny, car elle exalterait les colères, les sentimens de vengeance... Mon enfant, il serait plus sage d'apaiser le contre-maître ; lui seul parviendrait à calmer l'effervescence de ses compatriotes.

— Eh bien ! ne l'avez-vous pas essayé ? vos efforts n'ont-ils pas été inutiles ?

— C'est vrai, mon enfant ; mais toi, j'en suis sûr, tu serais plus heureuse... tu n'aurais qu'un mot à dire à Smithson...

— Oh ! jamais ! balbutia la jeune fille.

Et elle se couvrit le visage pour cacher une rougeur subite.

Monsieur Laurent l'attira doucement à lui, l'embrassa au front, et se leva en poussant un profond soupir.

Pendant cette petite scène entre le père et la fille, le vieux Nicolas, dont la sagacité appréciait sainement la fausse position où se trouvait le comte, n'avait cessé de l'exhorter à la modération ; il lui représentait de quelle importance il était, pour les habitans de Précigny, que les torts fussent toujours du côté de leurs ennemis. Quand monsieur Laurent se rapprocha d'eux, Alfred était déjà à demi vaincu.

— Eh bien ! soit, dit-il avec un violent effort ; puisqu'il le faut, puisque le sort de tant de personnes est intéressé à ce que je subisse une semblable humiliation, j'accorderai une réparation convenable à monsieur Smithson.

— Quoi, monsieur, s'écria le manufacturier, vous seriez disposé à lui adresser des excuses publiquement, à lui serrer la main !...

— Des excuses à un homme que je méprise ! serrer la main d'un homme que je hais ! non, monsieur, je ne promets pas d'aller aussi loin.

— Et si je vous en suppliais, monsieur le comte, s'écria Thérèse, en joignant les mains et les larmes aux yeux ; si je vous en suppliais, non pas en mon nom, car que suis-je pour vous ? mais au nom de la religion, de l'humanité, au nom de votre mère, cette noble dame dont les bienfaits sont encore vivans ici dans la mémoire du pauvre, au nom de ces malheureux paysans qui vous ont choisi pour leur protecteur ; dites, monsieur de Précigny, ne feriez-vous pas fléchir une puérile fierté ?

— Mademoiselle, répondit Alfred d'une voix altérée, nous nous connaissons depuis bien peu d'instans, cependant, Dieu m'en est témoin ! je vous sacrifierais volontiers des considérations qui ne toucheraient pas à un impérieux devoir. Mais un gentilhomme ne saurait accepter certaines positions équivoques sans préjudice pour son honneur. Je ne dois pas donner raison contre moi à l'insolent qui m'a provoqué et à ses indignes auxiliaires...

— Quel parti prendre, alors ? s'écria Thérèse au désespoir. Comment vous faire sortir d'ici ? Comment vous mettre à l'abri des dangers qui vous menacent dans le présent et vous menaceront encore dans l'avenir ?

Alfred allait remercier la jeune fille de ce touchant intérêt ; mais, depuis quelques instans, une sourde rumeur s'élevait du dehors. Tout à coup cette rumeur devint plus forte et plus rapprochée : c'étaient des cris, des hurlemens sauvages, qui dominaient les bruits divers de la fabrique.

Monsieur Laurent jeta les yeux dans la cour, et il devint très pâle.

— Monsieur le comte, dit-il avec un calme effrayant en étendant le bras, vos violences portent déjà leurs fruits... Venez contempler votre ouvrage.

Alfred courut à la fenêtre ; Thérèse et Nicolas se précipitèrent derrière lui. Un spectacle inattendu frappa leurs regards.

Une foule nombreuse d'hommes, de femmes, d'enfans même pénétraient pêle-mêle dans la cour, par la grande porte toujours ouverte de la manufacture. Les uns étaient armés de fourches ou des fléaux à battre le blé ; d'autres brandissaient de longues faux luisantes dont l'aspect faisait frissonner.

Quelques hommes portaient des fusils et se tenaient prêts à tirer. Tous ces gens poussaient des clameurs confuses, au milieu desquelles on distinguait le nom de Précigny. Les femmes, comme il arrive d'ordinaire dans ces sortes d'émeutes, étaient les plus animées et les plus hardies. Deux ou trois de ces amazones insultaient déjà les ouvriers épars autour des lavoirs.

— Ce sont les gens du village qui viennent nous délivrer ! s'écria Nicolas ; je reconnais tous nos voisins, et Mathurin est à leur tête... Hâtons-nous d'aller les joindre.

En ce moment un hourra terrible sembla répondre du fond des ateliers aux provocations des arrivans. Puis, des nombreuses portes cintrées, des fenêtres du rez-de-chaussée, on vit s'élancer des hommes irrités, les vêtemens en désordre. Les uns agitaient de grands ciseaux de tondeurs de drap ou des barres de tisserands ; d'autres avaient des maillets, des bâtons, toutes armes qui leur avaient paru propres à repousser l'ennemi.

Une collision semblait inévitable ; mais monsieur Laurent s'écria d'une voix tonnante :

— Que personne ne bouge ! Si un seul de mes ouvriers ose frapper un coup, il s'en repentira toute sa vie... Rentrez dans vos ateliers, retournez à votre ouvrage... Malheur à qui me désobéira !

Aux accens de cette voix connue, les ouvriers de la fabrique s'arrêtèrent; mais la curiosité les empêcha d'obéir en tous points à la volonté du maître en regagnant les ateliers. De leur côté, les gens de Précigny, malgré leur état d'exaspération, s'étaient pelotonnés au milieu de cette vaste cour, dès qu'ils avaient vu accourir un si grand nombre d'assaillans, et ils se tenaient sur la défensive. Les deux partis levèrent les yeux vers la fenêtre d'où partait cet ordre impérieux.

— Cachez-vous, au nom de Dieu ! s'écria Thérèse en se précipitant devant Alfred ; il n'est pas prudent de vous montrer en ce moment.

Le comte lui adressa un regard plein de reconnaissance.

— Cependant, mademoiselle, reprit-il doucement, l'occasion est favorable pour vous débarrasser de notre importunité... Ces bons paysans de Précigny me seront une escorte suffisante; je n'aurai plus rien à craindre avec eux.

— De grâce, monsieur le comte, reprit le manufacturier, après avoir fait signe à la foule attentive qu'il allait descendre, restez ici encore quelques instans... Dieu sait quelles complications votre humeur téméraire ou même votre seule présence pourrait ajouter à ces événemens déjà si fâcheux ! Permettez-moi d'aller d'abord sonder le terrain ; je parlerai aux deux partis, je les apaiserai, et je viendrai vous chercher moi-même... En attendant, je vous en prie, soyez patient et ne vous montrez pas.

— Mais, monsieur, je crois convenable...

— Vous ne vous appartenez plus, interrompit le manufacturier avec force ; ne vous plaignez pas si d'autres s'arrogent le droit de réparer les maux causés par votre imprudence... Encore une fois, pas de folle témérité ; les suites en seraient terribles, vous en porteriez la responsabilité devant Dieu et devant les hommes... Nicolas va m'accompagner; il fera comprendre à vos amis que vous êtes en sûreté.

— Monsieur Laurent a raison, dit le vieux paysan avec précipitation ; restez ici, monsieur le comte ; laissez-nous d'abord expliquer la chose et parler comme il faut à ces braillards... Pour moi, je réponds des bonnes gens de Précigny, si je peux seulement faire entendre ma voix au milieu de ce vacarme.

— Et moi je répondrais de mes ouvriers, répliqua Laurent, si cet opiniâtre Smithson ne venait se jeter à la traverse... mais partons, partons vite... un mot, un mouvement brutal pourraient rendre nos précautions et nos efforts inutiles.

Il prit le bras du vieillard, adressa un geste rapide au comte pour lui rappeler sa promesse, et il sortit en fermant la porte sur lui. Alfred se trouva seul avec mademoiselle Laurent.

La jeune fille tremblait; son visage ne pouvait être plus pâle qu'il était habituellement, mais ses grands yeux bleus brillaient d'un éclat inaccoutumé. Elle écoutait avec terreur les bruits de la cour, et chaque cri la faisait tressaillir.

Assise dans un fauteuil près de la fenêtre, le corps un peu penché en avant, le bras tendu, sa pose était pleine de grâce et d'animation. Les boucles blondes de sa chevelure oscillaient à chacun de ses tressaillemens ; son sein palpitait comme la poitrine d'un petit oiseau effrayé.

Le comte la contemplait avec admiration. Le tableau poétique de cette belle enfant émue, et émue pour lui seul, cette attitude charmante, cette candeur naïve, l'absorbaient tout entier, le rendaient insensible au péril.

Au moment où Laurent et Nicolas arrivèrent dans la cour, les clameurs devinrent plus vives, plus tumultueuses. Thérèse se leva par un mouvement automatique.

— Ah ! mon Dieu ! s'écria-t-elle, mon père courrait-il aussi quelque danger?

Alfred s'élança pour la soutenir ; il saisit une main blanche et diaphane qu'il porta à ses lèvres.

— Rassurez-vous, mademoiselle, dit-il avec empressement, ces cris n'exprimaient que la surprise, la joie peut-être... Monsieur Laurent ne peut rien avoir à craindre.

En effet, les deux troupes ennemies étaient séparées par un large espace vide. En face du pavillon, le manufacturier parlait avec chaleur à ses ouvriers ; ceux-ci écoutaient respectueusement et chapeau bas. Du côté de la porte, les habitans de Précigny entouraient le vieux Nicolas ; ils avaient abaissé leurs armes, et ils n'avaient plus leur attitude hostile. Le calme s'était rétabli partout, calme trompeur peut-être et semblable à celui qui précède un orage, mais aucun danger immédiat ne semblait à redouter.

— Espérons encore ! dit Thérèse en levant les yeux au ciel ; puisse Dieu m'épargner la douleur de voir ensanglanter la maison de mon père !

IX

Le comte Alfred ramena doucement Thérèse à sa place.

— Oui, mademoiselle, dit-il avec un accent de l'âme, sans lâcher cette main frémissante dont il s'était emparé, la paix va se rétablir ; je vais quitter cette maison, et Dieu sait s'il me sera permis d'y revenir jamais !... Laissez-moi donc vous exprimer ma reconnaissance pour votre touchante sollicitude à mon égard. Ah ! mademoiselle, qui m'eût dit que derrière les murs de cette demeure maudite, de cet asile de l'égoïsme et des intérêts matériels, je trouverais le type le plus aimable de toutes les perfections, de toutes les vertus?

Le comte s'exprimait avec beaucoup de chaleur. Thérèse jeta autour d'elle un regard inquiet ; pour la première fois, elle s'aperçut qu'elle était seule et enfermée avec lui.

— Monsieur, répondit-elle avec embarras en baissant les yeux, je n'ai aucun droit à votre reconnaissance. Mon père seul a pu et osé vous défendre dans ce triste conflit ; moi je n'ai fait qu'exécuter ses volontés.

— Pourquoi ne pas m'avoir laissé croire que votre conduite généreuse était le résultat d'un peu de bienveillance pour l'élève de madame Dumont, votre seconde mère ? dit Alfred avec un accent de reproche. Quant à monsieur Laurent, malgré mes griefs contre lui, il s'est montré aujourd'hui digne et modéré avec moi, je l'avoue ; je vous prie donc de lui transmettre aussi mes remercîmens si les circonstances ne me donnaient pas le loisir de le faire. Cependant...

— Cependant, monsieur le comte, vous allez, en nous quittant, redevenir son ennemi ; vous allez poursuivre vos projets, exécuter vos menaces !

— Et quand cela serait, mademoiselle, vous du moins, vous si supérieure à tout ce qui vous entoure, me blâmeriez-vous de persévérer dans ma mission de justice et d'humanité ?... Oh ! je sens déjà combien votre blâme, votre réprobation seraient douloureux pour moi !... Mais comment me soustraire aux engagemens solennels contractés librement envers ces pauvres villageois ! Hier encore, heureux et insouciant, je ne m'inquiétais pas d'eux ; leurs souffrances me semblaient un châtiment de la Providence... Aujourd'hui, je les ai trouvés pleurant dans un cimetière, près de leurs tombes entr'ouvertes ; ils m'ont conjuré de défendre leurs malheureuses existences ; ils ont invoqué des souvenirs de famille chers et sacrés pour moi ; pouvais-je résister à tant d'instances, à l'aspect de tant de maux ?... Soyez juge, mademoiselle, vous si charitable, si compatissante !... Et puis, voyez ; au premier bruit d'un danger qui me menaçait ici, ils sont accourus tous ; n'y aurait-il pas lâcheté à les abandonner après avoir reçu d'eux de pareilles preuves de dévouement ?

Thérèse hésita un moment avant de répondre ; évidemment il y avait lutte dans cette âme pure entre le devoir et des sentimens secrets.

— Monsieur de Précigny, balbutia-t-elle enfin, vous

n'espérez pas qu'une fille donne son assentiment à des projets dirigés contre son père... Ne me consultez donc pas... suivez plutôt les inspirations de votre conscience et de votre cœur ; elles ne sauraient vous tromper.

— Puis-je donc espérer, mademoiselle, que vous ne me désapprouvez pas tout à fait...

— Je ne saurais approuver des actes d'agression contre l'homme que je dois le plus aimer et respecter après Dieu. Cependant, je ne m'en cache pas, je suis profondément touchée du sort de ces infortunés paysans, et je comprends aisément qu'une personne généreuse se soit imposé la tâche de l'adoucir ; les moyens à employer seuls peuvent être l'objet d'un blâme.

— Eh bien ! mademoiselle, s'écria le comte, quels que soient ces moyens auxquels le sentiment de l'injustice et le désespoir nous entraînent, promettez-moi, je vous en supplie, de ne jamais me maudire, me détester... Mon devoir envers ces pauvres gens va me sembler bien pénible et bien lourd, maintenant que je vous connais. Chaque fois que mon bras voudra se lever contre notre ennemi, votre belle et noble image apparaîtra entre lui et moi... Je me souviendrai toujours que, dans cette maison, dont l'existence est un désastre pour le pays entier, habite une femme céleste, digne de l'affection, du respect, de l'admiration de tous.

— Ne pensez pas à moi, répliqua Thérèse d'une voix basse et pénétrante, avec une énergie singulière ; oubliez-moi, et marchez vers votre but sans crainte et sans détours, car ce but est grand et beau. Ces paroles semblaient être un élan de l'âme, un cri du cœur, et Alfred tressaillit de joie. Mais presque aussitôt la jeune fille rougit, comme si elle se fût repentie de cet aveu, et elle ajouta avec noblesse : — Souvenez-vous surtout, monsieur le comte, que votre adversaire vous aura donné l'exemple de la modération et de l'oubli des injures.—Une rumeur nouvelle, partie de la cour, vint interrompre cet entretien. — Ce n'est donc pas fini ? vous n'êtes donc pas encore en sûreté ? s'écria mademoiselle Laurent. Mon Dieu ! que se passe-t-il ? — Précigny, tout pensif, fit un geste d'indifférence. Thérèse courut à la fenêtre et souleva légèrement le rideau. — C'est Smithson et ses Anglais ! dit-elle avec terreur. Tout est perdu.

Alfred se leva à son tour.

— Ah ! mademoiselle, reprit-il d'un ton ému, je bénirais le danger s'il me valait du votre part un sentiment de pitié ; mais le nombre même de mes ennemis fait ma sécurité. Monsieur Smithson, j'imagine, ne saurait fanatiser ses compatriotes au point de les rendre complices d'un crime !

— J'ignore quels sont ses projets, répliqua Thérèse en frémissant ; mais je le crois capable des excès les plus indignes.

Le danger, en effet, n'était pas imaginaire ; Smithson venait d'apparaître entouré d'une troupe d'hommes robustes et déterminés. Comme il arrive d'ordinaire, ses partisans s'étaient mutuellement exaltés par des fanfaronnades, par des défis, et peu à peu leur colère était montée à son paroxysme. Lors de la première alarme, où monsieur Laurent avait déployé tant de fermeté, ils s'étaient répandus dans la campagne autour de la fabrique, afin d'être sûrs que le défenseur ne pourrait s'échapper par les jardins ou par quelque porte dérobée. Mais en voyant les habitans de Précigny accourir en foule pour délivrer le comte, ils s'étaient réunis de nouveau, et, s'emparant de la porte principale de l'usine, ils semblaient disposés à ne laisser sortir personne qu'à bon escient.

On se fera idée sans peine de l'aspect tumultueux que présentait la cour en ce moment. Les paysans, avec leurs armes bizarres et terribles, avaient été refoulés jusqu'au pied du pavillon où se trouvait le comte ; ils se tenaient sur la défensive, en écoutant Nicolas qui les conjurait d'être calmes et modérés. Sur la gauche, autour des lavoirs et des bassins, étaient groupés les ouvriers de la fabrique. Sollicités par ce goût inné des gens du peuple pour les bagarres, ils s'agitaient à grand bruit sans oser approcher toutefois du théâtre probable de la lutte. Du côté de la porte, les ouvriers anglais formaient bande à part. L'aspect de ceux-ci était vraiment repoussant ; vêtus seulement d'un pantalon de travail et d'une chemise, ils avaient les bras et la tête nus ; ils étaient armés de bâtons et de longs couteaux ; leurs traits rouges, animés, exprimaient la férocité. Aux fenêtres des ateliers, on voyait des femmes et des enfans, trop timides pour descendre dans la lice ; les uns pleuraient et se lamentaient ; d'autres riaient, poussaient des huées. Un rayon de soleil, perçant à travers les nuages, jetait sur cette scène menaçante un jour oblique et blafard.

Monsieur Laurent courait de l'une à l'autre troupe avec une activité infatigable. Il avait ceint son écharpe de maire, afin d'imposer davantage par sa double qualité d'officier municipal et de chef de la fabrique. Outre Nicolas, il était secondé, dans sa mission de pacification, par un autre personnage dont l'air vénérable eût dû inspirer des sentimens de respect : c'était le curé de Précigny, vieillard de quatre-vingts ans, au dos voûté, à la démarche chancelante. Il était accouru au premier bruit du tumulte, malgré son âge et ses infirmités ; les larmes aux yeux, il suppliait ses paroissiens de demeurer paisibles, il leur peignait chaleureusement les suites d'un acte d'agression.

A la vue de ce sinistre tableau, Alfred de Précigny se montra profondément attendri. Il détourna la tête, et, posant ses mains sur son front, il dit d'une voix altérée :

— Je n'ai pas le courage de regarder... Mon Dieu ! que vont-ils faire ?... Et dire que je serai cause de tout... Oh ! fatale étourderie !

— Un tort dont on se repent est déjà à demi effacé, dit la jeune fille avec une douce indulgence ; ne vous désolez pas, monsieur le comte ; peut-être tout ceci finira-t-il bien. Mais écoutez, ajouta-t-elle, on parle au-dessous de nous ; nous allons savoir enfin quels sont leurs projets.

La voix de Mathurin s'élevait, en effet, au milieu du silence de ses compagnons :

— Parole d'honneur ! monsieur le curé, et vous, père Nicolas, disait-il d'un ton élevé, de manière à être entendu au delà du cercle qui s'était formé autour de lui, nous n'avons pas de mauvaises intentions... Aujourd'hui je rôdais près de la fabrique lorsqu'on est venu me dire que le digne jeune homme, monsieur de Précigny, allait être livré par ses ouvriers pour avoir donné un soufflet à l'Anglais (on sait que les paysans désignaient ainsi Smithson). Ma foi ! alors, j'ai jeté l'alarme là-bas, au village, et nous sommes venus toujours courant pour le délivrer. Nous lui devons bien cela à ce courageux monsieur qui s'est compromis pour nous... Maintenant, rendez-le-nous ou prouvez-nous qu'il est sain et sauf hors d'ici, nous nous retirerons paisiblement, sans faire de mal à personne... Autrement, mon âme ! nous le défendrons et nous nous défendrons nous-mêmes... N'est-ce pas, mes amis ?

— Oui, oui, répétèrent les paysans ; qu'on nous le rende et nous serons contens !

— Braves gens ! murmura Alfred avec émotion.

Thérèse lui désigna, par un geste silencieux, une scène différente qui se passait un peu plus loin.

Monsieur Laurent s'était approché de ces indomptables Anglais groupés autour de la porte ; ils l'avaient accueilli d'un air de sombre défiance et sans parler. Le fabricant comptait s'adresser à leur chef Smithson, et le décider à calmer les mutins ; mais, craignant sans doute quelque tentative de ce genre, Smithson était devenu tout à coup invisible. A sa place, une espèce de géant haut de six pieds et aux gros favoris roux, aux bras velus, colorés jusqu'aux coudes par une teinture encore fraîche, semblait commander la troupe. C'était un teinturier dont ses camarades même redoutaient la brutalité ; il affectait en toute occasion un souverain mépris pour la France, à laquelle certaines fautes dans son pays natal l'avaient obligé à venir demander asile.

Le manufacturier l'avait interpellé d'abord doucement, mais on lui avait répondu avec une insolence extrême; monsieur Laurent s'était animé, et le bruit de cette altercation était devenu tel qu'il couvrait celui des autres discussions particulières.

— Nous ne sommes plus ouvriers de cette fabrique, criait l'Anglais avec arrogance, dans un affreux jargon, que nous traduisons autant que possible en langue intelligible : nous ne voulons plus rester dans cette maison où l'on insulte des sujets du roi Georges, des *gentlemen*... nous quitterons le pays, mais, en attendant, nous voulons nous venger de cet insolent qui a osé flétrir la joue d'un Anglais... Il est ici, nous voulons le traiter suivant ses mérites !

— Mais quels sont vos projets? s'écria Laurent avec vivacité ; voudriez-vous donc l'assassiner?

— Le tuer, non ! répliqua le teinturier d'un ton rogue, nous ne serons pas si méchans ; nous voulons seulement « coup pour coup, comme Conan disait au diable (1) ; » ce chien de lord français a donné une soufflet à monsieur Smithson, il recevra un soufflet de chacun de nous, après quoi il sera libre... et le diable me fasse la grâce d'être chargé de lui rendre la monnaie de sa pièce !

De violens murmures du côté des Français, des applaudissemens du côté des Anglais, suivirent cette étrange déclaration.

— Oui, chiens de Frenchmen, s'écria le teinturier en se tournant vers les ouvriers du pays, nous voulons donner un soufflet à votre lord mendiant... et pas un de vous n'aura le courage de nous en empêcher !

Des cris d'indignation partirent de toutes parts. Laurent s'élança pour prévenir une collision ; il y parvint encore avec difficulté.

Le comte de Précigny avait quitté la fenêtre.

— L'avez-vous entendu? disait-il avec véhémence en se promenant dans le salon ; ils veulent m'outrager, me flétrir... les lâches !

Thérèse lui toucha légèrement le bras :

— Monsieur le comte, lui dit-elle avec résolution, un seul parti vous reste à prendre : fuyez par les jardins. Vous une fois hors de la manufacture, cette querelle s'éteindra faute d'aliment.

— Fuir devant cette méprisable canaille ! s'écria Alfred. Me sauver furtivement comme un malfaiteur !... Oh ! plutôt qu'on me donne une arme, un fusil, une simple cravache, et je jure...

— Encore? dit Thérèse d'un ton de reproche mélancolique.

— Eh bien ! non, répliqua le comte en souriant avec abandon ; ma vivacité irréfléchie m'a jeté dans ce péril, elle finirait par m'aliéner votre précieuse bienveillance; je n'écouterai donc que vous, je n'obéirai qu'à vous... Indiquez-moi le chemin, mademoiselle, et je me résignerai à cette démarche, bien qu'elle répugne à ma fierté.

— Partons donc... Mais un moment, ajouta Thérèse en se reprenant aussitôt ; je n'aperçois pas Smithson et deux ou trois de ses compatriotes les plus dévoués ; ils vous guettent sans doute au passage... Je dois m'assurer que vous ne ferez pas quelque mauvaise rencontre. Un peu de patience, je reviendrai bientôt.

— De grâce, mademoiselle, ne sortez pas dans ce moment d'effervescence générale ; qui sait si vous-même...

— Oh ! moi, je n'ai rien à craindre, ne suis-je pas ici chez mon père? Attendez donc quelques minutes, monsieur le comte ; surtout pas nouvelles imprudences !

— Mademoiselle, je ne souffrirai pas...

Thérèse, sans l'écouter, lui fit de la main un signe d'encouragement, et elle sortit du salon, légère comme un oiseau.

Alfred resta debout, à la place où elle l'avait laissé, les yeux fixés vers cette porte qui venait de se refermer sur elle. Dès qu'il ne vit plus cette belle et poétique créature,

(1) Proverbe anglais.

dont le charme s'était si subitement révélé à lui, il sentit comme un vide au fond de son âme. Dans cette organisation ardente, toutes les impressions étaient rapides et profondes ; un sentiment n'avait pas besoin de mûrir longtemps pour devenir puissant, désordonné, irrésistible. Alfred sentait déjà que la pensée de Thérèse Laurent ne s'effacerait plus de son cœur.

— Qu'elle est belle ! murmurait-il ; l'imagination peut-elle concevoir rien d'aussi angélique ? — Il s'interrompit et frappa du pied. — Quoi donc ! reprit-il avec emportement, pourrais-je aimer la fille du manufacturier Laurent, de l'ancien intendant de mon père?

Et il se promena à pas précipités dans le salon, comme s'il eût voulu échapper à une pensée importune.

X

Bientôt le comte s'arrêta machinalement devant la fenêtre. La foule était toujours dans un état de fermentation fort inquiétant ; des orateurs improvisés parlaient avec une animation extraordinaire au milieu des groupes. Mais l'attention d'Alfred se fixa particulièrement sur les ouvriers anglais ; ils étaient encore à leur poste, écoutant d'un air d'impatience les exhortations de monsieur Laurent. Le bon vieux curé de Précigny s'était joint au manufacturier ; tous les deux, employant tour à tour les prières et les menaces, s'efforçaient d'apaiser les révoltés.

Dans ce moment d'attente générale, un coup de fusil partit malheureusement du groupe formé par les habitans de Précigny. Ce coup de feu ne blessa personne, il avait été tiré par inadvertance. Cependant l'effet de cet acte d'agression apparente fut prompt et terrible. Des cris épouvantables retentirent de tous côtés ; ces bandes d'hommes, de femmes et d'enfans qui se pressaient autour des lavoirs, saisis d'une terreur panique, s'enfuirent en se culbutant dans les ateliers. En un instant, il y eut un vaste espace vide au centre de la cour ; on ne vit plus que les deux bandes armées, prêtes à se ruer l'une sur l'autre.

D'abord les paysans eux-mêmes avaient été frappés de stupeur ; ils se regardaient avec consternation. Les Anglais ne leur laissèrent pas le temps de se reconnaître.

— Ah ! goddam ! c'est comme cela ? s'écriait dans son jargon le teinturier, chef de la troupe, en brandissant une barre de bois, on nous attaque, on tire sur nous comme sur des lièvres ? En avant, les bons drilles... ! Tombons sur ces coquins de Français, et donnons-leur une leçon de politesse envers les étrangers ! Hourra pour la vieille Angleterre !

Ses compatriotes n'avaient pas besoin d'être excités à la vengeance ; monsieur Laurent et le curé se jetèrent au-devant d'eux.

— Mes amis, mes chers enfans, s'écriait le prêtre ; écoutez-moi, de grâce.

— C'est un accident ! c'est un malentendu ! s'écriait le manufacturier. Laissez-moi éclaircir cette affaire. Je suis sûr....

— Finissons-en avec ces deux vieux prêcheurs, interrompit le teinturier ; Williams, et toi, Tom, chargez-vous d'eux, et, sans leur faire de mal, mettez-les-moi de côté comme des ballots de rebut... En avant, les braves garçons de Birmingham !

Deux robustes Anglais s'emparèrent de monsieur Laurent et du prêtre, malgré leurs protestations, et voulurent les entraîner à l'écart. Les gens de Précigny, en voyant le vénérable vieillard entre les mains brutales des étrangers, sortirent brusquement de leur léthargie, Nicolas lui-même fut le premier à animer ses compagnons.

— Les brigands ! s'écriait-il, voyez-vous comme ils traitent notre bon curé, notre meilleur ami après le comte

Alfred? Il n'y a plus de ménagemens à garder avec ces bandits... Allons! donnons-leur une frottée, délivrons monsieur le curé !

Toute la troupe s'ébranla aussitôt ; on vit briller ces faux formidables, ces tridens de fer dont s'étaient armés les villageois.

— Arrêtez, cria-t-on d'une voix éclatante, arrêtez, au nom du ciel !

Les deux troupes restèrent immobiles, muettes d'étonnement. On cherchait autour de soi qui pouvait donner un ordre avec tant d'autorité. Enfin on aperçut le comte Alfred à la fenêtre du pavillon : il était fort pâle, et il faisait de la main des signes précipités.

Au moment d'assister à un affreux massacre, le jeune homme avait oublié ses promesses ; il était disposé à subir toutes les extrémités possibles plutôt que de voir tant de malheureux s'entr'égorger pour lui.

En reconnaissant leur protecteur, les gens de Précigny manifestèrent une grande satisfaction : ils l'appelèrent bruyamment, afin qu'il vînt les joindre. C'était le projet d'Alfred, non pour engager le premier une odieuse lutte, mais pour tenter encore une conciliation devenue si difficile.

Chaque minute était précieuse. Il mesura du regard l'élévation de la fenêtre ; elle était placée à une quinzaine de pieds environ au-dessus du pavé de la cour ; mais, à moitié de la hauteur, se trouvait l'auvent de bois peint qui protégeait la porte du pavillon. Alfred était fort et agile, il n'hésita pas à prendre un parti. Il enjamba le balcon, sauta sans accident sur l'espèce de terrasse formée par l'auvent ; de là dans la cour le trajet n'était guère plus périlleux ; au bout d'une minute, il était en bas, au milieu de ses amis.

Il fut accueilli avec des transports de joie par tous ces braves gens. Mais Nicolas sentit le danger de la situation.

— Et maintenant partons, dit-il à demi-voix en saisissant le bras d'Alfred, ne donnons pas à ces coquins le temps de reconnaître monsieur de Précigny... Nous ne ferons de mal à personne, continua-t-il tout haut, de manière à être entendu des malveillans, mais qu'on nous laisse passer... Nous ne demandons rien, sinon de sortir tranquillement d'ici.

Il ordonna à ses voisins d'abaisser leurs armes, afin de montrer des dispositions pacifiques, et la troupe se dirigea vers la porte de la manufacture. Pendant un moment, cette tactique parut devoir réussir ; les Anglais, dont aucun ne connaissait le comte Alfred, restaient indécis. Quelques-uns avaient bien soupçon de la vérité ; mais, avec leurs idées particulières sur la noblesse, ils n'avaient garde de voir, dans ce jeune homme en blouse et en casquette de chasse, le fier héritier d'une famille patricienne. Smithson se montrant tout à coup vint changer la face des choses.

Le contre-maître s'était tenu caché jusqu'à ce moment en dehors de l'usine ; mais aucune circonstance de cette violente crise ne lui avait échappé. Il s'élança au milieu de ses compatriotes et s'écria en anglais :

— Qu'allez-vous faire, enfans ? est-ce ainsi que vous me soutenez ? Ce gentleman qui vient de se joindre à la bande, c'est le comte de Précigny.

— Goddam ! dit le teinturier dans un ébahissement profond ; un comte habillé comme un paysan !... Mais ces nobles de France n'ont pas autant d'écus dans leurs poches que le plus petit fermier d'un de nos comtés d'Angleterre... Eh bien donc ! puisque le voici, il ne sortira pas sans avoir payé son passage.

En même temps il alla s'emparer de l'énorme porte, et la ferma à grand bruit. Alfred vit avec douleur l'impossibilité où se trouvaient ses compagnons de se retirer sans combat.

— Monsieur Smithson, s'écria-t-il indigné, si je vous ai insulté, je suis prêt à vous rendre raison. Est-il donc nécessaire, pour une querelle survenue entre vous et moi de mettre tant de personnes dans le cas de s'entre-tuer ? Est-ce ainsi que l'on entend l'honneur de l'autre côté de la Manche ?

— Si je vous tue ou si vous me tuez, répliqua Smithson avec une sombre opiniâtreté, en portant la main à sa joue, en aurais-je moins reçu un soufflet ? Non, non, chaque chose aura son tour ; un outrage fait à un loyal Anglais ne se lave pas ainsi... Vous m'avez frappé, je veux vous frapper aussi... Le duel viendra après.

— Oui, c'est cela, coup pour coup ! gronda le teinturier avec une gaieté brutale ; John, Williams, Georges ! tenez ferme près de la porte, tandis que nous allons prendre le jeune coq au milieu de ses oisons.

Le comte promena autour de lui un regard plein d'angoisses. Le bon curé, épuisé par ses efforts précédens, était tombé presque évanoui sur un banc de pierre. Monsieur Laurent, échappant des mains de son gardien, avait couru vers les ateliers et s'efforçait de recruter parmi ses ouvriers un nombre suffisant d'hommes sûrs au moyen desquels il pût imposer aux deux partis. Mais il ne devait pas être de sitôt en mesure d'opérer une diversion efficace pour le maintien de l'ordre.

— Mes bons amis, dit le comte avec agitation en s'adressant à ceux qui l'entouraient, je ne veux pas être la cause d'une effusion de sang... Dispersez-vous, je vous en supplie ; abandonnez-moi ; quoi qu'il arrive, vous vous êtes conduits en braves gens !

— Non pas, non pas, dit Nicolas d'un ton ferme ; c'est pour nous que vous vous êtes exposé à ce danger ; nous serions des ingrats de ne pas vous soutenir jusqu'à la mort, n'est-ce pas, vous autres ?

— Oui, oui ! il vaut autant mourir ici en bousculant les Anglais, que de mourir de la fièvre dans son lit.

— Que le sort s'accomplisse donc, reprit Alfred en poussant un profond soupir ; mais, pour Dieu, ne portez pas les premiers coups !

Comme il achevait ces mots, les Anglais arrivèrent en poussant un formidable hourra. Les troupes se touchaient presque et allaient se confondre...

Tout à coup une forme blanche et légère apparut dans l'étroit espace qui les séparait encore ; c'était mademoiselle Laurent. Nul ne l'avait vue venir et n'avait entendu sa voix ; elle semblait surgir de terre ou descendre du ciel au milieu de cette scène de tumulte. Le visage tourné vers les Anglais, elle éleva les deux bras en l'air pour commander de s'arrêter ; aussitôt ils reculèrent avec respect.

La jeune fille elle-même parut surprise de l'effet qu'avait produit sa présence sur les mutins ; mais, profitant du premier moment d'hésitation, elle appela d'un ton ferme :

— Smithson ! où est monsieur Smithson ?

Le contre-maître sortit des rangs, s'avança vers elle avec déférence. Thérèse lui posa la main sur l'épaule d'un air de familiarité ; puis, se penchant à son oreille, elle y glissa quelques mots.

Smithson répliqua à voix basse et avec chaleur ; au bout d'une minute de conversation, il releva la tête ; son visage était radieux, ses yeux brillaient de plaisir.

— En arrière, mes drôles ! s'écria-t-il en français, en s'adressant à sa troupe, dispersez-vous sur-le-champ... celui qui frappera un coup se fera un ennemi de moi. L'affaire est arrangée ; je ne me plains plus de personne... au contraire, je suis content, je suis heureux, je suis au comble de mes vœux.

Les assistans ne pouvaient croire à un changement si subit, si merveilleux. Les Anglais surtout ne revenaient pas de leur surprise ; plusieurs murmurèrent, et le teinturier dit d'un ton bourru, dans sa langue natale :

— Vous êtes bien libre... mais, la peste me crève ! la tache faite à la joue d'un gentleman ne s'aurait s'effacer au souffle d'une dame, jolie ou non.

— Cela n'est pas de ta compétence, maître Tom, répliqua Smithson en ricanant et en se frottant les mains ;

mais je vous expliquerai cela... En attendant, laissez passer ces pauvres fiévreux ; ce sont des ennemis trop au-dessous de vous !

Tout en parlant, il les poussait vers une autre partie de la cour, afin de débarrasser le passage. Ils n'obéissaient qu'à regret, et jetaient des regards menaçans sur le groupe où se trouvait Alfred. Enfin ils s'éloignèrent, et bientôt une bruyante altercation, en anglais, prouva qu'ils n'étaient pas tous de l'avis de Smithson sur le point d'honneur.

Pendant ce temps, Thérèse s'était rapprochée du comte de Précigny, surpris et presque mécontent de l'issue de cette scène.

— Fuyez, monsieur, dit-elle rapidement ; ils peuvent se raviser, ils peuvent revenir, et alors... Emmenez-le, ajouta-t-elle en s'adressant à Nicolas, et conseillez lui d'être plus prudent désormais, si c'est possible !

— Oui, partons, répliqua Nicolas ; nous sommes impatiens de nous trouver hors d'ici.

La porte roula péniblement sur ses gonds ; on aperçut la campagne, et le vaste étang cause première de cette agitation.

Alfred surmonta enfin l'espèce de stupeur où il était plongé.

— Ah ! mademoiselle, dit-il à demi-voix en s'inclinant, que de reconnaissance ne vous dois-je pas pour ce dernier service ? Vous m'avez épargné un poignant remords pour le reste de ma vie... La leçon a été sévère, bien sévère... elle me servira désormais.

— S'il en est ainsi, monsieur, répliqua Thérèse avec mélancolie, je ne regretterai pas le sacrifice qu'elle m'aura coûté.

— Mademoiselle, me permetterez-vous du moins de vous demander par quel moyen vous êtes parvenue à apaiser Smithson ? Je ne comprends pas...

— Rien n'est plus simple, répondit Thérèse en baissant les yeux d'un air de pudeur ; depuis longtemps monsieur Smithson sollicitait ma main, je la lui avais toujours refusée... Tout à l'heure je lui ai promis, s'il apaisait cette émeute et s'il s'engageait à oublier son offense, que je l'épouserais dans un an, à pareil jour.

Alfred tressaillit, mais il ne prononça pas une parole ; seulement son regard s'attacha sur Thérèse avec une expression de douleur indicible.

— Ne me plaignez pas trop, ajouta-t-elle en souriant d'un sourire espiègle et enfantin, le sacrifice n'est pas aussi grand qu'il le paraît... J'ai promis à Smithson de l'épouser dans un an, et avant un an je serai morte... Adieu.

Elle s'élança vers le pavillon et elle disparut aussitôt.

Alfred n'avait ni la force ni la volonté de la retenir ; il succombait sous le poids de tant d'émotions. Nicolas le prit par le bras et l'entraîna hors de l'enceinte de la manufacture. Les villageois allaient et venaient autour de lui, lui adressaient des propos joyeux, des félicitations ; il ne voyait, n'entendait rien, il ne prononçait pas une parole.

Au moment où l'on traversait la chaussée de l'étang, quelqu'un perça la foule qui l'entourait et lui toucha l'épaule : il se retourna ; c'était monsieur Laurent.

— Monsieur le comte, dit le manufacturier d'un ton grave, ce qui vient de se passer a dû vous inspirer comme à moi de sérieuses réflexions ; une lutte qui commence ainsi doit nous effrayer l'un et l'autre ; permettez-moi donc de vous demander une entrevue, afin que nous puissions débattre nos intérêts réciproques avec plus de calme et de réflexion qu'aujourd'hui.

— Je serai à vos ordres, monsieur, répondit Alfred avec effort.

— Nous nous reverrons donc bientôt ?

— J'irai vous trouver à la manufacture.

— Non, non, monsieur le comte ; pour votre sûreté personnelle, je vous prie de n'en rien faire... Il y aura moins de danger pour moi à aller vous visiter à la ferme,

et, sans aucun doute, lorsque nous nous connaîtrons mieux, nous nous estimerons davantage.

Ces dernières paroles furent prononcées d'un ton mystérieux ; Alfred fit un signe d'assentiment froid et réservé. Puis les deux adversaires se saluèrent cérémonieusement, et s'éloignèrent dans des directions opposées. Monsieur Laurent rentra chez lui, tandis que Précigny, sombre et pensif, reprenait le chemin du village, entouré de la population qui lui faisait comme un cortége triomphal.

XI

Quelques jours s'écoulèrent ; tout était rentré dans l'ordre au village de Précigny et à la manufacture. La fièvre avait aussi ralenti ses ravages, soit que les approches de l'hiver eussent diminué sa malignité, soit que la confiance des habitans de la commune dans leur intrépide ami eût déjà relevé leur énergie morale. L'enthousiasme était toujours à son comble parmi les paysans ; on exaltait outre mesure la conduite d'Alfred lors de sa première visite à l'usine de monsieur Laurent ; ce soufflet donné à l'homme qu'à tort ou à raison on accusait d'être le principal auteur des maux du pays, excitait au plus haut point l'approbation, car le peuple, aigri par la souffrance, approuve aisément les procédés violens. La vivacité du comte semblait donc du plus favorable augure pour l'avenir ; on croyait ne pouvoir mettre trop d'espoir dans un défenseur si passionné.

Cependant Alfred n'éprouvait pas la même admiration pour son acte d'emportement. Quand il n'était pas sous l'influence de la colère, son caractère loyal, son esprit juste et droit lui permettaient d'apprécier sainement les choses et les hommes. Il voyait donc avec douleur la précipitation, l'étourderie même qui avait dirigé sa conduite dans cette affaire, et il ne pouvait songer sans frémir à l'effroyable conflit qui avait été sur le point de faire couler du sang.

Depuis les événemens dont la fabrique avait été le théâtre, il était resté enfermé chez lui, sans venir au village jouir des bénéfices de sa popularité. Peut-être réfléchissait-il mûrement, dans la solitude, aux moyens de mener à bien la grande entreprise dont il avait accepté la haute direction ; peut-être aussi avait-il quelque peine secrète qu'il rendait le recueillement nécessaire. Toujours est-il qu'il n'avait pas quitté une seule fois sa demeure pour aller à la chasse, son plaisir favori. En revanche, le vieux Nicolas Mathurin et d'autres notables habitans du pays se réunissaient chez lui chaque jour : on colportait de maison en maison, dans le village, des pétitions, des certificats, des listes à signer ; enfin tout annonçait que le jeune protecteur, quoique invisible pour le vulgaire, comptait donner une prompte et vigoureuse impulsion aux intérêts pressans dont il était chargé.

Un matin, Alfred achevait tristement son déjeuner dans un cabinet de verdure, au fond du jardin de la modeste ferme qu'il habitait. Un seul bâtiment servait à la fois de demeure au propriétaire et au fermier. Deux petites pièces, propres et commodes, mais sans élégance, composaient l'appartement du dernier héritier des seigneurs de Précigny. Cependant les abords de la ferme, tenus avec un soin extrême, témoignaient de la présence d'un maître délicat. Dans la cour, formée par les granges et les étables autour du bâtiment principal, on n'apercevait rien de nature à offenser la vue ou l'odorat, particularité rare dans les exploitations rurales de tous les pays. L'habitation elle-même occupait une position agréable au pied d'un coteau couvert de vignes et couronné par les ruines noires du château de Précigny. A travers les arbres, on voyait briller au loin un embranchement de cet étang pestilentiel, si fatal au pays ; mais la ferme se trouvait à une distance trop grande pour en ressentir la fâcheuse influence. Des prairies verdoyantes, des enclos remplis d'arbres fruitiers, des champs bien cultivés, s'étendaient à l'entour. Enfin, le domaine était petit, mais d'un bon rapport, et de l'aspect le plus riant.

Le comte avait pris place sur un banc rustique, à l'extrémité d'un petit parterre fleuri qu'il cultivait de ses propres mains. Devant lui, sur une table de pierre moussue provenant de la démolition du château, se trouvaient encore les restes de son simple et frugal repas. Un soleil chaud, sans avoir les ardeurs de l'été, se jouait dans le feuillage mobile au-dessus de sa tête. Le bourdonnement des abeilles dans les fleurs du parterre invitait à la rêverie.

Alfred, le front appuyé sur sa main, se laissait aller à ses méditations. Parfois ses yeux se tournaient vers ces ruines sombres de la colline voisine, tristes débris qui devaient lui rappeler tant de souvenirs ; mais le plus souvent ils s'arrêtaient avec fixité sur une partie de l'horizon cachée par un rideau d'arbres. Là était le village de Précigny, la manufacture ; là se trouvaient des personnes qui occupaient maintenant toutes les pensées, toutes les rêveries d'Alfred.

Son regard distrait tomba enfin, par hasard, sur un chemin ou plutôt un sentier qui longeait le pied de la colline. Un voyageur dont, à cause de la distance, on ne pouvait distinguer ni le costume ni les traits, venait de descendre de cheval, et s'entretenait avec un petit paysan occupé à garder une vache dans cet endroit écarté. Bientôt l'inconnu donna au pâtre la bride de sa monture, ôta ses grosses bottes de voyage, et, après avoir fait certaines recommandations à l'enfant, il marcha rapidement vers la ferme.

En tout autre moment, le comte se fût étonné de voir un inconnu s'arrêter en pareil lieu, et il eût cherché la cause de ses allures mystérieuses ; mais absorbé par ses réflexions intérieures, il ne donnait pas une attention sérieuse à ce qui se passait autour de lui. Cependant, quand la vieille paysanne qui pour un humble salaire s'était chargée du soin de le servir vint annoncer qu'un *monsieur* désirait lui parler sur-le-champ, il manifesta un vif étonnement.

— Et qui est cette personne, Marianne? demanda-t-il ; la connaissez-vous ?

— Non, monsieur ; elle n'est pas du pays, pour sûr, car je connais tout le monde à deux lieues à la ronde... c'est un vieux bourgeois de la ville.

— Au moins vous a-t-il dit son nom ?

— Quand je le lui ai demandé, il m'a répondu en riant que son nom ne faisait rien à l'affaire ; c'est un assez drôle de corps ; il prétend qu'il a des choses importantes à vous communiquer.

— C'est singulier ! je n'attends ce matin que Nicolas et ses amis... Il y a sans doute ici quelque méprise, et je serais fâché d'être dérangé en ce moment par un importun. Allez lui dire...

— Par ma foi ! monsieur, interrompit Marianne en regardant derrière elle, volontairement ou non, il vous faudra le recevoir... il m'a suivie, et le voilà qui vient... Il est tout même sans gêne, ce monsieur ! entrer ainsi chez les gens, sans savoir si l'on sera content.

Alfred se retourna vivement ; le voyageur, en effet, traversait le jardin et s'avançait vers le berceau de verdure. C'était un petit vieillard, vert encore quoique très voûté, à la démarche inquiète et furtive. Il était entièrement vêtu de noire, à l'ancienne mode ; grande redingote, culotte courte, bas de laine et souliers à boucles, que ses bottes de voyage avaient soigneusement préservés du contact de la poussière. Par-dessous son chapeau, il portait un bonnet de soie noir, bien tiré sur les oreilles. On eût pu, à son costume, le prendre pour un ecclésiastique ; mais sa mine de furet, ses yeux perçans décelaient un homme adonné depuis longtemps aux intérêts les plus terrestres et les plus mondains. Tout en marchant, il regardait à droite et à gauche, comme s'il eût craint quelque péril.

Alfred, malgré son mécontentement, ne put s'empêcher de ressentir un peu de curiosité. Il ordonna à la gouvernante de s'éloigner, et il alla lui-même au-devant du visiteur. Dès qu'il fut à portée, celui-ci ôtant son chapeau s'inclina deux ou trois fois fort bas et précipitamment.

— Excusez-moi, monsieur, dit-il d'une voix nasillarde et avec volubilité, j'entre sans dire gare, mais vous ne vous en plaindrez pas, j'en suis sûr.

— Je l'espère, monsieur ; cependant...

—Cependant j'aurais dû attendre patiemment votre volonté, n'est-ce pas ?... C'est pour votre bien, monsieur, c'est pour votre bien certainement... Mais nous serons mieux ici dans ce jardin pour causer ; les murs ont des oreilles, comme on dit, et puis, s'il faut l'avouer, je serai plus tranquille.

Alfred écoutait d'un air stupéfait cet intrus qui en agissait si familièrement. Le petit vieillard au bonnet de soie noire ne parut pas s'apercevoir de sa surprise ; il tira de sa poche un mouchoir d'une blancheur douteuse, et il essuya son visage baigné de sueur.

— Sans doute, monsieur, reprit-il, c'est au fils du comte de Précigny que j'ai l'honneur de parler ?

— Depuis longtemps, monsieur, répliqua Alfred avec une teinte légère de mélancolie, il n'y a plus d'autre comte de Précigny que moi.

— C'est ce que je voulais dire... Enfin, vous êtes actuellement le seul héritier de l'ancienne famille, n'est-ce pas ?

— L'héritage n'est pas considérable, monsieur ; de l'endroit où nous sommes, vous pouvez voir tout ce qu'il me reste des immenses propriétés de mes ancêtres.

— On ne m'avait pas trompé, interrompit le voyageur en regardant autour de lui ; en effet, on n'a pas l'air de rouler sur l'or, par ici... eh bien ! tout cela va changer, monsieur, ajouta-t-il en grimaçant un sourire ; oui, tout cela changera, si vous voulez m'écouter un moment.

— Mais, monsieur, puis-je au moins savoir le nom...

— Mon nom, mon nom ! Si je vous disais que je me nomme Thomas ou Barnabé en seriez-vous plus avancé ? un nom ne prouve rien en affaire... Mais asseyons-nous, car, en vérité je suis bien las.

En même temps il entra en grommelant dans le cabinet de verdure et s'assit sur le banc. Le comte, émerveillé de ce sans gêne inexplicable, prit place à côté de l'inconnu, qui continuait de s'essuyer le front, peut-être pour cacher ses traits.

— Monsieur vient de loin, sans doute.

Le vieillard au bonnet de soie noire resta un moment sans répondre.

— Oui... non... hein ! balbutia-t-il ; mais j'ai grand chaud, et mon âge me donne quelques priviléges... je vous demanderai donc la permission de garder mon chapeau.

Et il se coiffa d'un large chapeau, qui avec son bonnet de soie lui couvrait une partie du visage.

Alfred attendait patiemment qu'il plût à ce singulier personnage d'expliquer le sujet de sa visite. Après s'être mis à l'aise et avoir regardé avec soin autour de lui, celui-ci, rassuré sans doute, reprit avec sa volubilité ordinaire :

— Je vous disais, monsieur, que j'avais une importante révélation à faire au comte de Précigny.

— Le comte de Précigny vous écoute.

— Eh bien ! reprit le vieillard en baissant la voix, j'irai droit au fait... Sachez donc, monsieur, qu'il existe *quelque part*, entre les mains de *quelqu'un*, certains papiers qui intéressent fort la famille de Précigny... Ces papiers prouvent *certaines choses*, et il dépend de vous, monsieur, de les avoir en votre disposition.

Alfred ouvrait de grands yeux, ne sachant où tendait ce langage obscur et entortillé.

— Quand je dis que ces papiers existent, continua l'homme au bonnet de soie noire, je devrais dire : pourraient exister, car j'ai à cet égard des données très incertaines, la personne qui m'emploie ne m'ayant jamais rien affirmé positivement à ce sujet. Seulement, on pourra faire des recherches et découvrir... Non pas moi ! je ne suis qu'un simple intermédiaire : je vous prie de le croire, je n'aurais garde de retenir des pièces qui ne m'appartiendraient pas ; je craindrais trop de me compromettre... mais supposez un moment que ces papiers existent, qu'ils soient déposés en mains sûres, et qu'ils puissent vous être remis à certaines conditions...

L'inconnu jeta un regard oblique sur son interlocuteur, pour juger de l'effet de cette ouverture. Un étonnement naïf se peignait sur le visage du comte.

— Je ne vous comprends pas, monsieur, répondit-il ; si des actes importans pour moi sont entre vos mains ou entre celles de toute autre personne, je ne vois pas quel intérêt l'on aurait à les garder.

— Ils ne sont pas entre mes mains, répliqua l'inconnu avec vivacité, n'ayons pas de malentendu sur ce point... Je ne sais même s'ils existent en réalité, je vous le répète ; on peut m'avoir induit en erreur... Cependant, si l'on venait à découvrir des pièces de nature à vous faire rentrer en possession d'une bonne partie de votre ancien patrimoine, ne seriez-vous pas disposé à vous montrer reconnaissant envers la personne qui aurait opéré leur restitution ?

— Je commence à voir où tendent vos paroles... Ces papiers qui m'appartiennent on voudrait me les vendre, n'est-ce pas cela ?

— Vendre ! monsieur, vendre ! le mot est bien dur... Il ne faut pas envisager la question à ce point de vue. Admettez un moment avec moi que ces papiers soient des titres de cession, des actes de limitation, et que par leur moyen vous puissiez revendiquer de vastes terrains, aujourd'hui possédés par d'autres ; dans ce cas ne trouveriez-vous pas juste d'indemniser la personne qui, à ses risques et périls, les aurait détenus par devers elle, ou qui pour se les procurer aurait fait des démarches coûteuses, des voyages, des sacrifices d'argent ?

— Dans ce cas-là, ce serait une indignité à moi de ne pas me montrer reconnaissant envers la personne dont vous parlez.

— Bien ! — répliqua le petit vieillard avec satisfaction. Cependant il hésita encore avant de risquer une proposition plus claire. — Bah ! reprit-il d'un ton joyeux, nous nous entendrons facilement, je commence à le croire... Eh bien ! seriez-vous prêt à signer une reconnaissance de dix mille francs à celui qui vous remettrait ces papiers ? Les terres dont il s'agit valent vingt fois cette somme.

— Dix mille francs ?

— Pas un centime de moins... et, pour votre sûreté, ces dix mille francs seraient exigibles seulement après votre envoi en possession des domaines à revendiquer... Hein ? j'espère que l'on serait accommodant.

Alfred se leva indigné.

— Et vous me croyez capable, dit-il d'un ton sévère, de consentir à un pareil marché, de tremper, fût-ce pour obtenir une immense fortune, dans une ignoble spéculation ?

L'inconnu se renversa en arrière, stupéfait de cet éclat de colère auquel il ne s'attendait pas.

— Mais, balbutia-t-il, n'étiez-vous pas disposé à indemniser...

— Ne comprenez-vous pas la différence qu'il y a entre une rémunération libre, loyale, consentie avec connaissance de cause, et une coupable transaction où une prime serait extorquée par l'injustice, la mauvaise foi, la duplicité ?... Non, monsieur, je ne me laisserai imposer aucune condition. Si ces papiers sont à moi, qu'ils me soient rendus ; si je n'ai aucun droit sur eux, ils me sont inutiles et je n'en veux pas.

Le petit vieillard ouvrait des yeux effarés, ne pouvant croire à la possibilité de ce désintéressement chevaleresque.

— Un moment ! monsieur, un moment ! reprit-il, vous ne m'avez pas compris sans doute... Les pièces dont il s'agit établissent d'une manière nette, positive, vos droits sur des domaines considérables... Tout cela s'est fait dans l'année 93, où, comme vous le savez, les affaires publiques et privées étaient mal en ordre ; il y a eu à cette époque bien des transactions irrégulières sur lesquelles on est revenu depuis. Vos droits sont certains, indubitables ; sans doute vous ne voudrez pas pour une bagatelle de dix mille francs...

— A votre ton d'assurance, monsieur, interrompit Alfred en l'enveloppant d'un regard froid et inquisiteur, on croirait que vous avez vu ces papiers, que vous en avez étudié le sens... et, qui sait ? peut-être les avez-vous en ce moment sur vous.

Le petit vieillard se leva en tressaillant.

— Non, non, monsieur, s'écria-t-il avec chaleur, je ne les ai pas... ma parole d'honneur, je ne les ai pas !... On ne porte pas des pièces de cette valeur avec soi quand on ignore... Mais voyez à quoi on s'expose par une complaisance excessive ! continua-t-il d'un ton dolent en levant les yeux au ciel ; je suis étranger à cette affaire, moi ; je voulais seulement vous obliger, vous et *l'autre personne* dont je vous ai parlé ; cependant me voilà, moi honnête homme, en butte à des soupçons...

— N'êtes-vous exposé qu'à des soupçons, répliqua Alfred d'un ton menaçant ; vous m'en avez dit assez, monsieur, pour que je doive vous croire dépositaire de ces papiers détournés frauduleusement à mon préjudice ; je serais donc en droit de vous retenir ici jusqu'à ce que je sache qui vous êtes, d'où vous venez, et si vous n'êtes pas vous-même l'auteur de l'indigne spéculation dont on veut me rendre victime.

L'homme au bonnet de soie noire semblait de plus en plus mal à l'aise. Son front ruisselait de sueur ; il regardait autour de lui d'un air d'angoisse, et ses yeux se tournaient plus particulièrement vers une porte du jardin qui donnait sur la campagne.

XII

Alfred eut enfin pitié de lui.

— Rassurez-vous, monsieur, reprit-il plus doucement ; il me répugnerait d'exercer des violences contre une personne venue chez moi de son plein gré. Je dois vous considérer comme mon hôte en ce moment... Vous êtes donc libre de vous éloigner ; vous ne serez ni inquiété ni poursuivi. Seulement, retenez bien ceci : votre démarche imprudente m'a donné l'éveil sur des intérêts dont je n'avais aucune idée ; aussitôt que j'aurai rempli des devoirs qui absorbent actuellement tout mon temps et qui doivent passer avant mes affaires personnelles, je prendrai des informations, je commencerai d'actives recherches... Alors je vous retrouverai sans doute, et vous ne devrez pas être surpris si je vous demande un compte sévère de vos singulières révélations.

Le voyageur parut pleinement rassuré par ce langage franc et mesuré.

— Voilà ce qui s'appelle déclarer noblement la guerre, répliqua-t-il en souriant d'un air un peu moqueur. Eh bien ! soit ; vous chercherez, monsieur de Précigny, et si vous me retrouvez... Mais, je vous le jure, vous me traitez avec trop de rigueur ; j'agissais dans votre intérêt.

— Et dans le vôtre aussi, je pense.

— Mais je ne me rebute pas ainsi au premier mot, continua l'inconnu sans répondre à cette observation ; chez les jeunes gens surtout, le premier mouvement est toujours mauvais. En réfléchissant à ma proposition, j'en suis sûr, vous changerez d'avis... Dans ce cas, une simple note, conçue en termes convenables et envoyée au journal du département, me ferait accourir ici : nous traiterions aux mêmes conditions.

— Et ne craindriez-vous pas, monsieur, que cet avis ne fût un piége pour vous forcer à vous trahir vous-même ?

— Je sais bien à qui je m'adresse, dit le petit vieillard en hochant la tête ; j'ai pris des informations ; le comte de Précigny serait incapable d'une pareille déloyauté, même envers un ennemi... C'est pour cela que j'ai voulu m'entendre avec vous de préférence à d'autres, plus riches peut-être, mais moins honnêtes et surtout moins désintéressés.

Le comte ne sembla pas tout à fait insensible à ce compliment, qui dans les idées du vieillard était peut-être une épigramme.

En cet endroit de la conversation, Marianne, tout essoufflée et haletante, accourut de l'extrémité du jardin en faisant à son maître des signes multipliés.

— Qu'y a-t-il donc, Marianne? demanda-t-il.

— Eh ! monsieur, le maire de là-bas... vous savez? le maître de la manufacture...

— Eh bien ?

— Il vient d'arriver en voiture avec sa fille... Ils demandent à vous voir.

— Mademoiselle Laurent... ici... chez moi ! dit Alfred en rougissant.

— Je ne resterai pas une minute de plus, grommela le vieillard au bonnet de soie noire avec une grande anxiété. Laurent, le vieux madré, l'homme aux yeux de lynx ! Que diable vient-il faire ici ? on m'avait assuré que vous étiez brouillés ensemble... Il ne faut pas qu'il me voie, il serait capable... Adieu, adieu, monsieur de Précigny ; souvenez-vous de ma proposition... dix mille francs... une note dans le journal du département... Allons ! à revoir ; ne vous dérangez pas, ne me reconduisez pas... Je vous présente mon respect.

Il gagna en trottinant la petite porte du jardin, l'ouvrit et disparut dans la campagne.

A mesure qu'il s'éloignait, sa taille voûtée se redressait et semblait grandir, son pas devenait ferme, rapide, enfin le soi-disant vieillard prenait toutes les allures d'un homme sain et vigoureux. Mais le comte ne songeait pas à faire de pareilles observations ; il s'était à peine aperçu du départ de l'inconnu, tant la visite de monsieur Laurent et de sa fille, visite à laquelle cependant il devait être préparé, l'avait bouleversé. La servante attendait ses ordres, toute surprise de son agitation.

— Eh bien ! va les recevoir, reprit-il brusquement ; dis à Pierre... Mais non, j'y vais moi-même... je les recevrai ; oui, je les recevrai, pourquoi non ?

Il s'avança vers la maison ; mais à peine avait-il parcouru la moitié du trajet, qu'il entendit Marianne s'écrier d'un ton grondeur :

— Par ma foi ! tout le monde entrera aujourd'hui à la ferme comme dans une église... Voici encore monsieur le maire et sa demoiselle qui viennent de ce côté. On voudrait se cacher qu'on ne le pourrait plus.

Le comte leva les yeux ; monsieur Laurent et Thérèse, sur l'indication d'un valet de ferme, venaient en effet le joindre au jardin. Laurent était en costume de cérémonie, c'est-à-dire en habit noir, en gilet blanc, en chapeau et en souliers de castor ; il donnait le bras à sa fille, dont le visage était couvert d'un voile de gaze.

Alfred les atteignit bientôt et les salua avec une politesse pleine de trouble.

— De grâce, ne vous dérangez pas pour nous, dit le manufacturier d'un ton empressé et amical qui ne lui était pas ordinaire ; recevez-nous ici, en bons voisins. Quel salon vaudrait ce cabinet de verdure ?

— Ce serait le mieux en effet, dit Alfred avec mélancolie ; mais je crains que mademoiselle...

— Thérèse a toujours aimé le grand air... Ne soyez point surpris, monsieur le comte, de me voir accompagné d'elle ; mais, pour venir ici, il me fallait traverser le village de Précigny, et, vous le savez, les paysans sont mal disposés pour moi... Elle a désiré me suivre pour me servir de sauvegarde.

— Ce n'est pas seulement pour vous que mademoiselle Thérèse est un ange gardien ! répliqua le comte avec âme, en saisissant la main de la jeune fille qu'il osa presser doucement.

On prit place sur les bancs rustiques ; le comte, assis en face de Thérèse, la contemplait avec une profonde admiration. Mademoiselle Laurent avait levé son voile ; la marche, et peut-être une émotion secrète, avaient donné une légère teinte rosée à ses joues pâles. Elle baissa les yeux sous le regard ardent d'Alfred.

Pendant ce temps, monsieur Laurent semblait chercher les moyens d'aborder un sujet délicat. Comme nous l'avons dit, il affectait un air d'entrain et de cordialité fort opposé à sa froideur habituelle. En revanche, plus il se montrait bienveillant et expansif, plus Thérèse semblait grave et réservée, comme si elle eût voulu, par sa contenance morne, mettre le loyal Alfred en garde contre l'habileté bien connue de son père.

— Ma démarche actuelle, monsieur le comte, reprit le manufacturier avec bonhomie, vous prouve combien j'ai à cœur d'effacer tout souvenir de discorde entre nous... Vous le voyez, je viens chez vous sans cérémonie, avec la petite Thérèse, pour causer amicalement de nos affaires. J'ose espérer que cette façon d'agir ne vous déplaira pas.

Alfred ne pouvait s'empêcher de répondre convenablement à cette ouverture pacifique.

— Monsieur, dit-il avec effort, je serais désolé d'avoir paru agir en ennemi personnel de monsieur Laurent... Des motifs désintéressés ont été le mobile de tous mes actes, même de ceux qui pourraient sembler répréhensibles.

— Je le sais, monsieur le comte, et je n'ai pas été insensible à vos élans de générosité ; car enfin vous étiez devenu étranger à ces malheureux paysans ; vous ne les connaissiez plus, et peut-être aviez-vous conservé le souvenir de leur ingratitude envers votre famille au temps de la révolution... Oui, vraiment, j'ai admiré votre dévouement tout à fait digne d'une autre époque. Mais convenez, de votre côté, que vous avez poussé ce dévouement un peu loin, que vos procédés pour arriver à la réparation de vos griefs auraient pu, au contraire, les aggraver.

— Pourquoi me rappeler mes fautes? monsieur. Je les ai déjà bien cruellement expiées.

Sa voix s'altéra ; la jeune fille fit un geste de malaise.

— Allons, monsieur le comte, reprit le manufacturier avec un accent de satisfaction, j'aime à voir un jeune homme reconnaître ses torts ; je vous estime encore davantage après cet aveu... Mais n'ayez aucune inquiétude sur les suites de votre équipée ; tout est déjà réparé. Smithson a entendu raison et retrouvé son humeur paisible. Ces coquins d'Anglais qui m'ont donné tant de mal ont repris leurs travaux ; j'aurais bien voulu en congédier un ou deux pour l'exemple, car ils m'ont secoué un peu rudement ; mais que voulez-vous ? les affaires avant tout ; il me serait difficile de remplacer ces drôles ; ce sont d'excellens ouvriers, d'ailleurs ils ont promis à leur chef d'être sages à l'avenir, et j'ai dû accorder une amnistie complète. Le seul résultat sérieux de tout ceci, c'est que Thérèse épousera Smithson, quand sa santé sera rétablie. Franchement, ce résultat ne me déplaît pas ; car Smithson seul est capable de prendre plus tard la suite de mes affaires et de me seconder en attendant. — Les deux jeunes gens baissèrent tristement la tête. Thérèse étouffa un soupir. — A propos de ce mariage, continua le manufacturier en souriant, savez-vous, monsieur le comte, que je vous devrai en grande partie la satisfaction de le voir s'accomplir? Oui, Thérèse n'aimait plus ce pauvre garçon ; elle avait toujours refusé son consentement à des projets que je caressais depuis longtemps ; nous commencions à désespérer de la décider à cette union, lorsque cette sotte algarade est arrivée à la fabrique... Certainement mes dangers personnels, la crainte de voir un combat dans la cour de la manufacture, ont influé beaucoup sur sa détermination subite; mais certainement aussi le désir de mettre à l'abri de toute insulte le dernier comte de Précigny, l'héritier de cette ancienne famille dont madame Dumont lui avait conté tant de fois les prouesses et les belles actions, a exercé sur sa volonté une grande influence; n'est-il pas vrai, ma fille?

Thérèse balbutia quelques mots inintelligibles.

— Il est donc vrai, mademoiselle? demanda le comte d'une voix tremblante; j'ai été assez malheureux pour vous obliger à un sacrifice pénible...

— Peut-être, monsieur le comte, répliqua la jeune fille avec effort; je ne devais pas souffrir qu'un étranger, venu à la fabrique dans une intention louable, fût maltraité par les ouvriers de mon père, mais...

— Vous le voyez, interrompit le manufacturier, comme s'il eût craint quelque réticence, la fille et le père ne sont pas animés de sentiments hostiles contre vous... Vous en avez eu la preuve dans la fatale circonstance dont nous parlons, car nous avons oublié l'un et l'autre jusqu'à notre sûreté.

— Aussi, monsieur, s'écria Alfred chaleureusement, toute ma vie je me souviendrai des services que m'a rendus votre charmante fille. Au prix de mon sang je voudrais pouvoir les reconnaître.

— Voilà ce que j'appelle parler en véritable Précigny! répliqua Laurent avec une joie à peine contenue; ainsi donc, monsieur le comte, toutes ces fâcheuses discussions sont terminées? Entre nous, désormais, il n'y aura plus que des rapports d'estime, d'amitié?

Et il lui tendit la main.

Alfred tressaillit et parut sortir d'un profond sommeil. Jusqu'à ce moment, il n'avait songé qu'à Thérèse; pour elle seule il éprouvait une admiration profonde, une reconnaissance sans bornes. Rappelé à lui-même par le mouvement du manufacturier, il répondit avec une réserve pleine de dignité.

— De l'amitié, monsieur! je serais heureux de pouvoir vous nommer mon ami, mais il m'est impossible de vous donner ce titre tant que les habitants de Précigny n'auront pas obtenu justice... Agir autrement serait une lâcheté de ma part.

Le désappointement de monsieur Laurent fut visible.

— Encore ces paysans! dit-il en fronçant le sourcil; je pensais que vous ne songiez plus à eux, et que le résultat malheureux d'une première démarche vous avait découragé?

— A Dieu ne plaise! monsieur. Des obstacles ne doivent pas me faire déserter une juste cause.

— Et y a-t-il quelque indiscrétion à vous demander quels sont vos projets? demanda le manufacturier avec ironie.

— Non, monsieur, je ne prétends les cacher à personne, même à mes adversaires; je n'emploierai désormais que les voies légales... Une pétition se signe en ce moment au village de Précigny; dès qu'elle sera prête, j'irai moi-même la porter à Paris.

— Quoi! vous allez partir? demanda Thérèse avec une vivacité peut-être involontaire.

Puis, comme honteuse de cette question, elle tourna la tête et rabattit son voile sur son visage.

— Oui, mademoiselle, répliqua le comte avec tristesse, je quitterai ce pays... pour quelque temps, du moins... Qui s'apercevra de mon absence, excepté peut-être ces malheureux dont je vais défendre les intérêts?

Thérèse étouffa un gémissement sous son voile. Monsieur Laurent reprit du même ton ironique :

— Je m'explique maintenant ces actes, ces certificats, ces pièces de toute nature, dont, en ma qualité de maire, j'ai dû légaliser ce matin les signatures... Mais, sans doute, monsieur le comte, vous avez à Paris des amis puissans sur lesquels vous comptez pour appuyer la demande de vos protégés?

— Non, monsieur, je n'ai pas d'amis; je ne compte que sur mon bon droit et sur la ferveur de mon zèle. Je présenterai les réclamations des habitans de Précigny aux pouvoirs de l'Etat, aux ministres, aux princes, au roi lui-même, s'il le faut; et sans doute ma voix sera entendue.

Laurent sourit d'un air railleur.

— Et vous croyez, reprit-il, que, sous un gouvernement constitutionnel, le roi lui-même aurait qualité pour déposséder un propriétaire de sa maison, pour ruiner un des établissemens industriels les plus importans de la province? En vérité, jeune homme, vous avez conçu une bien fausse idée de l'époque où vous vivez. Le temps des pouvoirs absolus est passé; les gouvernemens d'aujourd'hui sont souvent dans l'impuissance d'empêcher le mal ou de faire le bien... Je ne vous parle pas, vous le voyez, de mon influence personnelle; il me n'appartient pas de vanter ma fortune, mon crédit, mes relations; vous sentez cependant qu'en acceptant la lutte contre vous, je devrais me servir de tous mes avantages... Je ne fais pas de vaine bravade; mais, sur mon honneur! vous échouerez... et, si vous étiez prudent, vous renonceriez à ce projet.

— Vous pouvez avoir raison, monsieur; mais je ne dois pas revenir en arrière.

Monsieur Laurent montra une grande agitation.

— Quel étrange intérêt avez-vous donc, reprit-il, de marcher avec opiniâtreté vers un but insaisissable? Quel lien vous unit à ces stupides paysans?... Parlez franchement, monsieur le comte; la raison de votre conduite ne serait-elle pas un sentiment de haine contre moi?

— Contre vous! et pourquoi?

— Que sais-je? parce que je suis riche, parce que j'ai été l'intendant de votre père, parce que je suis un parvenu, enfin! N'est-ce pas cela? avouez-le sans détours.

— Monsieur, lors même que vous auriez deviné juste, il me serait interdit en ce moment...

— Oh! ne vous gênez pas à cause de Thérèse, s'écria le manufacturier; elle-même ne m'épargne pas les sermons; je ne sais en vérité où cette enfant est allée puiser des idées aussi opposées aux miennes, à celles de sa caste.... Cette madame Dumont me l'a gâtée avec ses grands sentimens et ses façons de reine... Il y a des momens où je croirais, si je ne la connaissais pas si bien, qu'elle rougit de moi.

— Ah! mon père, mon père! murmura Thérèse avec douleur.

— Cela n'est pas, ma fille, je sais que cela n'est pas; tu m'aimes, j'en suis sûr; seulement tu voudrais me voir renoncer aux affaires et donner gain de cause à ces pauvres fiévreux du village... mais laissons cela. Puisque monsieur de Précigny est trop délicat pour me dire en face les causes de son antipathie, j'irai au-devant de ses pensées... Convenez-en, monsieur, vous me supposez avide, égoïste, dur envers les pauvres, mesquin dans mes vues, inexorable dans mes volontés?

— Monsieur, je ne suis pas votre juge.

— Soyez mon juge, au contraire, j'y consens, je vous en prie. Je tiens à ce que cette entrevue éclaircisse vos doutes, simplifie nos positions respectives; votre estime m'est précieuse, monsieur le comte, et je voudrais la mériter sincèrement... Voyons, ne dissimulez aucun de vos griefs contre moi; je tiens à les connaître, parce que j'espère les anéantir. De tous ces griefs, le plus puissant sans doute est de me voir, moi, autrefois l'intendant, presque le domestique de votre père, possesseur d'une grande partie de votre héritage, tandis que vous vivez pauvre et obscur dans cette petite ferme, misérable débris de votre fortune?

— Je ne me suis jamais plaint de ma pauvreté à personne.

— Sans doute, mais cette pauvreté a dû me frapper, moi l'acquéreur de la majeure partie de ces domaines, devenus propriété nationale... Ma richesse vous semble usurpée, vous me considérez presque comme un spoliateur de votre ancien patrimoine; dites, monsieur le comte, cela n'est-il pas vrai? N'avez-vous pas des doutes sur la légitimité de ma possession? Ne sont-ce pas là les motifs de cette haine secrète que vous m'avez vouée?

Alfred baissa la tête en silence. Le manufacturier le regarda fixement, et il reprit avec lenteur, en s'arrêtant après chaque mot :

— Eh bien! monsieur, si j'avais moi-même ces doutes... si ma conscience n'était pas tranquille... si je ne me considérais pas comme propriétaire légitime de ces biens confisqués à votre famille?

XIII

Le manufacturier se révélait sous un jour si nouveau, que le comte Alfred pouvait à peine en croire ses sens. Tout à coup le souvenir de sa conversation avec le petit vieillard en bonnet de soie noire, peu d'instants auparavant, lui revint à la pensée.

— Quoi donc! monsieur, s'écria-t-il, m'aurait-on dit vrai? y aurait-il des causes de nullité dans la vente de mes biens patrimoniaux? existerait-il, en effet, des actes qui me mettraient en droit de revendiquer une partie de mon héritage?

Monsieur Laurent à son tour montra un grand étonnement mêlé de frayeur.

— De quels papiers parlez-vous? demanda-t-il d'une voix altérée.

Précigny raconta en peu de mots la visite et la proposition de l'inconnu. En apprenant comment le comte et le petit vieillard s'étaient séparés, monsieur Laurent parut respirer plus librement.

— Cet homme est un imposteur, reprit-il, un fripon qui spéculait sur votre inexpérience des affaires ; vous l'avez traité suivant ses mérites... Mais je le retrouverai; c'est mon devoir comme magistrat de rechercher l'auteur de ces indignes manœuvres ! Je ne connais absolument personne à qui le signalement que vous donnez puisse se rapporter; mais dès ce soir, je bouleverserai le département pour découvrir cet effronté spéculateur; je vais mettre à ses trousses un fin matois de procureur qui le dépistera sûrement... Oui, oui, je le retrouverai ! — Cette chaleur même eût pu faire supposer à Alfred que les révélations de l'homme au bonnet de soie noire avaient une certaine importance; monsieur Laurent s'en aperçut sans doute, et il continua d'un ton plus posé : — J'ai entendu dire, je crois, que des papiers relatifs à la vente des terres de Précigny avaient été égarés; peut-être aussi certaines irrégularités se sont-elles glissées dans les actes, car à l'époque de la Terreur on n'y regardait pas de si près... Mais, j'en suis convaincu, monsieur, les assertions de ce mystérieux personnage sont fausses de tous points ; en vous appuyant sur ces bases, vous ne sauriez réclamer avec quelques chances de succès les immeubles passés dans d'autres mains.

— Je suis très disposé à vous croire, monsieur, car je vous ais assez habile en affaires que je suis moi-même inexpérimenté; vous n'eussiez pas accepté une transaction illégale, et cette certitude m'a dès l'abord mis en défiance contre cet aventurier... mais, s'il en est ainsi, je ne comprends plus vos scrupules de tout à l'heure au sujet de la légitimité de votre possession.

— Quoi! êtes-vous assez étranger aux préoccupations actuelles de la France entière, pour ignorer combien peu ces idées sont nouvelles? Ignorez-vous réellement les inquiétudes auxquelles sont en proie les acquéreurs de biens nationaux? Sachez-le donc; on parle sérieusement de proposer une loi pour revenir sur ces ventes faites au préjudice de la noblesse émigrée; bien des propriétaires s'attendent, comme moi, à une mesure de cette espèce... Eh bien ! supposez que ma conscience d'honnête homme soit allée au-devant des prescriptions de cette loi, si jamais elle doit être rendue; supposez que je veuille prendre l'initiative, restituer de bonne volonté ce que l'on pourrait plus tard m'arracher par force.

— Quoi? monsieur, vous consentiriez...

— A faire estimer de nouveau les terres, aujourd'hui en ma possession, provenant de votre famille, dit monsieur Laurent d'un air simple et grave, et à vous rembourser immédiatement la différence. Oui, monsieur le comte, je suis prêt à accomplir cet acte de justice ; dites un mot, et une aisance honorable, digne de vous et du nom que vous portez, remplacera votre pauvreté présente.

Alfred se leva convulsivement ; il était pénétré d'admiration et de gratitude. Ses préjugés, sa haine, tout tomba à la fois devant ce merveilleux désintéressement. Déjà il tendait la main au manufacturier... En ce moment, il regarda Thérèse. La jeune fille, qui jusque-là était restée morne et pensive, se redressa tout à coup et lui lança un coup d'œil d'une éloquence irrésistible.

Le comte hésita, puis se il retira vivement en arrière :

— Non, non, s'écria-t-il, c'est un piège ! On commence à me craindre et on veut m'empêcher de remplir mes engagemens envers les habitans de Précigny ! on veut m'acheter... à prix d'or.

— Vous ai-je imposé des conditions? répliqua monsieur Laurent avec véhémence. Ne serez-vous pas libre de poursuivre vos projets comme auparavant? D'où vient donc cette injurieuse défiance ?... Monsieur le comte, en vous proposant cette restitution, je n'ai eu qu'un but : acquitter envers le fils une dette de reconnaissance contractée autrefois envers le père, tout en apaisant mes scrupules personnels, tout en assurant mes droits, encore douteux peut-être, sur des propriétés achetées au-dessous de leur valeur... Cette proposition, je vous l'eusse faite, il y a longtemps déjà, à l'époque de votre retour ici ; mais votre froideur, votre fierté me froissèrent dès ma première visite, et m'obligèrent à ajourner l'accomplissement de mes bonnes intentions. Acceptez donc sans crainte ; vous ne me devrez même pas de reconnaissance, si la reconnaissance vous importune.

Le comte était fort agité.

Vous pouvez être sincère, monsieur, dit-il d'une voix émue, et peut-être devrais-je me montrer plus digne de votre généreux procédé; mais ma conscience, à moi, me défend d'accepter de vous aucune faveur, de contracter envers vous aucune obligation volontaire. J'ignore si une équité rigoureuse vous commande cette restitution ; pour moi, dans la position où je suis, je dois repousser votre initiative. Du moment où je me considérerais comme votre obligé, je serais un monstre d'ingratitude si je poursuivais mes projets contre vous... Je ne veux pas être ingrat.

Monsieur Laurent levait les mains et les yeux au ciel, comme s'il ne pouvait croire à cet excès de délicatesse.

— Mais c'est de la folie, cela ! s'écria-t-il hors de lui; par pitié pour vous-même, jeune homme, réfléchissez. On ne renonce pas ainsi de gaieté de cœur à une grande fortune ; la différence que j'aurais à vous payer s'élèverait au moins à cinquante mille écus.

— Ce serait, en effet, une fortune de prince, monsieur, eu égard à ma misère actuelle ; mais je n'ai pas besoin de réfléchir, mon parti est pris... Je ne me séparerai pas de ces malheureux paysans qui ont mis en moi toute leur confiance. Desséchez ce fatal étang qui répand la peste dans la contrée, monsieur, et je serai plus satisfait que si vous m'aviez rendu les vastes domaines de Précigny.

— Voilà qui est impossible, dit le fabricant d'un ton saccadé en se levant ; vous me demandez un sacrifice au-dessus de mes forces... Cette usine est mon orgueil et ma joie ; j'aimerais mieux mourir... Tu le vois, ma fille, continua-t-il en s'adressant à Thérèse, il a repoussé toutes mes avances, toutes mes prières, toutes mes offres ; la paix n'est pas possible entre nous.

— J'avais prévu ces refus, mon père, répliqua mademoiselle Laurent avec un sourire d'admiration ; je vous le disais bien, l'intérêt n'est rien pour les hommes comme lui.

Il y eut un moment de silence.

— Allons, mon enfant, reprit le manufacturier en se préparant à partir, il ne nous reste plus rien à faire ici. J'espérais que le souvenir de notre dévouement dans une circonstance récente aurait produit quelque impression sur monsieur de Précigny, j'espérais que mes propositions loyales auraient achevé de déraciner ses préventions contre nous ; je m'étais trompé... il préfère à notre amitié la reconnaissance douteuse de ces paysans qui ont brûlé ou laissé brûler le château de son père... Il veut la guerre ; sachons donc nous résigner à être ses ennemis.

Alfred tressaillit et attacha un regard de feu sur Thérèse.

— Mes ennemis ! répéta-t-il avec âme ; oh ! mademoiselle, vous qui avez été pour moi si généreuse, vous du moins me regarderez-vous comme un ennemi ?

— Quiconque s'attaque à mon père, répondit mademoiselle Laurent avec douceur, en baissant les yeux, ne saurait attendre de moi une approbation. Cependant...

— Achevez, de grâce !

— Eh bien ! si mon père, par des considérations qu'il ne m'appartient pas de juger, reste opiniâtrement dans la limite de son droit, je ne dois pas être surprise de voir le comte de Précigny défendre aussi avec constance la cause du pauvre et de l'opprimé.

Le visage du comte s'empourpra de plaisir.

— Oh ! merci, mademoiselle, murmura Alfred, merci pour cette bonne parole... Il m'eût été si douloureux d'encourir votre haine !

Thérèse se rapprocha de son père avec inquiétude, comme si elle eût craint de l'avoir blessé par un excès de franchise. Mais le manufacturier ne l'avait pas même entendue ; son regard inquisiteur allait de l'un à l'autre des deux jeunes gens avec rapidité ; un sourire étrange se jouait sur ses lèvres. Alfred et la jeune fille rougirent dès qu'ils s'aperçurent de cet examen, et se détournèrent avec embarras ; il était trop tard ; Laurent avait déjà pénétré leur secret.

En ce moment, plusieurs personnes entrèrent dans le jardin, et, sur les indications de Marianne, se dirigèrent vers le berceau de verdure ; elles venaient fort à propos pour interrompre un silence pénible. C'était Nicolas, Mathurin, et d'autres habitans du village. Ils semblaient inquiets ; Nicolas tenait à la main une liasse de papiers.

— Allons ! monsieur le comte, reprit le manufacturier d'un ton léger, voici vos protégés qui vous réclament ; je ne vous retiendrai pas plus longtemps... Toute réflexion faite, cette entrevue n'aura pas été entièrement sans résultat. Vous repoussez la paix maintenant, mais j'ai l'espoir que la guerre ne sera pas éternelle... Patience !... mais partons, ma fille.

Il hocha la tête en souriant toujours, puis, prenant le bras de Thérèse, il s'achemina vers l'extrémité du jardin. Alfred invita les paysans à l'attendre, pendant qu'il accompagnerait les visiteurs jusqu'à leur voiture. Les pauvres gens se rangèrent d'un air sombre, et il sembla à Laurent qu'ils jetaient sur lui des regards de haine. Mais, sans s'arrêter à ces signes d'inimitié silencieuse, il passa en touchant son chapeau ; les campagnards se découvrirent avec respect devant Thérèse.

Au moment de monter dans la voiture, qui l'attendait devant la porte de la ferme, le manufacturier se tourna vers Alfred.

— Monsieur le comte, dit-il d'un ton amical, encore une fois, prenez quelques jours pour penser à mes propositions... Ne vous hâtez pas de partir... Je suis sûr de vous convaincre, si vous restez dans le pays encore un peu de temps ! Vous serez responsable des maux que pourra causer votre précipitation.

— Cette responsabilité ne m'effraye pas, répliqua le jeune homme avec trouble ; mais plus que jamais je sens la nécessité de partir... Quoi qu'il arrive, j'aurai pour moi ma conscience.

— Votre conscience, murmura Thérèse d'une voix étouffée, et l'estime de vos adversaires même.

Une larme brûlante tomba sur la main d'Alfred.

Tout son être frissonna au contact de cette perle liquide. Il voulut parler, mais Thérèse s'était rejetée vivement en arrière et avait rabattu son voile. Monsieur Laurent prit place à côté d'elle, salua poliment, et la voiture partit avec rapidité.

Alfred resta immobile sur le seuil de la porte ; il sentait son cœur se briser. Quand la voiture eut disparu au détour du chemin, il s'arracha enfin à sa contemplation, et il se mit en devoir de rejoindre ceux qui l'attendaient. En traversant le jardin, son pas était rapide, inégal ; son visage rouge, ses yeux hagards trahissaient une fièvre intérieure.

Les paysans, groupés sous le berceau de verdure, chuchotaient entre eux avec chaleur. A la vue du comte, ils se turent.

— Eh bien ! mes amis, s'écria Alfred d'un air égaré, tout est-il prêt ? m'apportez-vous enfin ces papiers dont j'ai besoin ? Pourrai-je partir bientôt ?... Cet homme a raison ; si je restais ici quelque temps encore, je serais capable... Mais il faut que je parte... je veux partir !

Il se laissa tomber, accablé, sur un banc. Les villageois le regardaient avec étonnement.

— Ainsi donc, monsieur le comte, reprit l'un d'eux avec timidité, vous n'avez pas fait la paix avec monsieur Laurent ?... Il n'est pas parvenu à vous détacher de nous, et vous êtes toujours notre ami ?

— Qui vous a donné le droit d'en douter ? interrompit Alfred d'un ton farouche.

— Quand je vous disais ! s'écria le vieux Nicolas en s'adressant à ses compagnons ; eh bien ! voyez monsieur le comte, je vais vous expliquer la chose... Hier, monsieur Laurent s'était vanté de vous brouiller avec nous ; en le voyant aujourd'hui traverser le village avec monsieur et sa fille, ça avait donné des inquiétudes... Ce monsieur Laurent est si adroit ! J'avais beau dire à mes voisins : « Ne craignez rien ; monsieur le comte ne se laissera pas endoctriner par de belles paroles ; il pensera à nous avant de penser à lui ; » ils avaient peur, parce qu'ils ne vous connaissent pas !... Ainsi donc le maître de la fabrique ne veut pas entrer en accommodement ?

— Un accommodement est impossible.

— C'est dommage, tout le monde eût gagné si la chose avait pu se terminer à l'amiable... Au fond, la bonne petite demoiselle est notre amie, et comme d'un autre côté monsieur Laurent semblait bien disposé pour vous, je pensais...

— Tout est rompu, vous dis-je ! interrompit Alfred avec une irritation extraordinaire ; ne parlons pas de lui... songeons à nos intérêts... Ces papiers sont-ils prêts ?

— Les voici, monsieur, dit le vieillard en lui présentant la liasse qu'il tenait à la main ; voici la pétition, en forme de mémoire, que vous avez rédigée vous-même ; elle est signée de tout ce qui sait tenir une plume à trois lieues à la ronde... Voici les procès-verbaux de monsieur Merville et des autres médecins du canton, pour constater l'existence de l'épidémie ; voici enfin les extraits mortuaires de ceux qui ont succombé depuis seulement une année dans notre malheureux village... Tout cela est signé et paraphé de monsieur Laurent lui-même, il a pesté, mais il n'a pas pu se refuser à remplir son devoir.

— Bien, bien, répliqua le comte en compulsant rapidement ces diverses pièces ; avec ces preuves de votre déplorable position, j'obtiendrai nécessairement justice. Ayez confiance en moi ! avant vingt-quatre heures, je serai en route pour Paris !... Ah ! mes amis, mes amis, continua-t-il avec un attendrissement profond, si je réussis, vous ne saurez jamais ce que le succès m'aura coûté.

Nicolas saisit la main du jeune homme et la pressa contre ses lèvres.

— Monsieur le comte, dit-il d'un ton suppliant, ne perdez pas courage! Dieu semble déjà bénir vos efforts, et votre intervention nous a porté bonheur. La fièvre diminue dans le village; nous commençons à espérer de meilleurs jours, et nous ne doutons plus de la Providence... Mon petit Pierre, ce cher enfant qui est toute ma vie, à moi, recommence à sourire; ses fraîches couleurs reparaissent sur ses joues... il vivra, nous vivrons tous si vous ne nous retirez pas votre appui.

Pendant ce temps, le manufacturier, tout en suivant le chemin de l'usine, murmurait avec satisfaction :

— Quelle étrange découverte! le jeune comte aime ma fille... Allons! je n'ai plus à m'inquiéter de cet étourdi; il est à moi... Maintenant, il s'agit de retrouver l'intrigant qui prétend avoir en sa possession les papiers perdus depuis si longtemps, et je ne conserverai plus aucun sujet de crainte. Si cependant ma fille l'aimait aussi! continuat-il en jetant un regard sur Thérèse, qui restait muette au fond de la voiture; bah! elle va épouser Smithson; c'est une folie!... Mais ces papiers, ces maudits papiers, il me les faut, je les aurai.

XIV

Huit mois environ s'étaient passés depuis les événemens que nous venons de raconter.

Un jour de mai, il y avait grande agitation à la manufacture. On célébrait la fête de monsieur Laurent, et les ouvriers de la fabrique, poussés par le contre-maître général Smithson, avaient profité de cette circonstance pour faire une démonstration éclatante en faveur du manufacturier. Dès le matin, cette vaste cour que nous connaissons présentait un aspect joyeux et animé. Des mâts, chargés de guirlandes et de fleurs, se dressaient autour des bassins; un orchestre avait été construit sous un arc de triomphe de verdure; les ouvriers et ouvrières, revêtus de leurs plus beaux habits, dansaient au son d'une musique champêtre. Des jeux d'adresse et de hasard s'étaient organisés dans l'espace resté vide; ici c'étaient des parties de boules et de quilles; plus loin on s'exerçait au tir de l'arbalète contre un grand Turc de carton qu'une simple balle d'argile suffisait pour renverser; partout c'étaient des loteries, des cibles, enfin tout cet attirail bizarre et sans nom qui donne un charme naïf aux fêtes populaires.

Une foule immense encombrait l'enceinte de la manufacture et refluait jusque sur la chaussée. Chaque ouvrier avait fait venir sa famille des bourgades voisines, pour prendre part aux divertissemens de la journée. Monsieur Laurent défrayait tous les étrangers; le vin, les rafraîchissemens étaient distribués au premier venu avec une véritable prodigalité. Enfin, un des plus vastes ateliers de la manufacture avait été disposé pour servir de salle de banquet; un somptueux repas devait réunir le soir les invités autour d'une table commune et couronner dignement la fête.

Or, ce n'était pas sans un motif sérieux que monsieur Laurent, économe et calculateur, s'était jeté dans des dépenses si frivoles en apparence et si inutiles. Pendant les huit mois qui venaient de s'écouler, il s'était passé bien des choses importantes. Le comte Alfred, arrivé à Paris, avait courageusement rempli sa mission. Grâce à lui, les plaintes des pauvres gens du village avaient eu un retentissement extraordinaire; les journaux, la tribune nationale même avaient répété ces cris de détresse poussés par une population au désespoir. Malheureusement, une stérile pitié pour les opprimés avait été le seul fruit de tant d'efforts.

Soit que le manufacturier eût employé de puissantes influences, soit que réellement, dans l'arsenal formidable de nos lois, aucune n'eût pu être tournée contre lui, rien d'efficace n'avait été tenté pour soulager les maux des habitans de Précigny. Vainement Alfred avait-il déployé une énergie, un dévouement, une constance incroyables, assiégeant les antichambres des hommes en crédit, écrivant chaque jour de nouveaux mémoires pleins de verve, de sentiment, de conviction, tout avait été inutile. Il avait obtenu quelques secours d'argent, que, par une anomalie assez inconcevable, monsieur Laurent lui-même avait été chargé, en sa qualité de maire, de distribuer aux malades de sa commune.

Le manufacturier pouvait donc, à la rigueur, se considérer comme vainqueur dans cette lutte acharnée : cependant, en raison de la publicité donnée à une affaire où l'opinion s'était nettement prononcée contre lui, une atteinte sérieuse avait été portée à sa considération. Pour effacer autant que possible l'odieux de sa conduite envers les habitans du village voisin, il avait voulu faire parade de l'affection de ses nombreux ouvriers; pour répondre aux calomnies dont il se prétendait l'objet, il avait provoqué cette démonstration tumultueuse. Le récit des événemens de cette journée, propagé par une feuille départementale, devait, à son sens, commencer une réaction en sa faveur. En conséquence, outre la foule répandue dans la cour de l'usine, bon nombre de personnages importans du pays avaient été invités à cette solennité. La plupart s'y étaient rendus et avaient été reçus avec une hospitalité somptueuse. Fort de toutes ces marques de sympathie, le riche industriel se flattait d'étouffer plus tard les murmures et les plaintes; en attendant, cette joie bruyante qui retentissait autour de lui devait empêcher de les entendre.

Cependant, en dépit de lui-même, monsieur Laurent, au milieu de son triomphe, semblait soucieux et inquiet. Plusieurs fois, pendant la journée, en recevant ses hôtes, ou en se mêlant aux divertissemens de ses inférieurs, il avait laissé échapper des signes d'une préoccupation pénible. Enfin, vers le soir, fatigué de l'agitation et du tumulte qui l'environnaient, il éprouva le besoin de respirer un moment en liberté. Laissant à sa fille le soin de faire les honneurs de la fête aux invités de distinction, devoir dont, malgré sa faiblesse, elle s'acquittait avec une aisance pleine de grâce, il engagea Smithson et deux autres personnes de son intimité à le suivre. Tous ensemble, ils sortirent à grand'peine de l'usine, et, s'approchant d'un petit bateau amarré à la chaussée de l'étang, ils s'embarquèrent pour une courte promenade sur l'eau.

Ils eurent bientôt gagné le large : les bruits de la fête devenaient moins distincts à mesure qu'on s'éloignait du rivage, et bientôt on n'entendit plus que les boîtes et les pétards tirés par les ouvriers à longs intervalles. Quoique le printemps fût peu avancé, la journée avait été chaude; la soirée était magnifique. Le soleil descendait lentement vers l'horizon, jetant de longues traînées lumineuses sur la surface mobile de l'étang. Comme les écluses, à cause de la fête, n'avaient pas été ouvertes depuis vingt-quatre heures, les eaux, très abondantes, refluaient sur leurs rives plates et sans ombre plus loin qu'à l'ordinaire. Rien n'arrêtait le regard autour des promeneurs : à gauche, on entrevoyait, dans un léger enfoncement du sol, les misérables chaumières et la vieille église de Précigny. Tout était calme, silencieux, désert; seulement de grosses carpes bondissant parfois hors de l'eau, comme il arrive aux approches du soir, faisaient étinceler leurs écailles dorées aux derniers rayons du soleil, puis se replongeaient dans leur élément avec un bruit sourd et mélancolique.

Monsieur Laurent était assis tout pensif à l'arrière de la barque; à l'autre extrémité, Smithson tenait les avirons et s'occupait assez mollement de la besogne de rameur; mais l'embarcation était si légère qu'elle glissait avec rapidité à la surface tranquille de l'étang. Les deux invités avaient pris place sur un banc en face du manufacturier ; ils échangeaient par momens quelques mots de politesse banale.

De ces deux individus, l'un était le docteur Merville, le médecin du pays, vieillard emphatique, pédant, d'une ignorance crasse, mais doué d'une complaisance inépuisable pour les caprices de ses malades, et d'une aptitude merveilleuse à ménager les intérêts les plus contraires. Au physique, gros, court, rouge, sa personne était des plus communes, quoiqu'il cherchât à la rehausser par un costume rigoureusement noir et cérémonieux. L'autre, âgé de quarante-cinq à cinquante ans, avait une mine futée et retorte qui décelait le chicanier ; c'était maître Rigobert, avocat et avoué d'une petite ville voisine, la providence des plaideurs, le défenseur de toute mauvaise cause ; du reste, homme de ressources dans les cas désespérés, il avait rendu au manufacturier plus d'un service.

Sans doute monsieur Laurent avait eu quelques raisons particulières d'engager ces deux personnages à l'accompagner dans sa promenade, de préférence à d'autres plus dignes peut-être de cette distinction. Mais quels que fussent ses motifs, il ne se pressait pas de les faire connaître, et il restait absorbé dans ses réflexions.

Le docteur Merville, par le privilége de sa profession, se crut en droit le premier de rompre ce silence prolongé.

— Par ma foi ! monsieur Laurent, dit-il d'un ton qu'il voulait rendre fin, si l'on en croyait les journaux, cette promenade sur l'eau, à pareille heure, serait chose passablement téméraire. On a représenté l'étang de Précigny comme un lac empoisonné dont les émanations donnent la mort au bout de cinq minutes au gaillard le plus robuste... Sans être tout à fait aussi alarmiste, l'on pourrait, à mon avis, prendre quelques précautions.

— Bah ! Rigobert d'un air sarcastique, cette maudite fièvre oserait-elle aussi s'attaquer aussi au médecin ? Ce serait par trop d'insolence !

— Ne riez pas, monsieur Rigobert, répliqua le docteur d'un air capable, en regardant autour de lui. Depuis deux jours, le temps est devenu très chaud... Ces vapeurs rousses que vous voyez là-bas, à la queue de l'étang, ne me semblent pas de favorable augure pour les habitants de Précigny.

Le manufacturier sortit enfin de sa rêverie.

— Quoi donc, docteur, demanda-t-il avec vivacité, cette maudite épidémie, qui m'a déjà suscité tant d'embarras, menacerait-elle de se réveiller ? Il n'y a pas eu de nouveau cas au moins, que je sache, ces jours passés ?

— Il est vrai, mon cher monsieur Laurent, vous avez joué de merveilleux bonheur depuis plusieurs mois.... Pendant tout le temps que ce jeune étourneau, monsieur de Précigny, a intrigué à Paris et vous a calomnié d'une manière honteuse, pas un seul décès n'est survenu au village. Bien que la mortalité ait été rude l'année dernière, la maladie a perdu ses caractères alarmans cette année. Peut-être mes médicamens et les doses de quinine que j'ai su administrer à propos ont-ils été pour quelque chose dans ces résultats... mais il ne m'appartient pas de me vanter. En vérité, vous eussiez pu être fort embarrassé si de nouveaux faits fussent venus corroborer les bruits répandus contre vous.

— Cependant, dit le manufacturier d'un air de reproche, ce jeune homme avait en main des procès-verbaux, des certificats signés de vous, docteur Merville, et ces documens ont eu le plus fâcheux effets à mon préjudice... Mais de quoi me plaindrais-je ? continua-t-il avec amertume ; ceux sur qui je croyais pouvoir compter se sont tournés contre moi dans cette malheureuse affaire, ou m'ont servi froidement. Vous, d'abord, docteur, vous qui, depuis dix ans, donnez vos soins à ma fille, à moi, à tous les malades de la manufacture, vous m'avez porté le premier coup... Ensuite, maître Rigobert que voici, en dépit de son habileté si connue, n'a pu me rendre un service auquel j'attache une grande importance... Personne ne m'a soutenu ; dans ma famille même, il s'est trouvé des admirateurs de mes adversaires ! Certainement, si ce brave Smithson ne m'avait aidé de ses conseils pleins de justesse et de fermeté, le courage m'eût manqué plus d'une fois.

Le légiste voulait répondre au reproche personnel qui venait de lui être adressé Merville, plus passionné, le devança.

— Vous êtes injuste envers moi, mon cher voisin, s'écria-t-il, vous ne tenez pas assez compte des devoirs imposés aux hommes de science. Devais-je refuser de constater, sur la réquisition des malades, une épidémie dont les symptômes étaient si clairs ? Ce refus, n'étant pas justifié, m'eût fait taxer d'ignorance... D'ailleurs, je ne pouvais me brouiller avec ces gens de Précigny ; depuis que l'épidémie a commencé, ce sont d'assez bons cliens, et mon confrère Simon, de Bélabre, eût profité de leur mécontentement pour m'évincer... Parole d'honneur ! monsieur Laurent, ceci est de l'ingratitude, car je profite de toutes les occasions pour adoucir les esprits à votre égard ; je ne donne pas une ordonnance sans vanter vos bienfaits, sans recommander de s'adresser à vous dans un moment de nécessité.

— Vous faites bien, et je vous remercie, répliqua le manufacturier avec chaleur ; cependant la haine de ces gens de Précigny est toujours implacable !.... Voyez, ajouta-t-il en regardant la main vers le village qui semblait désert, pas un n'a voulu assister à la fête, malgré mes invitations, malgré mes efforts pour les y attirer ! Vainement, pendant toute la journée, ai-je cherché dans la foule à reconnaître un seul d'entre eux ; pas une femme, pas un enfant que la curiosité ait poussé jusqu'à la fabrique... Ils se cachent, ils ont horreur de moi ! J'avais espéré que cette fête serait une occasion de rapprochement, de conciliation ; ils ont trompé mon attente.

— En effet, en traversant le village, j'ai trouvé toutes les maisons fermées, on les eût crues abandonnées ; mais je ne me suis pas arrêté pour demander la cause de cette solitude apparente ; vous m'attendiez et vous ne m'eussiez pas su gré d'avoir fait halte volontairement parmi vos adversaires..... Ah çà ! j'y pense, ce que l'on m'a appris ce matin serait-il possible ?

— Que vous a-t-on appris, docteur ?

— Ce jeune homme, le comte de Précigny, a, dit-on, quitté Paris, et il est arrivé à la ferme hier au soir.

— Lui ! il est revenu ! s'écria Laurent en pâlissant.

— Il est revenu ? répétèrent Smithson et Rigobert avec des intonations différentes.

Il y eut un moment de silence ; chacun avait des motifs particuliers d'attacher une grande importance à cet événement.

— Je n'affirme rien, reprit le docteur ; cependant, il me paraîtrait impossible que ces paysans se fussent si bien concertés pour se tenir à l'écart, s'ils n'avaient un chef puissant et connu.

— Oui, oui, cette nouvelle doit être vraie, dit le manufacturier avec agitation ; elle m'explique la conduite de ces malheureux...... Ainsi donc la guerre va recommencer ici, sous une autre forme ! L'obstacle irrite, je le sais, les hommes du caractère de ce bouillant jeune homme ; il va être plus ardent, plus acharné que jamais à me susciter des chagrins et des dangers ! Pendant un temps, j'ai cru que ses menaces seraient vaines, qu'un sentiment secret diminuerait la violence de ses attaques... je m'étais trompé, il a été impitoyable, il le sera encore, à moins...

— Que craignez-vous ? s'écria Smithson avec arrogance ; l'insolent gentleman n'a rien obtenu à Paris par les voies légales ; que peut-il faire ici ? Goddam ! s'il osait revenir à la fabrique avec ces chiens de paysans, nous ne les laisserions pas aller comme la première fois, et il ne s'y risquera pas.

— Et ce serait un grand malheur ! dit Laurent, d'un air d'angoisse. Écoutez, Smithson, vous aussi, messieurs, car vous êtes des hommes sages et de bon conseil ; je suis parvenu, il est vrai, à force de soins et de protections, à rendre vaines les furieuses déclamations de monsieur de Précigny ; aucune mesure n'a été prise pour entraver la liberté de mon industrie..... Cependant, je ne vous le cache pas, j'ai reçu récemment une lettre de mon protecteur le plus puissant à Paris. Il m'annonce qu'il a été fort difficile de contenir l'opinion publique soulevée contre moi. Le comte de Précigny a su intéresser à ses misérables cliens des personnages haut placés. Tant que la paix ne sera point troublée ici, je ne serai pas inquiété ; mais s'il survenait des désordres qui nécessitassent l'intervention de la justice, on se verrait forcé d'agir, de faire des enquêtes, et alors nul ne peut prévoir comment se terminerait cette affaire. Peut-être serait-on dans l'obligation de me sacrifier... Voilà ce qui m'a été écrit, mes amis, et je tremble en pensant de quoi est capable Alfred de Précigny.

Les auditeurs réfléchirent un moment à cette révélation.

— Le danger ne me semble pas aussi sérieux qu'à vous, reprit le docteur d'un ton grave ; lors de la première invasion de la fabrique, les paysans étaient réduits au désespoir par une affreuse mortalité ; aujourd'hui, la maladie a perdu une grande partie de sa malignité. Si elle ne se réveille pas tout à coup avec une force nouvelle, ils n'auront pas de prétexte pour se soulever, et ils resteront tranquilles, je m'en porte garant. Ne vous effrayez donc pas, mon cher Laurent, de l'arrivée de ce monsieur de Précigny : il ne peut plus rien contre vous.

— Je n'en compte pas moins sur votre zèle pour apaiser l'irritation des gens de la commune..... Vous, ne perdez aucune occasion de leur parler en ma faveur, de me disculper des torts qu'ils me reprochent..... Et vous, Smithson, continua-t-il en s'adressant au contre-maître, souvenez-vous toujours de mes recommandations ; prenez soin qu'il ne s'élève pas le moindre conflit entre nos ouvriers et les paysans..... si cela arrivait par la faute d'un des nôtres, je le chasserais sans pitié..... oui, je le chasserais, fût-ce le meilleur contre-maître de la fabrique.

— J'y veillerai, monsieur, répliqua l'Anglais d'un ton maussade ; cependant nous avons, moi surtout, un ancien compte à régler avec ces coquins et avec leur chef.

Et il porta la main à sa joue, comme s'il eût voulu en effacer la flétrissure.

— Paix ! paix ! ne revenons pas sur ce sujet, dit le manufacturier avec empressement ; vous êtes un homme trop sensé, Smithson, pour attacher une importance exagérée à de pareilles choses... Songez à la récompense qui vous est promise, qui vous est due.

— La récompense ! murmura Smithson dont le visage se rembrunit encore davantage ; la récompense ! je ne la tiens pas encore.

XV

Monsieur Laurent ne remarqua pas cette expression sombre et concentrée ; il se pencha vers l'homme de loi, qui avait écouté avec attention la conversation précédence.

— Et vous, mon cher Rigobert, reprit-il à demi-voix, j'aurai aussi besoin de vos services, car ma position est hérissée de difficultés et de périls.

— En quoi puis-je vous aider dans une pareille affaire ? demanda Rigobert d'un ton circonspect ; tout à l'heure vous m'avez adressé des reproches, et je n'ai pas compris comment...

— Comment la découverte du petit vieillard en bonnet de soie noire, dont je vous ai parlé, touchait par un point à cette grande contestation survenue entre moi et les gens de Précigny ? Eh bien ! si vous ne comprenez pas ce rapport, monsieur Rigobert, je n'essayerai pas de vous l'expliquer, surtout en ce moment... Sachez seulement qu'il faut découvrir à tout prix ce vieil intrigant, ce voleur de pièces... Jusqu'ici vous me semblez avoir agi bien mollement pour arriver à ce résultat.

— Voyons ! soyez raisonnable, Laurent..... Comment pourrais-je, moi étranger à cette commune, mettre la main sur un homme inconnu, qui probablement a pris de minutieuses précautions pour cacher son nom et sa qualité ?

— A quoi vous servirait d'être le procureur le plus habile et le plus retors du département, si vous ne saviez pas dépister un coquin de cette sorte ? Rigobert, j'ai compté sur vous ; vous avez été clerc autrefois, dans l'étude où ces papiers si précieux étaient déposés, vous devez avoir des données sur la personne qui a pu s'en emparer ; vous connaissez jusqu'au plus humble chicaneur de la contrée, nécessairement vos soupçons se sont déjà portés sur quelqu'un.

— Sur personne, oh ! sur personne, je vous le jure ! répliqua Rigobert avec empressement.

Malgré cette assurance positive, monsieur Laurent surprit dans les yeux vifs et malins de l'homme de loi quelque chose qui lui donna le soupçon du contraire.

— Allons ! reprit-il en baissant encore la voix, vous n'êtes pas franc avec moi... Tenez, Rigobert, nous sommes habitués à nous deviner l'un l'autre, et encore cette fois j'ai pénétré votre pensée, je le parierais... L'ordre que je vous ai donné d'agir avec la dernière rigueur envers cet individu, si vous réussissiez à le découvrir, est la cause de votre répugnance à vous mêler de cette affaire ? Vous ne voudriez pas en venir à des extrémités fâcheuses à l'encontre d'un gaillard madré, d'un de vos confrères, peut-être ?

— Hem ! hem ! répliqua Rigobert en ricanant, vous pourriez avoir raison. On ne se soucie pas de faire la police et d'employer des moyens extrajudiciaires...

— Eh bien ! si je vous laissais plein pouvoir pour traiter cette affaire à l'amiable ?

— Quoi ! vous donneriez les... vingt mille francs que ce fripon demandait à monsieur de Précigny ?

— Est-ce vingt mille ? J'avais cru entendre dix..... Eh bien ! oui, Rigobert, cherchez, furetez, trouvez cet homme mystérieux, offrez-lui dix, vingt mille francs, s'il le faut. Je consens à tout, sans parler d'une commission convenable pour vos peines et soins... Quant à moi, afin de ne pas entraver vos négociations, je ne veux pas paraître dans tout ceci. Vous agirez en complète liberté, je ne demanderai même pas à connaître notre voleur, s'il tient à rester inconnu ; vous seul aurez à traiter avec lui.

— Bien ; voilà qui est parler, dit le légiste dissimulant mal une vive satisfaction : maintenant peut-être finirons-nous par savoir quelque chose... Mais, j'y songe, continua-t-il d'un air fin, à quel titre réclamerons-nous ces papiers ? Ils appartiennent, je crois, au jeune comte.

— Mes droits sur eux sont au moins égaux à ceux de monsieur de Précigny. Si on a voulu les lui vendre de préférence à moi, c'est qu'on a eu peur de mon titre de maire et de mon expérience en affaires..... J'étais moins facile à plumer que ce jeune coq de là-bas, et on s'est d'abord adressé à lui. D'ailleurs, soyez-en sûr, ce vieillard délicat ne vous fatiguera pas de scrupules par trop raffinés... Peu lui importera de quelle main viendra l'argent, si l'argent entre dans sa poche.

— Vous devez avoir raison, mon cher Laurent. Eh bien ! nous verrons... nous essayerons... Certainement, avec ces vingt mille francs et la commission, nous finirons par trouver le fond de la chose.

— Il connaît le voleur..... je m'en doutais ! pensa le manufacturier.

Et ils continuèrent de causer à voix basse.

Pendant ce temps, une conversation particulière s'était engagée entre Smithson et le docteur Merville, à l'autre extrémité du bateau.

— Monsieur le docteur, disait l'Anglais avec un accent de flagornerie qui ne lui était pas habituel, vous êtes un savant gentleman, et l'on peut avoir toute confiance en vous, je le crois.

— Vous êtes trop bon, monsieur, répliqua Merville dont la figure s'épanouit.

— Oui, oui, vous êtes *beaucoup fort* savant, continua Smithson, et vous ne pouvez vous tromper surtout ce qui touche votre profession.

— *Errare humanum est*, monsieur. Cependant...

— Certainement, vous êtes aussi savant qu'un docteur d'Oxford et de Cambridge, répliqua l'Anglais, voulant flatter au plus haut point le sot amour-propre de Merville; aussi savant que Jenner, que Franklin, que...

— Monsieur, c'est peut-être beaucoup dire.

— Non, non, pas beaucoup... Je vous prie donc de répondre franchement, la main sur l'*estomac*, à une question.

— Je vous écoute, monsieur Smithson.

— Eh bien! monsieur, vous donnez vos soins à miss Thérèse, la fille du patron; vous la voyez souvent... que pensez-vous de son état?

Le front du docteur se plissa; il hocha la tête en murmurant fort bas :

— Ça va mal, monsieur, très mal... la science est impuissante, le cas est mortel, je le crains.

— Mortel ! répliqua Smithson avec son flegme britannique, je savais cela depuis longtemps... mais combien de temps supposez-vous que miss Thérèse puisse vivre encore?

Cette question, posée d'une façon si brutale, produisit sur Merville une impression désagréable; cependant il répondit avec hésitation :

— Il serait difficile de fixer bien rigoureusement une limite, cependant je doute que son père puisse conserver cette malheureuse enfant plus de deux ou trois mois.

L'Anglais fit un geste d'effroi.

— Et vous croyez, demanda-t-il d'une voix étouffée, qu'elle ne pourrait vivre jusqu'au mois d'octobre... jusqu'au 8 octobre seulement?

— Cela ne me paraît guère probable ; elle est atteinte d'une pulmonie grave; une fièvre lente use incessamment ses forces...

Smithson était frappé de stupeur; son visage avait pris une teinte livide.

— Il faut développer toutes les ressources de votre art, monsieur Merville, dit-il avec agitation ; il faut vous surpasser. Je vous récompenserai plus tard, quand je serai maître de la fabrique... Voyez-vous, miss Thérèse ne doit pas mourir avant le 8 octobre... Après cette époque, si le Seigneur le veut, la nature pourra avoir son cours; mais jusque-là, il faut qu'elle vive. Goddam ! je serais un grand malheureux si elle venait à mourir tout à coup ! — Le docteur le regardait d'un air surpris. — Vous ne savez donc pas? dit Smithson répondant à sa pensée; miss Thérèse m'a promis de m'épouser, et le délai fixé par elle expire le 8 octobre... Ce jour-là arrivé, elle ne pourra refuser de tenir sa parole, car son père la lui rappelerait au besoin. Si elle mourrait avant cette époque, je serais déshonoré ; ici et partout l'on ne me pardonnerait pas d'avoir reçu certaine injure sans en avoir tiré vengeance ; je dois être gendre de monsieur Laurent, maître de cette belle fabrique, pour me faire pardonner, même par mes amis, certaines choses passées !

— Je vous comprends, monsieur Smithson : cependant je ne vous cacherai rien : tous mes efforts seraient inutiles pour prolonger les jours de mademoiselle Laurent au delà d'un terme très rapproché.

L'Anglais entendit un sourd gémissement.

— S'il en est ainsi, reprit-il, je n'ai plus rien à ménager, je vais apprendre au patron le danger que court sa fille, et le supplier de se servir de son autorité pour avancer le jour de notre mariage.

— Ce serait un mauvais moyen, mon cher monsieur Smithson, et je vous conseillerais en ami d'en chercher un autre. D'abord, croyez-vous que monsieur Laurent songerait à marier Thérèse quand il la verrait dans cet état désespéré ? D'un autre côté, si vous alliez, par cette pénible révélation, détruire brusquement la sécurité de monsieur Laurent, mademoiselle Thérèse ne vous le pardonnerait jamais... Vous savez combien elle aime son père, combien elle craint de lui causer le moindre chagrin ? elle m'a fait à moi-même des recommandations si pressantes, si impérieuses...

— Mais quel parti prendre alors? dit Smithson avec rage. On s'est joué de moi, mais je me vengerai ! Goddam ! je ne veux pas garder ce soufflet pour rien... je le sens encore sur ma joue et sur mon cœur ! Moi, moi Smithson ! un Anglais, un gentleman !

Et son visage était crispé, il grinçait des dents, ses poings étaient convulsivement serrés.

En ce moment, une fusée partit en sifflant de l'enceinte de la fabrique; elle s'élança dans les airs, traçant un long sillon de feu ; puis un éclair brilla sur le ciel déjà sombre, et une détonation bruyante ébranla la campagne.

— Voilà qu'on nous rappelle, s'écria gaiement monsieur Laurent en terminant son entretien confidentiel avec Rigobert ; l'heure du banquet est venue, et les invités doivent commencer à s'étonner de notre longue absence... Allons ! notre brave rameur, appuyez vivement sur les avirons.

L'Anglais saisit machinalement les rames et se mit à nager dans la direction de la manufacture.

— Cette petite promenade m'a fait du bien, reprit monsieur Laurent en aspirant avec délices le vent frais qui se jouait à la surface de l'étang ; je rentre à la fabrique beaucoup plus content que je n'en suis sorti. L'obstination de ces gens de Précigny à bouder m'avait donné des idées sombres ; maintenant, je ne crains plus rien et je pourrai vraiment prendre part aux plaisirs de la fête... Avec de bons amis comme vous, messieurs, on peut braver bien des choses. Aussi, l'arrivée même de ce monsieur de Précigny m'inquiéterait pas, si la température continuait à m'être favorable ! Mais à ce propos ne disiez-vous pas, docteur, que cette chaleur suffocante pourrait réveiller...

— Ne vous tourmentez pas d'avance, répondit Merville en riant, ne pensez qu'au dîner, dont je crois flairer d'ici le délicieux fumet. Où en serait-on, bon Dieu ! si l'on devait ainsi s'effrayer de tout ? Pourquoi alors ne tremblerions-nous pas aussi d'avoir pris, dans cette jolie promenade sur l'eau, le germe mortel de quelque maladie.

— Hem ! dit Rigobert en faisant une grimace, au diable les plaisanteries des médecins !... Mais parlons raison, docteur : aucun cas de cette maudite fièvre ne s'est-il vraiment manifesté à la fabrique, tandis que l'on mourait comme des mouches là-bas, au village ? Tel a été, si je ne me trompe, votre principal argument dans votre dernier mémoire, pour prouver que l'étang n'était pas l'unique cause de l'épidémie ?

— En effet, reprit Merville d'un air triomphant, et vous avez dû lire ma théorie sur ce phénomène. L'action combinée des vents et de la chaleur, la transmission des molécules morbides, la formation des miasmes délétères... la démonstration était complète, j'ose le croire. J'ai prouvé, clair comme le jour, que la maladie avait seulement de la gravité pour les individus faibles, rachitiques, mal vêtus, mal logés, mal nourris, et qu'une constitution particulière prédisposait à subir son influence.

— Eh bien ! voyez comme on est méchant, répliqua Rigobert d'un ton sarcastique ; certaines gens prétendent que les ouvriers de la fabrique mourraient de la fièvre tout comme les paysans de là-bas, si, chaque fois que l'un d'eux ressent les premières atteintes du mal, on ne le transportait aussitôt à la ville, où le changement d'air finit souvent par le guérir.

— C'est une calomnie ! s'écria monsieur Laurent avec indignation ; comme l'emplacement nous manque à la fabrique pour garder ces malades, nous les envoyons le plus souvent à la ville, et c'est ce qui a fait dire... Mais que ne dit-on pas ? Ma fille elle-même a servi de prétexte aux plus perfides insinuations contre moi. On prétend qu'elle est atteinte de la fièvre épidémique ; cependant cette chère enfant va mieux que jamais, elle ne fait entendre aucune plainte ; elle est gaie ; le docteur lui-même ne trouve plus rien à lui ordonner... Aussi, un ami aurait-il dû ne pas prêter l'oreille à ces indignités, surtout ne pas les répéter.

Rigobert s'excusa d'un air d'embarras. Au même instant la barque déposa les promeneurs sur la chaussée, en face de la manufacture. Une foule empressée aussitôt avec des cris joyeux et les accompagna en triomphe dans la grande cour où avait lieu la fête.

Bientôt ils aperçurent Thérèse au milieu d'un cortége de dames en brillantes toilettes et d'hommes vêtus de noir, qui semblaient être de riches voisins ou des fonctionnaires publics. Mademoiselle Laurent remplissait les devoirs de maîtresse de maison avec un tact parfait. La conviction de sa fin prochaine lui donnait une aisance gracieuse, une sorte d'assurance qui appartient seulement d'ordinaire à la femme d'un âge plus avancé ; elle sentait que sa position exceptionnelle devait l'affranchir de cette timide réserve obligatoire pour la jeune fille appelée à un avenir de bonheur et de plaisir. Peu de changemens avaient eu lieu dans sa personne et dans ses traits depuis le jour où Alfred était venu pour la première fois à la fabrique ; elle était toujours vêtue d'une robe blanche à ceinture flottante ; une petite fleur naturelle ornait ses cheveux cendrés. Cependant une teinte rosée, plus vermeille aux pommettes des joues, était répandue sur son visage pur et délicat : on eût dit du léger carmin qui colore le fruit déjà mûr du côté où frappent les rayons du soleil.

Ce doux incarnat rendit l'espoir à Smithson. Pendant que monsieur Laurent s'avançait précipitamment pour adresser ses complimens aux étrangers nouvellement arrivés, le contre-maître dit à Merville, en lui désignant Thérèse :

— Regardez, monsieur, certainement vous vous trompiez tout à l'heure... Jamais miss Laurent n'a été aussi fraîche, aussi bien portante ! Il est impossible que cette charmante enfant ne vive pas au moins jusqu'au 8 octobre. . Si vous me disiez le contraire, vous me feriez douter de votre science.

Le docteur examina la jeune fille, qui gourmandait son père de son excursion sur l'eau, et il secoua la tête.

— Ma conviction n'a pas changé, répliqua-t-il à voix basse ; il faut absolument que je parle à mademoiselle Laurent... Monsieur Smithson, en médecine surtout, on ne doit jamais croire aux apparences ; le mal a fait encore plus de progrès que je ne l'avais pensé !

Et laissant Smithson consterné de cette nouvelle, il s'avança rapidement vers la jeune fille.

XVI

En ce moment, le bruit d'une cloche et une explosion de pétards annoncèrent que le dîner était servi. La foule s'ébranla sur-le-champ pour gagner les divers escaliers conduisant à la salle du banquet. Monsieur Laurent lui-même présenta la main à la femme d'un des premiers fonctionnaires du département, et ouvrit la marche. Plusieurs personnes s'avançaient déjà pour offrir leur appui à Thérèse ; le docteur, plus prompt, s'empara d'elle et l'entraîna vers le grand escalier.

— J'appartiens à mon médecin, messieurs, dit la jeune fille avec une gaieté mélancolique, en remerciant du geste les plus empressés ; vous ne devez pas être surpris qu'il en agisse un peu tyranniquement avec moi.

Pendant qu'elle marchait, Merville avait retenu sa main avec toutes les apparences d'une galanterie surannée, mais en réalité il avait appuyé son doigt sur le pouls de la malade, et il en comptait avec soin les pulsations.

— De la fièvre... encore de la fièvre ! murmura-t-il d'un ton chagrin.

— Eh bien ! docteur, qu'y a-t-il d'étonnant ? dit Thérèse avec enjouement. La fièvre, eh mon Dieu ! je l'ai toujours ; mais elle et moi nous faisons bon ménage.

— C'est très bien, mon enfant ; cependant, avec votre permission, je ne peux pas tarder davantage à prévenir monsieur Laurent...

— Ah ! vilain docteur ! méchant trouble-fête ! répliqua la jeune fille d'un air boudeur ; aurez-vous donc le courage de tourmenter sitôt mon pauvre père ? Pendant toute la journée, il m'avait paru soucieux ; mais voyez comme il a l'air radieux ce soir ! Depuis bien longtemps je ne l'ai vu si satisfait des autres et de lui-même. Docteur, docteur, vous savez nos conventions ? Si vous vous obstinez à me contrarier, nous nous brouillerons infailliblement.

— Mais, mademoiselle, reprit Merville en affectant un ton austère, je ne puis sacrifier toujours ainsi mon devoir aux caprices d'une enfant gâtée ? Je commence à me repentir d'avoir gardé si longtemps le silence.

— Qu'eussiez-vous fait, mon bon docteur ? dit Thérèse avec mélancolie et en baissant encore la voix ; à quoi eût servi d'inquiéter mon père, de lui donner des regrets en lui laissant supposer que l'insalubrité de l'air de ce pays était la cause de mon mal ?... Quand vous avez été appelé, il n'y avait déjà plus de remède possible ; je le sentais et je vous l'avouai dès le premier moment... Voyons, soyez complaisant jusqu'à la fin... Attendez au moins quelques jours encore ; mon père ne saura-t-il pas assez tôt cette triste nouvelle ? Je me charge de la lui annoncer moi-même, afin d'être la première à lui adresser des consolations.

— Non, non, mademoiselle, ma condescendance devient chaque jour plus coupable ; mais vous êtes si volontaire, si impérieuse ! D'ailleurs, ma réputation pourrait être compromise, si je n'annonçais d'avance...

— Que ma maladie est mortelle et que je ne puis en réchapper ? Rassurez-vous, docteur, je ne vous jouerai pas le mauvais tour de mourir sans avoir annoncé hautement que j'étais en règle avec la Faculté, je vous le promets.

C'était avec des argumens pareils et avec quelques menaces adroites de faire perdre à Merville la clientèle de la fabrique s'il ne se prêtait pas à son caprice, que Thérèse était parvenue à cacher toujours sa véritable position à monsieur Laurent. L'indigne docteur, convaincu du reste de son impuissance pour sauver Thérèse, avait subi toutes les exigences de cette enfant, dont il connaissait le pouvoir sur l'esprit du manufacturier. Cependant il avait des remords ; il venait de constater les récens et rapides progrès de la maladie, et il n'osait pas cacher plus longtemps la vérité. Il se demandait donc, en montant l'escalier, si son intérêt exigeait qu'il conservât les bonnes grâces de la fille en entretenant la sécurité du père ; mais un spectacle animé et féerique vint occuper son attention.

Le banquet avait été préparé, comme nous l'avons dit, dans le plus vaste atelier de la manufacture ; c'était une galerie qui s'étendait à perte de vue dans toute la longueur du bâtiment. Les murailles, percées de nombreuses fenêtres, étaient ornées de festons et de couronnes de fleurs. Les puissantes machines qui, les jours de travail, se mouvaient à grand bruit et accomplissaient des merveilles d'industrie, immobiles et muettes maintenant, avaient disparu sous des draperies ; elles formaient des espèces de trophées enjolivés de guirlandes de verdure ; çà et là seulement une roue de cuivre poli, une pointe d'acier s'échappaient de l'enveloppe passagère, comme pour rappeler la réalité cachée sous cette brillante apparence. Deux rangées de tables pliaient sous le poids des viandes froides, des mets substantiels, de bouteilles de vin, destinés aux appétits robustes des ouvriers et de leurs familles. Une troisième table, dressée sur une estrade à l'extrémité de la galerie, était réservée à monsieur Laurent et aux personnes de distinction. Les dorures et les cristaux étincelaient à cette place privilégiée; les mets les plus exquis fumaient sur leurs réchauds d'argent. Une vingtaine de lustres, expédiés à grands frais du chef-lieu du département, inondaient de lumière ces magnifiques apprêts, et formaient avec leurs mille becs enflammés un coup d'œil éblouissant. Bon nombre d'hommes, de femmes et d'enfans étaient déjà dans la salle, et, par la diversité, par l'éclat de leurs costumes, donnaient un nouveau charme au tableau.

Dès que monsieur Laurent entra, suivi de sa fille et de tous les invités notables, un orchestre, disposé dans un angle de la galerie, joua à grand renfort de violons et de basses l'air si célèbre *Où peut-on être mieux*, etc.; au même instant, la foule, qui arrivait par les autres portes, se mit à pousser des acclamations joyeuses, de chaleureux vivats. Le plaisir et l'enthousiasme se reflétaient sur tous les visages ; c'était un vrai triomphe pour le manufacturier, l'âme et le héros de cette fête.

On comprend que monsieur Laurent, artisan de sa fortune, et parti de si bas pour arriver si haut, ne devait pas être insensible à ces démonstrations flatteuses. Aussi, oubliant pour un moment ses ennuis secrets, ses remords peut-être, se livrait-il en liberté aux doux sentimens que cette scène éveillait en lui. Ses yeux étaient humides de larmes, ses traits épanouis; en traversant la galerie pour atteindre la table réservée, il souriait à ceux qu'il rencontrait sur son chemin, il remerciait de la voix et du geste les crieurs enthousiastes. Thérèse elle-même sembla d'abord trouver une grande satisfaction dans ces marques de sympathie dont son père était l'objet; mais sans doute une réflexion amère vint se mêler à sa joie, car bientôt elle baissa la tête et poussa un profond soupir.

Les instructions de monsieur Laurent, ordonnateur de la fête, avaient été si précises qu'il n'y eut aucun embarras, aucun désordre pour le placement de tant de personnes. Chaque classe d'ouvriers, avec sa famille et ses amis, vint s'asseoir à une table désignée, sous la surveillance d'un contre-maître chargé de s'assurer que les règles de la convenance, et surtout de la sobriété, seraient rigoureusement observées. A la table d'honneur, peu de minutes suffirent à monsieur Laurent et à sa fille pour caser tout le monde de la manière la plus agréable à chaque convive. Bientôt la salle entière présenta un aspect brillant et animé dont rien ne troublait l'imposante symétrie.

L'orchestre continuait de jouer des airs vifs et gais, dont plusieurs avaient la prétention d'être de circonstance. Mais, quoique passablement bruyante, cette musique ne couvrait pas les causeries des braves ouvriers. Des lazzis, des quolibets, des plaisanteries, sinon fines, du moins toujours décentes, se croisaient en tous sens, mêlés aux éloges du patron, du souper et de la fête. L'entrain, la cordialité et le bon appétit régnaient dans les rangs populaires.

Les convives de distinction se montrèrent d'abord plus froids et plus réservés, mais enfin l'exemple des ouvriers, les excitations de monsieur Laurent, combinées avec les effets ordinaires du bon vin et de la bonne chère, rompirent la glace ; la conversation, d'abord établie entre proches voisins seulement, devint générale. On s'anima ; la morgue dont s'entouraient encore certains fonctionnaires, certains parvenus opulens, tomba peu à peu ; enfin, avant l'arrivée du dessert, la plus franche gaieté régnait à la table d'honneur comme aux autres tables.

Merville et Rigobert, placés l'un près de l'autre, rivalisaient de verve, de bonne humeur. L'homme de loi, satisfait d'un certain marché conclu avec monsieur Laurent, pendant leur promenade sur l'étang, se livrait sans contrainte à son humeur caustique et moqueuse. Quant au docteur, las de se creuser la cervelle pour faire cesser les embarras de sa position, il avait pris le parti de jouir du bien-être présent sans s'inquiéter de l'avenir; comme le magistrat de l'antiquité, il avait remis au lendemain les affaires sérieuses : il ne songeait plus qu'à fêter la bonne chère, à applaudir les calembours de son satirique voisin. La vue de Thérèse, douce et pâle victime placée en face de lui, souriant sous ces fleurs, au milieu de cette joie bruyante, ne lui fit pas perdre un coup de dent, ne l'empêcha pas de savourer un bon morceau, de goûter de tous les vins.

Le dessert arriva ; les convives, riches et pauvres, commençaient à s'échauffer ; alors, Smithson se leva et porta d'une voix retentissante la santé de monsieur Laurent.

Ce toste fut suivi d'un vacarme tel qu'on eût cru que la fabrique entière allait crouler. Prévenus sans doute d'avance, les conviés se levèrent spontanément en choquant leurs verres; à ce signal, une décharge de mousqueterie et de pétards partit de la cour et ébranla les fenêtres de la salle. Les ouvriers anglais, dirigés par notre ancienne connaissance Tom, le teinturier, poussaient des hourras capables de renverser des murailles ; les ouvriers du pays, hommes, femmes et enfans, agitaient les bras, trépignaient de plaisir, en criant tumultueusement :

— Oui, oui, à la santé de monsieur Laurent! de notre maître! de notre ami!... Vive monsieur Laurent!

Le manufacturier, debout sur l'estrade d'où il dominait cette immense assemblée, contemplait avec une émotion profonde ces chaleureux transports. Il était pâle de bonheur et d'orgueil ; un frisson électrique parcourait ses membres.

Sur un signe de sa main le silence se rétablit.

— Mes amis, dit-il d'une voix altérée, mais qui s'entendit distinctement jusqu'à l'extrémité de la galerie, mes bons amis, mes enfans, vous me rendez trop heureux et trop fier. Ce n'est pas à moi qu'il faut boire, c'est à votre bonheur, au bonheur de vos familles... Il occupe constamment ma pensée.

Les applaudissemens, les hourras recommencèrent avec plus de force; l'enthousiasme prenait tous les caractères de la frénésie.

Merville, électrisé par ces démonstrations, ou impatient de faire parade de son éloquence, voulut renchérir encore sur les plus exaltés. Elevant sa main armée d'un verre de chambertin, il s'écria d'un ton emphatique et déclamatoire :

— Messieurs, et vous, braves ouvriers de la fabrique de Précigny, nous avons un grand devoir à remplir. Ce n'est pas en vain que la Providence a réuni ici l'élite de la province (le docteur s'inclinait circulairement vers les personnages de la table d'honneur) et les membres de cette grande famille dont monsieur Laurent est le père industriel; elle a voulu que nous nous unissions tous dans une pensée commune pour réparer une cruelle injustice... Le bienfaiteur de ce pays a été en proie à d'indignes calomnies ; je bois donc à sa prospérité, à la confusion de ses ennemis !

— A la confusion de ses ennemis ! répéta la foule tout d'une voix.

Les acclamations et les trépignemens recommencèrent; les convives plus calmes, de la table d'honneur, y prenaient part eux-mêmes, entraînés par l'exemple. Merville, ravi du succès de son toste, s'était rassis au milieu du bruit; il ne s'aperçut pas que Thérèse fixait sur lui un regard morne et mélancolique, comme pour lui reprocher d'avoir mêlé des malédictions aux plaisirs de cette fête.

Pendant que le docteur savourait délicieusement les douceurs de son triomphe et d'un verre de chambertin, un jeune homme qui semblait être un domestique de la fabrique se glissa jusqu'à lui par une porte de dégagement et lui dit quelques mots à l'oreille.

— Laissez-moi, je ne puis me déranger, répliqua Merville avec humeur.

— Mais, monsieur le docteur...

— M'importunerez-vous longtemps ainsi, drôle? je vous

dis que je ne puis quitter la table de sitôt... Allez au diable !

Déconcerté par cette rebuffade, le jeune homme resta un moment immobile derrière la chaise de Merville ; puis, voyant qu'il n'obtenait de lui aucun signe d'attention, il s'éloigna lentement.

Cette petite circonstance, comme on peut le croire, n'avait été remarquée de personne ; on était encore sous l'impression produite par le toste du docteur, et le tumulte n'était pas encore apaisé. Monsieur Laurent, toujours debout, semblait attendre que le calme se fût rétabli ; il était trop habile pour accepter sans protestation une démonstration qui ressemblait à un acte de rancune et de vengeance ; enfin il put se faire entendre :

— Je remercie mon honorable ami, le bon docteur Merville, reprit-il d'une voix grave et avec un accent modeste, mais je ne saurais désirer la confusion de personne. Les calomnies dont on a parlé ne peuvent m'atteindre. Ma réponse est dans la prospérité, le bien-être qui règnent en ce moment dans la commune entière ! C'est la continuation de cette prospérité du pays que nous devons désirer, c'est vers elle que doivent tendre nos vœux...

— La prospérité du pays ! s'écria une voix tonnante tout près de lui ; mensonge ! mensonge !

Monsieur Laurent resta le bras tendu, la bouche béante. Un homme vêtu de noir, le visage pâle, les cheveux en désordre, venait d'entrer par la petite porte ; c'était Alfred de Précigny.

XVII

Un sourd frémissement courut d'un bout à l'autre de la salle : Thérèse poussa un cri et se laissa tomber sur son siége, à demi évanouie ; puis il se fit un grand silence ; tous les regards se fixèrent avidement sur Alfred.

Rien qu'à voir le jeune comte, on ne pouvait s'empêcher de trembler ; sa contenance annonçait un malheur. Ses traits, amaigris depuis quelques mois, étaient profondément bouleversés ; ses yeux caves brillaient dans leurs orbites comme des charbons ardens. Il semblait en proie à une exaltation suprême qui tenait de l'égarement.

A son tour il promena un regard farouche et menaçant sur l'assemblée.

— On vante la prospérité du pays ! reprit-il d'une voix vibrante ; on boit, on chante, on porte des tostes, on se réjouit... Vous tous, tant que vous êtes, qui assistez à cette fête impie, ne vous arrêtez pas ici un instant de plus ; la fatalité qui pèse sur cette odieuse maison pourrait vous atteindre ; le bras de Dieu, étendu sur elle, pourrait vous frapper... Si vous êtes chrétiens, ne tentez pas la Providence ! jetez vos verres, éteignez ces lustres, interrompez ces chants et ces rires... C'est ici la maison du mauvais riche : la mort est à la porte !

Une terreur superstitieuse s'était emparée de la plupart des assistans. Les hommes restaient immobiles ; quelques femmes faisaient furtivement le signe de la croix. Néanmoins nul n'osait élever la voix : de toutes les parties de cette immense salle, on eût entendu le souffle d'un enfant.

Laurent revenu de son premier saisissement, crut devoir, en qualité de maître de maison, interpeller l'audacieux intrus.

— Que signifie cette nouvelle algarade, monsieur de Précigny ? dit-il avec force ; de quel droit venez-vous ici jouer le rôle de trouble-fête ? Où tendent ces injures, ces menaces obscures ?

Alfred resta un moment sans répondre.

— Vous allez me comprendre, reprit-il d'un ton solennel ; oui... et tous ces gais convives me comprendront aussi... Mais où est l'indigne médecin qui ne sait pas quitter une table bien servie pour accourir à l'appel du pauvre et du malade ? Où est le docteur Merville ?

— C'est... c'est moi ! balbutia le docteur.

— A votre devoir, monsieur !... Pendant que vous vous réjouissez ici, la fièvre vient d'éclater de nouveau, comme la foudre, au village de Précigny.

— La fièvre ! encore la fièvre ! s'écrièrent plusieurs personnes avec un accent lamentable.

— Oui, la fièvre !... non plus cette maladie lente, qui souvent hésitait plusieurs mois avant de frapper le coup mortel, mais un mal rapide, instantané, semblable à la peste, un fléau terrible, inexorable, qui en quelques heures moissonne ses victimes. Hier on n'eût à peine trouvé un malade en danger de mort à Précigny : au moment où je parle, deux personnes viennent d'expirer sous mes yeux... Il n'est presque pas de maison dans ce misérable village qui n'ait été frappée, pas de famille qui ne soit plongée dans le deuil !... Ici les festins, les jeux, les plaisirs, la musique ; là-bas les lamentations, le désespoir, le râle des mourans... Mais prenez garde, vous tous qui vous réjouissez, qui riez et qui vous félicitez de vivre ; cette fois la mort pourrait bien franchir le court espace qui sépare le village de la manufacture... Vous êtes avertis, malheur à ceux qui oseront attendre !

Rien ne saurait rendre l'effet de ces sinistres paroles. On se leva en tumulte, les uns fuyaient déjà, d'autres semblaient consternés ; des mères pressaient leurs enfans contre leur sein. Monsieur Laurent, atterré par ce coup inattendu, chercha cependant à cacher ses impressions :

— Monsieur le comte ! s'écria-t-il indigné, un sentiment de basse vengeance, de haine jalouse, a pu seul vous pousser à jeter ainsi cette terrible nouvelle au milieu d'une fête de famille.

— Je ne voulais pas monter ici, répliqua Précigny avec véhémence ; oui, je le jure, je ne voulais pas être témoin de votre fol orgueil, de votre prospérité insolente... J'étais venu chercher le docteur Merville, personne là-bas n'ayant pu ou osé se charger de ce soin, et je ne songeais pas à franchir le seuil de votre porte... Mais le docteur a congédié brutalement mon messager, il m'a fallu venir moi-même lui rappeler son devoir. Alors vos tostes menteurs ont frappé mes oreilles ; l'indignation a débordé de mes lèvres... j'ai parlé... c'est Dieu peut-être qui m'a conduit malgré moi au milieu de vous pour troubler vos divertissemens sacriléges.

Le désordre était toujours à son comble ; des groupes s'étaient formés dans les diverses parties de la salle.

— Le docteur va vous suivre, reprit Laurent avec agitation. Partez, partez, Merville, peut-être trouverez-vous moyen d'arrêter dès le principe ce fléau qui s'annonce avec de si redoutables symptômes ; n'épargnez ni soins ni remèdes pour soulager les pauvres malades ; je me charge de tous les frais.

Alfred contempla le manufacturier d'un air de sombre méditation.

— Vous êtes mon ennemi, reprit-il ; cependant je ne crois pas, je ne veux pas croire, que ce mouvement de pitié soit de l'hypocrisie... Eh bien donc ! monsieur, si les malheurs de ces infortunés vous touchent réellement, ne soyez pas généreux à demi ; accomplissez un grand acte de courage qui détruira le mal dans sa racine... monsieur, pensez-y, le châtiment céleste peut encore s'apaiser ; peut-être encore dépend-il de vous de désarmer la vengeance d'en haut ! Ne fermez point vos yeux, n'endurcissez point votre cœur... Aujourd'hui, les pauvres de Précigny sont frappés ; demain peut-être ce seront ces gens qui se pressent autour de vous, ce seront vos amis, vos proches, ce sera vous-même !

Le silence se rétablit tout à coup ; on attendait la réponse de Laurent. Celui-ci répliqua lentement :

— Oui, oui... je sais ce que vous exigez de moi, monsieur le comte ; mais, aujourd'hui comme autrefois, comme toujours, je vous dirai ceci : Je préférerais ce magnifique établissement à ma propre existence.

— Que votre obstination retombe donc sur votre tête ! Jusqu'ici vous avez été vainqueur dans la lutte que j'ai osé, moi chétif, engager avec vous... Le succès a augmenté votre confiance en vous-même, vous vous enivrez de ces acclamations poussées par des gens à vos gages ; vous triomphez, le verre à la main, de ces pauvres paysans qui meurent obscurément à quelques pas d'ici... Mais patience, monsieur Laurent, je suis encore debout, moi ! je suis vaincu et non pas abattu. Nous nous reverrons... nous nous reverrons, soyez-en sûr !

Smithson se leva de table avec impétuosité en brandissant un couteau :

— De par tous les diables ! s'écria-t-il, c'est trop d'insolence !... Monsieur Laurent, je n'y tiens plus ; je ne souffrirai pas qu'on vienne vous insulter ainsi dans votre propre maison.

Thérèse poussa un cri perçant et étendit la main, comme pour protéger Alfred contre les attaques du farouche Anglais. Alors seulement Précigny aperçut la jeune fille ; jusqu'à ce moment, elle était restée confondue pour lui au milieu des invités.

— Paix ! Smithson, s'écria le manufacturier avec un accent d'autorité ; retournez à votre place... ne bougez pas... ne prononcez pas une parole... Cette fois, il serait imprudent de me désobéir !

— Cependant, monsieur...

— Paix ! vous dis-je. Et, si vous faites cas de ma volonté, n'ajoutez pas au scandale de cette scène déjà si pénible pour tous.

Smithson n'osa pas résister, et se rassit au milieu des rumeurs diverses suscitées par cet incident.

Cependant Alfred, en reconnaissant Thérèse, avait subi une transformation complète. Son front, si menaçant tout à l'heure, s'était chargé de tristesse ; le feu de son regard s'était éteint subitement, et ses yeux étaient devenus humides. Il profita du moment où l'attention se fixait sur le manufacturier et sur Smithson ; il s'approcha de la jeune fille, et lui dit avec mélancolie :

— Vous, mademoiselle ! vous si pure et sainte protectrice des opprimés, vous avez pris part aux joies impies de cette fête ? Je ne m'attendais pas à vous trouver ici... On m'avait assuré que vous étiez trop souffrante pour assister à ce banquet destiné à célébrer notre défaite... D'ailleurs, je vous savais compatissante et généreuse, j'espérais que vous vous efforceriez de ne pas y paraître.

— Monsieur le comte, balbutia la jeune fille, je ne pouvais... le désir de mon père... Oh ! Dieu me punit bien sévèrement d'avoir obéi !

Elle se cacha le visage.

En ce moment, Laurent s'approcha du comte ; il remarqua tout d'abord le changement qui venait de s'opérer dans son adversaire, et il essaya d'en tirer habilement parti :

— Monsieur de Précigny, dit-il à haute voix d'un ton de modération, j'aurais droit de m'étonner peut-être qu'un homme bien né, tel que vous, ait provoqué un pareil scandale en présence de tant de personnes honorables réunies en ce moment chez moi ; mais, à leurs yeux comme aux miens, les scènes de douleur dont vous venez, dites-vous, d'être témoin au village, doivent excuser votre égarement, le trouble de vos paroles. Je ne m'offenserai donc pas d'un éclat qui, en toute autre circonstance, eût été inexcusable... Bien plus, je profiterai de cette occasion pour protester, devant l'élite du pays, de ma profonde sympathie à l'égard des malheureux habitans de Précigny ; e vous proposerai solennellement, encore une fois, de chercher de concert avec vous et avec eux un arrangement amiable qui concilierait tous les intérêts... J'en atteste le ciel ! je suis animé des intentions les plus pacifiques, et je serais disposé à de grands sacrifices pour vous donner satisfaction.

Un murmure d'approbation s'éleva dans l'assemblée.

Alfred, les yeux fixés sur Thérèse, avait écouté d'un air morne ces propositions.

— A quoi bon, monsieur ? dit-il d'un ton ferme, mais sans colère ; nous perdrions un temps précieux en pourparlers inutiles ; je n'ai qu'un sacrifice à vous demander, et il est au-dessus de vos forces... Laissons donc la Providence décider entre nous.

— Monsieur le comte, je vous prie instamment...

— Vous m'avez fait remarquer, monsieur, interrompit Alfred avec dignité, combien ma démarche avait dû paraître inconvenante à vos convives. Comme vous, j'espère que les circonstances seront mon excuse auprès d'eux... Mais je vais laisser vos plaisirs, vos toasts, vos propos joyeux, un moment interrompus, reprendre leur cours. — Puis se tournant vers le médecin : — Monsieur le docteur, ajouta-t-il, votre place, comme la mienne, n'est pas où l'on rit et où l'on s'amuse, mais où l'on souffre et où l'on meurt... Je vous précède au village de Précigny.

Il salua d'un air grave et sortit lentement, après avoir jeté un dernier regard sur Thérèse éperdue.

Son départ fut suivi d'une grande rumeur ; on s'agitait, on causait avec chaleur. Thérèse se leva précipitamment :

— Monsieur Merville, dit-elle, avec la permission de mon père, je vais commander qu'on mette les chevaux à la voiture pour vous conduire à Précigny.

Le manufacturier, qui était plongé dans une sombre rêverie, fit un geste d'assentiment.

— Eh bien ! mon père, continua Thérèse, me permettrez-vous aussi d'accompagner monsieur Merville ? Je voudrais apporter quelques consolations à ces malheureux paysans.

Laurent releva la tête, mais il ne dit rien, il ne semblait pas avoir entendu cette demande. Son visage était livide, bouleversé.

— Mon père, reprit la jeune fille non moins troublée peut-être, de grâce, souffrez que j'accompagne le docteur à Précigny.

Tout à coup le manufacturier parut prendre une détermination. Il entraîna sa fille à l'extrémité de la salle.

— Thérèse, dit-il d'une voix basse et pénétrante, toi seule peux conjurer le danger qui me menace.

— Quel danger, mon père ?

— Le comte de Précigny va inévitablement soulever les habitans du pays... Une nouvelle lutte, quel qu'en soit le résultat, sera la ruine de la manufacture... Je ne survivrai pas à ce malheur.

— Et vous dites que je peux vous sauver ?

— Oui, tu vas rejoindre le comte Alfred ; tu le prieras comme tu sais prier, tu lui arracheras sa promesse de contenir la population exaspérée... Il tiendra la promesse s'il te la fait, et il la fera.

— Qui vous a donné lieu de penser...

— Il t'aime.

— Mon père !

— Et toi, tu l'aimes aussi... Dis-lui ce qu'il faut dire, il ne résistera pas...

— Mon père, votre esprit s'égare... je ne vous reconnais plus ! Je ne dois pas...

— Il ne peut être te refuser, te dis-je. Tu n'as donc pas observé comme son œil s'adoucissait à ta vue, comme son geste, le timbre de sa voix ont changé tout à coup... Oh ! il t'aime encore, il t'aime bien !

— Mais, mon père, ce serait une indignité d'abuser de cette influence, si elle existe...

— Fille ingrate ! aimes-tu donc mieux que je meure écrasé sous les débris de ma fortune ?

— Mon père !

— Sais-tu que je serais capable de te détester, de te maudire ?

— Assez... assez... j'essayerai.

— C'est bien !

Laurent s'éloigna brusquement d'elle ; par un effort surhumain, il parvint à grimacer un sourire :

— Allons, va, mon enfant, dit-il à voix haute, puisqu'il

n'y a pas moyen de contenir ton humeur charitable. J'en suis sûr, tu nous rapporteras des nouvelles consolantes... Docteur, je vous la confie !

Thérèse hésita un moment; elle tremblait, ses jambes fléchissaient sous elle. Enfin elle s'inclina devant les invités, et elle sortit en s'appuyant sur Merville mécontent et abasourdi de tout ce qui lui arrivait.

Alors monsieur Laurent revint à sa place. La consternation était peinte sur tous les visages; bon nombre d'invités avaient déjà quitté la salle ; ceux qui restaient avaient un air abattu et terrifié. Le manufacturier essaya de rassurer ses convives.

— Bah ! dit-il en affectant un ton léger, le mal est moins grand peut-être qu'on ne le dit. Le messager de ces fâcheuses nouvelles doit nous être suspect, quelque estimable qu'il soit d'ailleurs... Achevons notre souper, la fête n'est pas finie; demain nous aurons le loisir de nous attrister sur le sort de nos pauvres voisins.

Mais ces consolations banales ne produisirent aucun effet. Les ouvriers continuèrent de déserter la salle pour aller causer en liberté, dans la cour et dans les corridors, du nouveau malheur qui venait fondre sur le pays. Les convives de distinction, prétextant l'éloignement de leurs demeures, les difficultés du chemin, prirent congé les uns après les autres, avec une précipitation à peine dissimulée sous des formes polies. Au bout de peu d'instans, il ne restait plus dans cette vaste galerie, encore resplendissante de lumières, que quelques buveurs silencieux. A la table d'honneur, le manufacturier ne voyait plus, outre Smithson, que deux ou trois pique-assiettes campagnards; Rigobert lui-même semblait chercher un moyen de quitter la place au plus vite. Cette solitude, ce silence dans le lieu naguère encore si bruyant et si animé, avait quelque chose d'effrayant.

Monsieur Laurent posa sa main sur son front :

— Serais-je coupable, en effet, murmura-t-il avec angoisse; serait-ce là un châtiment de Dieu ?

XVIII

En quittant la salle du banquet, le comte Alfred était retourné immédiatement à Précigny ; mais il avait laissé dans la cour un jeune paysan chargé de conduire le docteur aux maisons où l'on avait le plus pressant besoin des secours de l'art. Pendant que l'on attelait, Thérèse avait jeté une mante de soie noire sur sa parure, s'était munie d'argent, de linge, et de tous les objets qu'elle avait cru pouvoir être utiles aux malades. En quelques instans ces préparatifs furent achevés, et la voiture prit le chemin du village.

Le trajet fut silencieux ; le docteur, mécontent d'avoir été dérangé au milieu de ses plaisirs, honteux peut-être du rôle qu'il venait de jouer, grommelait entre ses dents. Thérèse, encore bouleversée des impérieuses injonctions de son père, s'était blottie dans un coin de la voiture, et réfléchissait à l'étrange mission qu'elle avait acceptée. La nuit était claire et transparente ; à travers les vitres des portières, on voyait des vapeurs épaisses se former à la surface de l'étang, dont le chemin longeait la rive.

— Maudit brouillard ! grondait Merville en se calfeutrant dans son manteau ; certainement j'attraperai moi-même la fièvre à sortir ainsi à toute heure de nuit et de jour... Abominable profession ! chien de métier !

Depuis quarante ans, Merville pestait contre sa profession, à chaque événement qui dérangeait ses habitudes.

On atteignit le village et on fit halte à l'entrée de la grande rue. Toutes les maisons étaient fermées; cependant on apercevait çà et là des lumières aux fenêtres, et l'on entendait parfois des gémissemens dans l'intérieur des habitations.

Thérèse ouvrit la portière, s'élança légèrement de la voiture, et s'adressant au jeune guide qui avait suivi à pied, elle demanda quelles étaient les familles particulièrement frappées par l'épidémie.

— Il y en a plus d'une, mademoiselle, répliqua le paysan avec tristesse ; d'abord la fille de la Guillaumette est bien malade ; on croit qu'elle ne passera pas la nuit ; ensuite il y a François, le vigneron, qui nourrissait de son travail sa sœur et ses neveux, et puis la mère Jacqueline, et puis le sacristain Patureau...

Thérèse interrompit cette énumération si pénible pour elle.

— Mais on m'a dit, reprit-elle en frissonnant sous la brise humide et froide de l'étang, que deux personnes étaient mortes aujourd'hui ; à quelles familles appartenaient-elles ?

— C'est d'abord la nièce de Jacqueline, et puis le petit Pierre, l'enfant du pauvre Nicolas.

— Quoi ! le petit-fils de ce malheureux vieillard qui a survécu à toute sa famille, dit Thérèse avec un accent douloureux, cet enfant chéri, la joie et l'espoir de ses vieux jours ! Nicolas, plus qu'un autre, à besoin de consolations, c'est lui que je veux voir le premier... Docteur, continua-t-elle en s'adressant à Merville, hâtez-vous d'aller visiter les malades ; ce jeune homme vous conduira. Pour moi, un devoir pressant m'appelle chez Nicolas ; je vous rejoindrai à la voiture quand il nous faudra retourner à la fabrique.

— Quoi ! mademoiselle, vous oserez entrer chez cet homme, ennemi déclaré de votre père, dans un pareil moment ?

— Qu'ai-je à craindre ? répliqua la jeune fille en serrant sa mante autour d'elle ; Nicolas est si malheureux ! D'ailleurs, pensa-t-elle, Alfred doit être là.

Elle s'éloigna rapidement et disparut dans l'ombre.

Merville se mit pesamment en marche pour commencer sa tournée.

L'habitation du vieillard affligé était une chaumière de chétive apparence, cachée à moitié sous un grand noyer, à quelque distance de l'église. En approchant, Thérèse fut frappée d'un bruit confus de voix parti de l'intérieur ; mais, sans s'arrêter à cette observation, elle souleva vivement le loquet de bois, et pénétra dans la maison. La porte se referma derrière elle.

La pièce où se trouvait la jeune fille avait été occupée par la famille de Nicolas, au temps où cette famille était nombreuse ; on y voyait encore deux grands lits à ciel, sur lesquels avaient expiré des personnes chères au pauvre vieillard, mais depuis longtemps ils ne servaient plus. L'ancien jardinier du château s'était retiré avec le jeune enfant, objet de sa sollicitude, dans une pièce du fond, dont la porte entr'ouverte laissait passer en ce moment une vive lumière. Thérèse, après avoir traversé cette chambre abandonnée, allait entrer dans la seconde, mais elle s'arrêta tout à coup sur le seuil.

En face d'elle, sur un petit lit de noyer propre et bien tenu, se dessinait une forme blanche et indistincte. Deux cierges de cire brûlaient devant cette couche mortuaire de l'enfance ; un crucifix de bois, un verre contenant de l'eau bénite et un morceau de buis, étaient disposés sur un tabouret entre les deux candélabres de cuivre. Devant le lit, sur le carreau nu, était assis un homme à demi vêtu, plongé dans un effrayant désespoir. On ne pouvait voir son visage, qu'il tenait caché dans ses mains ; mais à ses cheveux blancs, et surtout à sa douleur, on reconnaissait Nicolas. Il restait immobile comme une statue ; seulement, il répétait par intervalles, d'une voix sourde et déchirante :

— Mon petit Pierre !... mon pauvre petit Pierre !

Autour de lui se trouvaient une douzaine de notables habitans du village. Les uns causaient à voix basse dans l'ombre; d'autres, cherchant à tirer l'aïeul de son accablement, lui prodiguaient les consolations les plus affectueuses ; mais à tout ce qu'on lui disait, il répondait de sa voix déchirante :

— Mon petit Pierre !... mon pauvre petit Pierre !

Thérèse, au moment de pénétrer dans cet asile de désolation, avait aperçu le comte de Précigny debout et sombre auprès du lit mortuaire. Alfred, après sa courte apparition à la fabrique, était retourné en toute hâte chez Nicolas. Quelques paysans encore valides étaient venus l'y joindre afin d'aviser avec lui aux moyens de combattre le fléau qui éclatait de nouveau d'une manière si terrible.

Thérèse devinait la vérité, et elle éprouvait une certaine hésitation à se montrer dans une circonstance aussi douloureuse. Elle craignait une nouvelle explosion de malédictions contre son père, et le courage lui manquait pour les affronter. D'ailleurs, Alfred n'était pas seul ; une démarche irréfléchie pouvait lui aliéner la confiance de ces malheureux aigris par la douleur.

Pendant qu'elle hésitait, Mathurin, qui se trouvait dans l'assemblée, disait au vieillard d'une voix émue :

— Allons, courage ! père Nicolas ; encore cette fois, soyez homme, soyez chrétien... Nous vengerons ce pauvre enfant, je vous le jure ! Grâce à Dieu, quelques-uns de nous sont encore sur leurs pieds, et nous sommes décidés à frapper un grand coup ; toutes les communes voisines viendront à notre aide ; nous irons attaquer la manufacture, nous démolirons la chaussée, nous brûlerons les bâtimens, les marchandises, et si quelqu'un ose nous résister...

— Mon pauvre petit Pierre ! soupira le vieillard sans même lever les yeux.

— Ils riaient et ils chantaient ce soir ! s'écria une femme ; ils faisaient bonne chère, ils se réjouissaient, pendant que nous étions dans les larmes et dans le deuil..., et l'on dit que le bon Dieu est juste !

— Il est heureux, lui, ce Laurent ! reprit un autre interlocuteur, tout lui réussit ; il s'enrichit chaque jour ; il est bien portant ; il a une fille qui l'aime... Son bonheur même insulte à notre misère. La mort n'ose pas entrer chez lui.

— Elle y entrera, soyez-en sûrs... elle y entrera avant peu ! Le bon Dieu le punira dans la personne de sa fille, et ce sera justice.

Alfred sortit de sa rêverie.

— Paix ! dit-il avec autorité, que personne n'ose profaner le nom de mademoiselle Laurent, s'il veut m'avoir pour ami. Respect à cette sainte créature ! Vous ne savez pas, vous autres, ce qu'il y a de simple grandeur, de noblesse, de générosité dans la fille d'un tel père !

Un profond silence suivit ces paroles.

— Il m'aime ! pensa Thérèse ; mon père avait raison.

— Eh bien ! monsieur le comte, demanda Mathurin d'un air de déférence, vous connaissez nos projets d'en appeler à la force ; êtes-vous disposé encore à nous soutenir, à nous commander ?

Alfred resta un moment sans répondre.

— Je ne reculerai devant aucune des nécessités de ma mission, répliqua-t-il enfin avec énergie. Nous sommes allés jusqu'au bout dans les voies légales, tant pis pour ceux qui nous auront poussés dans d'autres voies ! Oui, mes amis, cette terrible maladie qui vient de reparaître tout à coup, et qui pour la première victime a choisi cette innocente créature, ne nous permet pas d'hésiter. Il faut, en effet, frapper un grand coup qui retentisse dans la France entière !... Peut-être alors l'excès de notre désespoir forcera-t-il l'opinion publique à se déclarer chaudement pour nous, et au temps où nous vivons, rien ne résiste à l'opinion publique... Mes amis, vous m'avez dit que nous pouvions compter sur les habitans du voisinage ; dès demain prévenez-les qu'ils aient à venir nous joindre au premier appel.

— Tout le pays se soulèvera en notre faveur, s'écria Mathurin, notre cause est celle de tous les braves gens... Eh bien ! monsieur le comte, quel jour fixez-vous pour l'attaque de la fabrique ?

— Vous le saurez bientôt... que l'on se tienne prêt à agir d'un moment à l'autre.

— Et vous vous mettrez à notre tête ?

— J'assumerai sur moi la responsabilité de cette expédition ; je m'exposerai le premier au danger, et, plus tard, je rendrai compte le premier devant la justice, des actes que le désespoir nous aura fait commettre... Je vous appartiens jusqu'à la mort... je le jure sur ce pauvre enfant, dont l'âme est en ce moment devant Dieu !

Ce serment, prononcé d'un ton solennel, parut produire une vive impression sur les assistans ; tous remercièrent énergiquement leur protecteur.

Thérèse, cachée dans la pièce voisine, n'avait pu entendre sans une poignante émotion la résolution qui venait d'être prise. Ainsi se trouvaient réalisées les craintes du manufacturier ; les habitans de Précigny allaient en appeler à la violence et le comte Alfred devait encore être leur chef.

— Oh ! mon Dieu ! murmurait-elle avec angoisse, comment lui demander maintenant le sacrifice de ce qui fait l'objet de toutes ses pensées ? Comment le décider à fausser le serment qu'il vient de prononcer ? Cependant j'ai promis à mon père. Si seulement je pouvais lui parler en liberté, ne fût-ce qu'un instant !

Le hasard sembla la servir à souhait ; un mouvement extraordinaire se fit dans la chambre ; les assistant se préparaient à retourner chez eux. En effet, après avoir adressé à Nicolas des consolations qu'il n'entendit pas, et avoir serré sa main inerte et brûlante, ils traversèrent la première pièce pour gagner la porte extérieure. Thérèse n'eut que le temps de se cacher derrière les épais rideaux de l'un des lits. Une vieille femme sortit la dernière, en annonçant tout haut qu'elle reviendrait plus tard, afin de passer la nuit près du vieillard affligé ; puis tous quittèrent la maison, et l'on entendit le bruit de leurs pas au dehors s'amoindrir à mesure qu'ils s'éloignaient. Mademoiselle Laurent avait acquis la certitude que le comte n'était pas avec eux.

Un profond silence régnait maintenant dans la pièce voisine ; sans doute Alfred était plongé dans ses réflexions, ou bien il craignait de troubler la douleur du vieux Nicolas. Thérèse crut le moment favorable pour se montrer ; elle s'avança en chancelant ; son haleine était oppressée ; au moment où elle touchait la porte, elle s'arrêta de nouveau, la résolution lui manquait.

Cependant Alfred s'était approché du vieillard accroupi et, se penchant vers lui, il disait avec un ton attendri :

— Allons, Nicolas, mon vieil ami, je ne saurais vous voir ainsi accablé... Avez-vous vécu si longtemps pour ne pas savoir supporter les malheurs de la vie ? Voyons, ne vous laissez pas ainsi abattre par la douleur, c'est moi qui vous en prie... Ne me reconnaissez-vous pas ? le comte de Précigny, le fils de votre ancien maître ?

Nicolas se souleva lentement et montra son visage hâve et décomposé.

— Où est mon petit Pierre ? dit-il avec égarement ; que me fait le reste ? je suis seul, tout seul !

— Et moi, Nicolas, et moi ? reprit Alfred d'un ton de reproche, ne suis-je pas là pour vous aimer ? je vous servirai de fils et d'appui, mon vieux Nicolas... Je suis bien malheureux aussi, allez ! Comme vous, je suis seul au monde, sans parens, sans amis ! je n'attends plus de bonheur sur la terre ; nous souffrirons ensemble. — Il y avait tant de bonté, tant de douceur mélancolique dans la voix d'Alfred, que l'âme paralysée du vieillard parut un peu secouer sa torpeur. Un éclair d'intelligence brilla dans ses yeux, et il fit un mouvement pour tendre la main à son consolateur ; mais presque aussitôt, retombant dans son atonie, il répéta ce nom qui revenait toujours à ses lèvres.

— Nicolas, reprit le comte avec autorité, vous êtes sans courage parce que vous ne vous êtes pas adressé à Dieu. Priez, mon vieil ami, cela console et cela soulage. Prosternez-vous devant Dieu ; priez, ou plutôt prions ensemble; prions, si vous le voulez, ce petit ange qui vous a quitté pour remonter au ciel.

En même temps il le forçait de s'agenouiller devant le crucifix de bois déposé sur la couche funèbre ; lui-même se prosterna à côté du bonhomme et le soutint de son bras robuste. Les lèvres de Nicolas s'agitaient sans former de son ; Alfred, les yeux fixés sur l'image du Christ, semblait l'implorer mentalement avec ferveur.

Tout à coup la flamme de deux cierges qui éclairaient cette scène funèbre s'agita doucement; une ombre blanche vint s'agenouiller sans bruit de l'autre côté de Nicolas, pour joindre sa prière à la prière des deux amis. C'était mademoiselle Laurent.

Alfred tressaillit, et attacha sur elle des yeux hagards ; cette apparition, dans les circonstances présentes, lui semblait surnaturelle. Nicolas lui-même tourna vers l'étrangère son visage hébété et terrifié. Elle continua de prier.

XIX

Enfin le comte sembla reconnaître qu'il n'était pas la dupe d'une illusion de son imagination frappée. Il fit asseoir Nicolas, retombé déjà dans son anéantissement léthargique, et il dit à Thérèse :

— Vous ici, mademoiselle? vous que tout à l'heure j'ai vue si heureuse et si fière auprès de votre père, au milieu des enivremens d'une fête somptueuse?

La jeune fille se leva lentement.

— Ma place, à moi, n'est-elle pas mieux ici? répliqua-t-elle avec tristesse; plus que vous, monsieur de Précigny, j'ai sujet de rechercher les lieux où l'on peut apprendre à souffrir et à mourir.

— Mais ne craignez-vous pas que le spectacle de nos maux ne vous fasse haïr...

— Mon cœur n'a pas de place pour la haine, et celui que vous accusez ne mérite pas les inimitiés sanglantes dont on le poursuit... Vous, au moins, monsieur le comte, n'avez-vous jamais trouvé en lui ni sentimens nobles, ni générosité ?

— Peut-être, mademoiselle... Peut-être son âme vulgaire réfléchit-elle parfois quelque chose de la belle âme de sa fille, comme l'eau trouble, elle-même, peut réfléchir un ciel d'azur.

— Et cependant, vous êtes sur le point de soulever contre lui une population furieuse et qui sera sans pitié?

— Quoi! vous savez...

— J'étais là, j'ai tout entendu, murmura Thérèse en rougissant.

Alfred la regarda fixement.

— Eh bien! reprit-il après un instant de silence, qu'attendez-vous de moi? Je ne puis mentir à ma parole, manquer à un serment solennel.

— Mais vous pouvez, monsieur le comte, renoncer à un projet dont les suites seraient fatales à mon père, à vos malheureux protégés, à vous-même.

Le comte prit la jeune fille par la main, et l'entraînant vers l'extrémité de la chambre :

— Thérèse, dit-il d'une voix étouffée, avez-vous donc conscience de votre immense pouvoir sur moi? Avez-vous donc deviné ce que Dieu seul et moi savons peut-être ? — Elle lui désigna du doigt, par un geste solennel, l'enfant mort et le vieillard accroupi. — Cet amour est si chaste et si pur que je puis en parler même en présence de ce cadavre, même devant ce malheureux père dont l'âme plie sous le faix de la douleur, répliqua le comte avec chaleur; il est comme l'amour du chrétien pour la Vierge du ciel.

— Ne profanez pas des sentimens aussi sacrés en les appliquant à une femme... Dites plutôt que cet amour n's'adresse déjà plus à une créature vivante, car, vous le savez, mes jours sont comptés et mon heure est proche... C'est pour cela que je vous écoute, c'est pour cela que je ne m'offense pas de vos paroles, c'est pour cela que je puis vous répondre : « Comte Alfred, si les lois divines et les conventions sociales l'eussent permis, j'eusse été heureuse de vous aimer! »

Cet aveu, fait avec autant de simplicité et de candeur, dans cette chambre mortuaire, au milieu de ce lugubre appareil, avait un caractère de pureté religieuse qui semblait ne pas appartenir aux sentimens terrestres. Le pâle visage de Thérèse se détachait dans la demi-teinte comme une figure de marbre; ses longues paupières étaient baissées ; un sourire d'une tristesse infinie se jouait sur ses lèvres.

— Thérèse, murmura le jeune homme d'une voix haletante, serait-il possible? vous m'aimez, et vous me l'avouez sans détour... Mais non, cela n'est pas, cela ne peut pas être! je vous ai fait trop de mal, à vous et à votre père... Vous voulez me tromper pour égarer ma raison, pour m'obliger à trahir mon devoir.

— J'attends de vous un grand sacrifice, Alfred, mais je ne vous trompe pas... Que Dieu me pardonne si je commets une faute en vous parlant ainsi! mais je n'ai pas voulu emporter mon secret dans la tombe. Ce sentiment, Alfred, je l'ai bien longtemps enfermé dans mon cœur; il existait même avant le jour où votre attention s'arrêta sur moi pour la première fois. Quand vous alliez chasser là-bas, dans la brande, quand vous passiez devant la fabrique en détournant les yeux, moi, cachée derrière le rideau de ma fenêtre, je vous épiais au passage, je vous suivais longtemps du regard; quand vous aviez disparu, je pensais encore à vous. Dans mes heures de solitude et de rêverie, je me rappelais ces belles actions de vos ancêtres, dont ma gouvernante avait amusé mon enfance ; je vous voyais brave comme ce chevalier, le chef de votre famille, qui mourut à la croisade en défendant la vie du roi Philippe-Auguste ; généreux et désintéressé comme votre grand-père, qui se ruina pour nourrir ses vassaux et rebâtir leurs demeures ; ferme dans vos croyances comme votre père, qui scella de son sang sa fidélité à ses rois légitimes... Jugez donc de mon admiration quand j'appris que, digne héritier de tant de grandeur et de loyauté, vous veniez protéger à votre tour cette population misérable, décimée par une affreuse épidémie? Pauvre et sans appui, vous preniez la tâche de continuer l'œuvre bienfaisante de vos aïeux, vous réalisiez tous mes rêves... Malheureusement Dieu me punit de cet amour insensé. C'était mon père qui était votre ennemi ; mon devoir était de faire des vœux contre vous, de vous haïr, et ce devoir se trouvait au-dessus de mes forces. Que de fois ai-je passé la nuit en prières pour demander à Dieu la grâce de ne pas maudire, de ne pas mépriser votre ennemi.

Elle s'arrêta et versa quelques larmes.

— Noble jeune fille! répliqua le comte avec transport. Mais vous n'avez pas été seule à souffrir; moi aussi j'ai eu des nuits d'angoisse et de désespoir pendant les huit mois qui viennent de s'écouler ! Je vous aimai, Thérèse, du premier moment où je vous vis, et depuis ce moment j'ai été condamné à répandre sans cesse la haine et l'opprobre sur ce que vous avez de plus cher au monde, sur votre père! Quand j'appelais sur lui l'exécration publique, une partie de cette honte rejaillissait sur vous, douce et pure enfant, dont la gracieuse image était toujours présente à ma pensée! Oh! combien l'accomplissement de ce devoir m'a coûté cher!... Dieu le sait, Thérèse, sans cette parole consolante que vous laissâtes tomber sur moi avec une larme en me quittant à la ferme, sans cette promesse de me conserver votre estime, quoi que je fisse pour sauver cette population infortunée, le courage m'eût manqué bien des fois pendant la lutte; j'eusse peut-être déserté la cause des malheureux pour venir vous demander le prix de ma lâcheté.

— Ami, vous me rappelez là une circonstance que je me suis bien souvent reprochée comme une faute grave, au fond de ma conscience. Le jour où j'accompagnai mon père à la ferme, je savais ce qu'il voulait vous proposer ; j'étais sûre que vous refuseriez de sacrifier à prix d'or la cause de la pauvreté et du malheur ; cependant je voulus être témoin de votre désintéressement... j'eus tort peut-être, car mon admiration pour vous fut plus puissante que mes devoirs.

Alfred l'écoutait comme en extase ; ses mains étaient jointes ; son visage, un peu rejeté en arrière, exprimait ce ravissement qu'éprouverait un mortel en entendant la voix d'un ange.

— Thérèse, reprit-il avec enthousiasme, cet amour mutuel, cette union de nos deux âmes, ce bonheur de vivre l'un pour l'autre, ne doit pas être un rêve passager, la chimère d'un instant. Pourquoi l'abîme qui nous sépare ne pourrait-il un jour être comblé ? Je suis jeune, je suis plein d'ardeur et de courage, j'accomplirai des prodiges, s'il le faut, pour l'obtenir, pour te mériter !

Thérèse secoua la tête.

— Et moi, Alfred, reprit-elle, m'exprimerais-je avec tant de liberté, si je voyais pour nous l'espoir d'une réunion ailleurs que dans le ciel ? aurais-je oublié à ce point la timidité de la femme ? Ami, je vous parle en ce moment comme si j'étais déjà sur mon lit de mort...

Le comte sentit au cœur un horrible déchirement.

— Ne dis pas cela, Thérèse, balbutia-t-il ; n'évoque pas cette affreuse image ; je mourrai si tu meurs.

— Vous vivrez, au contraire, Alfred, vous vivrez pour me pleurer quelquefois, pour penser toujours à moi qui vous aimais tant. Oui, vous vivrez pour être utile à vos semblables, pour donner des exemples de magnanimité et de dévouement à ce mauvais monde ; vous vivrez, je le veux, je vous en prie... et pour vous prouver mes droits à votre obéissance, apprenez que je meurs pour vous... pour vous seul.

— Pour moi ? oh ! si je pouvais croire...

— Ne vous hâtez pas de vous accuser. Ecoutez : la maladie qui me dévore était héréditaire, il est vrai, dans la famille de ma mère, mais elle s'est déclarée chez moi à la suite d'une de ces fièvres pernicieuses répandues dans le pays. D'après mes instances, le docteur cacha cette circonstance à mon père ; gardez-moi le secret ; vous êtes trop généreux pour ma mère... Dès les premiers symptômes alarmants, en changeant d'air, en quittant le pays, j'aurais pu rétablir ma santé ; mais il eût fallu renoncer à vous voir quand vous passiez indifférent devant la fabrique pour aller à la chasse. Or, vous voir, c'était mon bonheur, c'était ma joie. Si je n'avais pas compris les obstacles, les préjugés, les haines qui nous séparaient, j'aurais voulu me conserver pour vous ; mais vous ne pouviez m'aimer, peu m'importait de vivre ! Je restai près de mon père ; l'invincible répugnance qu'il éprouvait à quitter avec moi sa fabrique fut le prétexte dont je colorais à mes propres yeux une faiblesse coupable peut-être ; mais le sacrifice, si c'en est un, vous revient tout entier... Vous voyez bien, ami, que vous ne devez m'oublier jamais.

Alfred n'avait plus la force de prononcer une parole, de grosses larmes roulaient sur ses joues ; sa poitrine était oppressée ; il pressait convulsivement contre ses lèvres la main diaphane de la jeune fille. — Je vous afflige, reprit-elle en soupirant ; cependant, Alfred, maintenant que vous savez les maux que vous m'avez causés, ne consentirez-vous pas à épargner mon père pour l'amour de moi ? Pauvre père, il va cruellement souffrir de ma perte, lui si confiant, et, grâce à mes efforts, si plein de sécurité ! sa punition, s'il en mérite une, ne sera-t-elle pas terrible ?

Le comte se souleva péniblement.

— Commandez, Thérèse, dit-il d'un air accablé, je n'ai plus ni force ni volonté ; commandez et je vous obéirai, dussé-je affronter le parjure, le déshonneur !

— Le parjure, le déshonneur sont-ils faits pour le comte de Précigny, pour mon brave, mon généreux Alfred ?... Non, non, je ne demande rien qui puisse souiller votre caractère ; je vous demande seulement, Alfred, de ne pas donner suite à vos projets de violence contre mon père. Votre mission deviendrait criminelle et indigne de vous si vous employiez de pareils moyens pour l'accomplir... renoncez-y, Alfred... me promettez-vous d'y renoncer ?

Précigny s'était mis à genoux devant Thérèse.

— Oui, oui, murmura-t-il d'une voix entrecoupée de sanglots : que me font l'humanité, et ses souffrances, et les devoirs qu'elle impose ? Que me fait la vie, puisque je vais perdre Thérèse ?

— Ami, reprit la jeune fille avec douceur, je ne veux pas de cette douleur profonde, désordonnée, qui brise l'âme et la rend incapable d'accomplir de grandes choses. Vous êtes appelé, comte de Précigny, à jouer un rôle utile sur la scène du monde, à rendre d'importans services à la société. Honte au lâche qui, trouvant son fardeau trop lourd, le jette sur le bord du chemin !... Ami, les larmes passeront ; mon souvenir sera pour vous comme le souvenir d'un rêve doux et mélancolique ; je vous apparaîtrai en imagination, non plus pâle et triste comme aujourd'hui, mais belle et souriante. Vous songerez à moi dans vos travaux, dans vos affections, dans vos espérances ; vous invoquerez mon âme comme une divinité familière toujours prête à vous assister. Vous vous réjouirez avec moi du bien que vous aurez fait, vous me prendrez à témoin de vos douloureux sacrifices... Voilà les sentimens que je voudrais vous inspirer quand je serai allée à un monde meilleur ; Alfred, voilà comment j'ai compris l'union entre le comte de Précigny et la fille du manufacturier Laurent.

Elle avait les yeux levés vers le ciel, les mains jointes, le regard inspiré ; blanche et légère, elle semblait déjà n'être plus une habitante de la terre. Le comte, toujours prosterné devant elle, poussait des sanglots convulsifs.

XX

Rien, jusqu'à ce moment, n'avait troublé cette lugubre entrevue. Tout à coup, à la lueur sépulcrale des cierges qui brûlaient devant le lit, on vit le vieux Nicolas soulever lentement sa tête. Les mains appuyées sur ses genoux, les bras raidis, il tourna ses yeux ternes et vitreux vers les deux jeunes gens. Il ne disait rien, mais cette attitude, ce regard fixe étaient remplis de reproche et de menace.

Thérèse frissonna et voulut dégager sa main de l'étreinte convulsive du comte.

— Laissez-moi, Alfred, dit-elle avec effroi ; nous avons oublié l'un et l'autre où nous étions... Je crains que nous n'ayons offensé ce malheureux vieillard... Mon Dieu ! mon Dieu ! cet amour n'est-il pas aussi saint que la prière des morts ? — Alfred retenait toujours cette main tremblante, la couvrait de baisers et de larmes. — Il est temps de nous séparer, ami, reprit la jeune fille avec douceur ; puisse cette entrevue ne jamais s'effacer de votre mémoire, car peut-être elle sera la dernière... Et maintenant, adieu ; votre présence m'a fait oublier mes pauvres malades ; mais j'ai rempli un devoir sacré : j'emporte votre promesse que mon père est à l'abri de tout danger, de toute atteinte.

— Le comte, abîmé dans son désespoir, ne répondait pas.

— Alfred ! Alfred ! reprit Thérèse en s'animant un peu, ne m'avez-vous pas assurée que vous ne serviriez pas les sanglantes colères des gens de Précigny contre mon père ?

— Oui, oui, balbutia le jeune homme, presque sans savoir ce qu'il disait.

Au même instant, une main lourde se posa sur son épaule ; il tressaillit et tourna la tête. Nicolas avait quitté sa place, se traînant à peine, et surgissait comme un spectre entre les deux jeunes gens. Son visage jaune et ridé avait une expression terrible. Thérèse recula d'un pas, poussa un léger cri ; Alfred lui-même parut frappé de stupeur.

Les lèvres flétries du vieillard s'agitèrent, d'abord sans former de sons, puis il prononça lentement ces paroles :

— Et votre serment, Précigny, avez-vous oublié votre serment ? — Alfred gardait toujours un morne silence ; la jeune fille tremblait. — Traître !... traître... murmura le vieillard avec un accent sinistre.

Et ses prunelles, éteintes un moment auparavant, dardaient un feu dévorant.

— L'entendez-vous ? dit Alfred d'un air égaré, en s'adressant à Thérèse ; voilà quel nom me donnera désormais ce vieux serviteur de ma famille ! voilà comment tous les autres parleront de moi, ils me maudiront en exhalant leur dernier soupir... Mais que m'importent leurs reproches, que m'importent leurs souffrances ; que m'importent leurs vies ? Thérèse, pour un jour ajouté à ton existence, je donnerais la mienne, je donnerais les existences de tous les habitans de la terre si elles m'appartenaient !

— Lâche ! lâche ! gronda le vieillard.

Thérèse n'avait plus la force de se soutenir : ces cruelles émotions avaient épuisé même son courage.

— Nicolas, reprit-elle enfin, n'accusez pas votre bienfaiteur ; le désespoir a égaré votre raison... Monsieur de Précigny s'est engagé à défendre les habitans de ce village, mais non par des moyens que réprouvent les lois divines et humaines, non par l'incendie, par le meurtre peut-être !

— Qui parle de meurtre, qui parle d'incendie ! reprit Nicolas avec véhémence ; il avait d'autres projets, il voulait seulement frapper notre oppresseur dans son insolente richesse.

Thérèse regarda le comte.

— En effet, murmura celui-ci, j'avais conçu le projet de détruire cet infernal étang.

— Mais cette destruction serait la ruine de mon père... et sa ruine serait sa mort.

Nicolas parut retrouver tout à coup une vigueur surnaturelle. Il entraîna la jeune fille vers la couche funèbre.

— Sa mort ! répéta-t-il avec un ton farouche, et ceux qui meurent là, sous nos yeux, n'ont-ils pas des filles, n'ont-ils pas des amis, n'ont-ils pas des familles ? et cet enfant, ce pauvre petit enfant, continua-t-il en découvrant par un geste brusque le visage livide de son petit-fils, n'avait-il pas un père, un malheureux père qui ne lui survivra pas ?

Et il se précipita sur le lit, étouffant dans des sanglots et hurlemens.

Thérèse pria un moment en silence ; au bout de quelques secondes, elle se releva.

— Alfred, dit-elle avec plus de calme, j'ai eu tort de vous demander un sacrifice que votre conscience vous défendait d'accomplir. Ce bon vieillard a raison ; toutes les existences ont un prix égal devant Dieu... Poursuivez donc votre sainte et pourtant terrible mission. Je me contenterai de votre promesse qu'il n'y aura pas effusion de sang et que la maison de mon père sera respectée.

— Et moi, Thérèse, répliqua le jeune homme d'un ton abattu, je voudrais n'avoir de pensée, de dévouement que pour vous ! Tout ce qui n'est pas vous m'irrite ou me lasse...

En ce moment, un grand bruit se fit entendre dans le village. Un cheval galopait sur le cailloutis de la rue principale ; des coups de marteau étaient frappés aux portes des maisons ; des voix confuses et animées s'élevaient dans diverses directions.

— Paix ! écoutez ! Que se passe-t-il donc ? dit Thérèse avec terreur.

Le cheval s'était rapproché de l'habitation de Nicolas ; une femme qui passait s'informa auprès du cavalier de la cause de cette rumeur :

— On demande le docteur Merville sur-le-champ, répliqua-t-on d'une voix haletante. L'épidémie vient de se déclarer à la fabrique avec une violence inouïe... Déjà plusieurs ouvriers en sont atteints.

— Serait-il possible ? Mais, bah ! c'est encore un mensonge pour nous faire prendre patience. Si les ouvriers sont malades, c'est d'avoir bu trop de vin aujourd'hui à la fête : ils sont ivres sans doute !

— Bonne femme, répliqua le cavalier, ne plaisantez pas sur un pareil sujet... Mais, ma foi ! quand on n'est pas de ce pays, on doit s'en éloigner au plus vite ; c'est ce que je vais faire... Adieu !

Aussitôt le cheval reprit sa course, et le bruit se perdit dans l'éloignement.

— L'avez-vous entendu ? dit Thérèse en sortant de la stupeur où l'avait jetée cette nouvelle terrible ; notre tour est venu !

— C'est un châtiment de Dieu ! s'écria Nicolas avec une joie sombre en se redressant ; l'homme dur et impitoyable sera puni par où il a péché !

— C'est plutôt un moyen que Dieu emploie pour toucher son cœur et le disposer à la générosité, répliqua Thérèse avec véhémence ; Alfred, je ne dois pas rester ici un instant de plus ; je retourne près de mon père... Cet épouvantable événement aura peut-être changé ses idées sur ses droits inexorables ; peut-être sa volonté de fer fléchira-t-elle enfin... Je vais le voir et plaider de nouveau la cause du malheur ; cette fois, je l'espère, il ne résistera plus... Vous, de grâce, ajournez pour quelques jours encore l'exécution de vos projets... Si vous ne recevez de moi aucune nouvelle, si je ne parviens à vaincre son opiniâtreté, faites votre devoir envers vos protégés, envers vous-même ; ce sera l'ordre de Dieu !

Le comte éperdu savait à peine de quoi il s'agissait.

— Thérèse ! Thérèse ! s'écria-t-il d'un ton déchirant en voyant la jeune fille près de s'éloigner.

— Adieu ! ami... nous nous reverrons peut-être sur la terre... sinon à revoir en haut !... Souvenez-vous de vos promesses !

Et elle s'élança hors de la chambre.

Dans la première pièce, elle rencontra la paysanne dont elle venait d'entendre la voix. La bonne femme crut voir une ombre passer près d'elle dans l'obscurité, et elle fit précipitamment un signe de croix.

Quelques instans après, Alfred de Précigny quittait le village pour retourner chez lui à la ferme. La nuit était avancée ; quelques nuages couraient le ciel. La brise, de plus en plus fraîche, se chargeait de ces émanations marécageuses, cause première de l'épidémie, et frémissait dans le feuillage. La campagne était déserte, silencieuse ; seulement, dans le lointain, un rossignol, indifférent aux souffrances des hommes, célébrait en joyeuses roulades les charmes de cette nuit de printemps.

Alfred s'enfonça dans le chemin boisé qui longeait le cimetière ; sa tête brûlait, son imagination était exaltée jusqu'au délire. Cette conversation récente avec Thérèse avait tendu à briser toutes les facultés de son âme. Par moments il éprouvait des hallucinations, les idées de mort qui s'agitaient dans son cerveau prenaient une forme au dehors ; il croyait voir des ombres s'agiter dans l'obscurité ; il croyait entendre un pas léger et furtif suivre le sien. Souvent il s'arrêtait, portait la main à son front brûlant, et, aspirant avec force ce vent pestiféré qui venait du lac, il répétait avec une sombre douleur :

— Oh ! mon Dieu, si je pouvais mourir aussi !

Cependant cet état de crise était trop violent pour durer longtemps ; peu à peu la fraîcheur de l'air, le mouvement de la marche, agirent sur son organisation ; son sang circula moins vite, sa respiration devint moins oppressée. Comme il arrive d'ordinaire à la suite d'une grande souffrance morale, il tomba dans une espèce d'anéantissement ; sans pensée, sans souvenir, il continuait sa route, guidé par l'instinct plutôt que par une volonté libre et réfléchie.

A une courte distance de la ferme, pendant qu'il suivait un chemin profondément encaissé entre deux haies, un animal de grande taille lui barra tout à coup le passage. C'était un cheval tout sellé et bridé, qui broutait tranquillement l'herbe sur le talus.

Évidemment ce cheval s'était débarrassé depuis peu de son cavalier, et celui-ci, sans doute, n'était pas loin. Alfred s'empara de la bride de l'animal, et il allait se mettre à la recherche du propriétaire, lorsqu'une voix lamentable, s'élevant à quelque distance, lui donna lieu d'espérer que cette recherche ne serait ni longue ni difficile.

Traînant le cheval après lui, le comte atteignit bientôt l'endroit d'où partaient les cris. Sur le bord d'un fossé était couché un homme en apparence grièvement blessé.

— Par pitié ! s'écria l'inconnu en entendant quelqu'un s'approcher, venez à mon secours, ou certainement je mourrai ici.

— Qui êtes-vous, monsieur ? que vous est-il arrivé ?

— Je suis un ami de monsieur Laurent ; je viens de la fête qu'on a donnée là-bas à la fabrique... Je devais coucher chez monsieur Laurent, mais j'ai eu peur de la maladie qui s'est déclarée ce soir, et j'ai résolu de retourner à la ville sur-le-champ. Mon cheval, que je pressais trop, a butté dans l'obscurité, m'a désarçonné et s'est enfui... J'ai voulu me lever, mais il m'est impossible de me tenir debout ; j'ai un pied cassé ou tout au moins cruellement luxé... Mon ami, je vous récompenserai généreusement si vous me conduisez à quelque habitation où je pourrai trouver des secours.

L'étranger, trompé par l'obscurité, croyait avoir affaire, comme on le voit, à quelque paysan du voisinage. Le comte resta un moment silencieux.

— Cette fête a été fatale à tous ceux qui y ont assisté, reprit-il enfin d'une voix grave ; mais aussi, les imprudens n'ont-ils pas osé tenter la Providence !

Ces paroles firent tressaillir l'inconnu.

— Vous êtes le comte de Précigny ! dit-il avec un étonnement mêlé d'inquiétude.

— C'est moi, en effet... eh bien ! monsieur, voici votre cheval que j'ai eu le bonheur d'arrêter ; je vais vous aider à vous remettre en selle...

— Souffrant comme je suis, il me serait impossible de continuer ma route.

— Alors, appuyez-vous sur moi ; la ferme de La Pommeraie, où je demeure, est près d'ici ; vous y recevrez les soins que votre état réclame.

— Quoi ! monsieur le comte, sans me connaître, sans savoir mon nom...

— Qu'importe ? dans la situation où vous êtes, vous avez droit au secours de tout homme, de tout chrétien qui vous trouve sur son passage... Fussiez-vous mon plus mortel ennemi, je ne pourrais sans crime refuser de vous recevoir.

L'étranger hésita un moment.

— J'accepte, dit-il enfin ; aussi bien la nécessité ne me permet pas de faire autrement... Oui, monsieur le comte, j'accepte votre hospitalité, et peut-être ne vous repentirez-vous pas de cette conduite généreuse ; je ne passe pas pour bon dans la vie ordinaire ; la reconnaissance des hommes m'a rendu assez difficile à attendrir... cependant, encore une fois, peut-être n'aurez-vous pas sujet de regretter cette bonne action.

Alfred, sans l'écouter, l'aidait à se lever. Après un quart d'heure de marche, pendant lequel le silence ne fut troublé seulement que par les ouf ! et les hola ! du blessé, ils atteignirent La Pommeraie.

Bientôt l'inconnu fut commodément installé dans la plus belle chambre de la ferme, sur le lit même du maître du logis. Catherine frictionnait la partie malade avec de l'eau de boule, alors réputée souveraine pour les lésions de ce genre. Comme l'avait supposé le blessé, le pied n'était point fracturé, mais seulement luxé, ce dont il lui fut facile de s'assurer lui-même. Le comte assistait à l'opération, mais il était distrait en dépit de ses efforts.

— Monsieur, dit-il enfin, je vais, si vous le jugez convenable, envoyer chercher le docteur Merville ; seulement, en raison des circonstances, je crains...

— Il ne viendrait pas, répliqua l'étranger d'un air de réflexion ; d'ailleurs, comme il n'y a rien de grave, l'eau de boule suffira... je me sens déjà soulagé. Certainement, d'ici à deux ou trois jours je serai en état de remonter à cheval. Cependant un séjour trop prolongé chez vous...

— Ne dérangera personne, monsieur ; ayez l'esprit tranquille à ce sujet.

— Mais j'occupe votre lit...

— De longtemps, murmura le comte avec un peu d'égarement, je ne rechercherai le sommeil.

L'étranger se tut un moment.

— Du moins, demanda-t-il avec hésitation, cette maudite fièvre épidémique n'est-elle jamais venue de ce côté ?

— Rassurez-vous, répondit Alfred avec un sourire amer, ce petit coin de terre a toujours été épargné par le redoutable fléau, jusqu'à ce moment. Vous serez en sûreté ici... mais si vous vouliez apprendre à vos amis de la fabrique l'accident qui vous est arrivé, j'enverrais demain matin un valet de ferme pour...

— Non, non, n'en faites rien, je vous prie ; il vaut mieux que l'on ignore... Si monsieur Laurent apprenait...

— Je comprends, interrompit le comte avec quelque hauteur ; mais je dois respecter les volontés de mon hôte ; je recommanderai donc aux gens de la maison un silence absolu... Adieu, monsieur, ajouta-t-il avec un accent de politesse ; en dépit de vos amitiés, considérez-vous ici comme chez vous.

Il ordonna de nouveau à Catherine d'avoir le plus grand soin de l'étranger, puis il se retira dans une pièce voisine, comme impatient d'échapper aux devoirs que lui imposait cette hospitalité forcée.

Rigobert, car on l'a reconnu sans doute, resta longtemps pensif après son départ.

— On a beau dire, murmurait-il, ces vrais nobles ne parlent pas et n'agissent pas comme tout le monde... Pauvre jeune homme ! s'il savait... Quel dommage que ça n'entende rien aux affaires ?

XXI

Le rétablissement de Rigobert fut rapide : deux jours après l'accident, il se promenait déjà dans la chambre, avec l'appui de Catherine, et il pouvait à la rigueur monter à cheval pour se remettre en route. Le secret de son séjour à la ferme avait été soigneusement gardé ; le lecteur soupçonne quels motifs devait avoir l'homme de loi de cacher ainsi ses rapports avec le comte de Précigny ; mais les gens de la ferme, n'étant pas dans la confidence, s'évertuaient fort à deviner qui pouvait être ce personnage survenu d'une manière si inopinée. Quant à Alfred, il s'était à peine informé du nom de son hôte, nom du reste qui lui était tout à fait inconnu ; absorbé dans de graves pensées, il ne songeait au blessé que pour veiller à son bien-être et à sa tranquillité.

Pendant ces deux jours, la fatale épidémie n'avait pas diminué, soit au village de Précigny, soit à la fabrique de monsieur Laurent : de nouvelles victimes avaient succombé. A la manufacture, une terreur panique s'était emparée des ouvriers ; ceux qui étaient sains ou qui n'avaient encore reçu que de légères atteintes du mal, s'étaient empressés de partir avec leurs familles, pour aller chercher ailleurs du travail et de la santé. Grâce à ces désertions, les travaux avaient cessé, les ateliers étaient abandonnés ; chacun s'empressait de fuir ce lieu inhospitalier où la mort faisait tant de ravages. Smithson et deux ou trois de ses Anglais, hommes de fer insensibles à tout, bravaient seuls le terrible fléau. Le reste de cette nombreuse population industrielle, qui autrefois donnait tant de vie et d'animation au pays, avait pris la fuite, ou encombrait l'infirmerie trop étroite de la fabrique. Merville avait été chargé spécialement par le manufacturier de soigner les ouvriers malades, et il ne pouvait les quitter d'un instant. Aussi avait-on été obligé de mander, pour les gens du village, d'autres médecins du voisinage. Des hommes dévoués et courageux, comme la science en produit souvent, en dépit du docteur Merville, n'avaient pas manqué à cet appel, et les pauvres paysans n'avaient rien perdu au change.

Cependant le comte Alfred était dans une vive anxiété au sujet de Thérèse. Depuis la terrible soirée passée chez Nicolas, il n'avait reçu d'elle aucune nouvelle directe. Mademoiselle Laurent était restée enfermée à la fabrique, et nul ne pouvait assurer l'avoir vue pendant ces deux jours. Le manufacturier lui-même était devenu invisible, même pour ses amis les plus dévoués. Cette réclusion singulière avait donné beaucoup à penser ; les uns supposaient que monsieur Laurent avait des remords et se reprochait les maux dont il avait le spectacle sous les yeux ; d'autres attribuaient à la frayeur que lui inspirait l'indignation publique cette séquestration absolue. Peut-être Thérèse profitait-elle d'un moment de doute et de faiblesse pour essayer de lui arracher un consentement, sinon à la destruction de l'usine, du moins au desséchement de cet étang fatal qui empestait l'air autour de Précigny. Telle était parfois l'opinion d'Alfred ; mais alors comment expliquer le silence de mademoiselle Laurent ? Elle connaissait les projets de violences prêts à s'exécuter ; ce silence ne pouvait-il pas s'interpréter comme autorisation tacite de laisser les événements avoir leur cours ; Alfred le sentait, et cependant il n'osait prendre sur lui d'agir, au risque d'exciter la colère de celle qu'il aimait plus que sa vie.

A défaut du manufacturier, le contre-maître Smithson dirigeait seul les affaires de la fabrique, seul il avait des rapports avec les gens du dehors ; jamais son pouvoir n'avait été aussi grand. Du reste, il n'ignorait pas ce qui se tramait, et il se répandait tout haut en menaces ; il annonçait en jurant qu'il était prêt à recevoir les agresseurs, et qu'il saurait défendre jusqu'à la dernière extrémité les propriétés de son patron.

Il devenait de moment en moment plus difficile de contenir l'exaspération des habitants de la commune ; aigris par tant de souffrances, ils éprouvaient un impérieux besoin de tenter quelque chose pour s'aider eux-mêmes. Les députations se succédaient sans relâche à la ferme de La Pommeraie ; et comme le vieux Nicolas, tombé presque en enfance depuis la mort du dernier de ses petits-fils n'était plus là pour modérer ces malheureux en leur parlant leur langage, il était impossible de leur faire comprendre la nécessité de la prudence. Ils représentaient que le moment était favorable pour une démonstration éclatante ; que monsieur Laurent semblait frappé d'inertie et ne serait pas disposé sans doute à parer le coup qui le menaçait ; que les ouvriers de la fabrique s'étaient presque tous retirés, et que Smithson, malgré ses vanteries, n'avait aucun moyen d'opposer une sérieuse résistance aux projets des révoltés. Le comte de Précigny écoutait leurs doléances d'un air sombre et abattu ; mais sans dire la cause réelle de ses retards, il ajournait toujours une explosion inévitable, attendant que quelqu'un eût été fort embarrassé lui-même de préciser. Aussi, était-il devenu suspect à ces gens passionnés ; ils commençaient à l'accuser de tiédeur et d'indifférence.

Enfin, Alfred ne put résister davantage à ces instances ; un matin que beaucoup de notables de Précigny et des communes voisines étaient réunis à la ferme, il désigna pour agir la soirée du dimanche suivant. Cette décision fut accueillie par de grands cris de joie ; il semblait à ces infortunés paysans que cet acte de protestation violente dût porter instantanément remède à leurs maux. Ils remercièrent leur jeune chef avec chaleur, puis ils se retirèrent pour aller se préparer à l'œuvre commune et prévenir les amis.

A peine étaient-ils partis, que le comte se repentit d'avoir cédé à leur prières ; en songeant au chagrin qu'un acte d'agression causerait à Thérèse, il voulait les rappeler, leur donner contre-ordre... Il était trop tard, la nouvelle se répandait déjà dans tout le pays : il ne dépendait plus de lui de comprimer les passions déchaînées. D'ailleurs, le délai fixé par Thérèse elle-même n'était-il pas passé ? n'avait-il pas sa liberté d'action ? Mademoiselle Laurent pourrait-elle se plaindre d'un événement qu'elle aurait encouragé par son silence ?

Bouleversé par ces réflexions, il monta chez son hôte pour s'informer de ses nouvelles, comme il faisait plusieurs fois par jour. Rigobert, assis dans un fauteuil, était tout habillé et semblait fort agité. Il répondit à peine au maître du logis, qui s'inquiétait de sa santé.

— Monsieur le comte, dit-il avec un accent singulier, vos planchers ici sont très minces ; il est difficile de cacher au premier étage ce qui se passe au rez-de-chaussée... Sans le vouloir, j'ai entendu votre complot de tout à l'heure.

— Ah ! répliqua Alfred d'un ton distrait, vous savez...

— Oui ; je sais ce qui se trame, et d'autres que moi le sauront aussi.

— Je ne prétends pas cacher un acte qui aura le pays entier pour complice.

— Fort bien, mais permettez-moi de vous le dire, même en raisonnant dans votre sens, vous avez commis une faute grave de divulguer vos plans si longtemps d'avance... Le vieux Laurent, là-bas, à la fabrique, est un habile homme ; dans une heure, il connaîtra votre dessein et il n'aura pas de peine à le faire manquer. Défiez-vous de lui ; quoiqu'il ait l'air de s'endormir, sûrement il vous tend quelque piège... Oh ! je le connais de longue date, le vieux Laurent ! nous avons traité plus d'une affaire ensemble !

Les yeux de Rigobert rayonnaient d'astuce et de contentement de lui-même.

Je croyais que monsieur Laurent était votre ami, répliqua le comte toujours distrait.

— Oui, oui, nous avons eu des relations fréquentes, et nous avons suffisamment appris à nous connaître, à nous apprécier !... Mais cette amitié-là, mon digne jeune homme, ne m'empêche pas de vous vouloir du bien et de vous remontrer les suites possibles de votre entreprise... En admettant que tout réussisse au gré de vos désirs, qu'il n'y ait pas de sang versé, comme je vous en ai entendu donner l'ordre, inévitablement, à la suite de cet appel à la force, vous serez arrêté le premier...

— Je le sais, monsieur, je ne fuirai pas.

— Je dis arrêté, emprisonné, jugé en cour d'assises et condamné à une peine afflictive et infamante.

— Tout cela est probable, monsieur ; eh bien ! voyez ma bizarre destinée, les conséquences de cette entreprise seront fâcheuses pour moi, moins j'aurais regret de m'y être engagé.

— Quoi donc ! pour de misérables paysans attaqués de la fièvre, vous homme bien né, intelligent, indépendant, vous allez sciemment vous attirer sur les bras ces vilaines affaires ?

— Si j'ignorais à quoi je m'expose, où serait le mérite de mon action ?

Les traits du blessé exprimaient une sorte d'étonnement comique.

— De par tous les diables ! reprit-il d'un ton incisif, je croyais avoir l'expérience des hommes, mais on apprend chaque jour quelque chose de nouveau en ce genre... Depuis que je vous connais, et il y a peut-être plus longtemps que vous ne pensez, vous avez bouleversé des idées déjà enracinées dans ma cervelle avant votre naissance... C'est à n'y pas croire... Mais voyons, continua-t-il avec volubilité, si je ne me trompe pas, voici votre projet en deux mots : Vous voulez, par un grand éclat, par une véritable révolte à main armée, obtenir que le pouvoir accorde enfin une attention sérieuse aux griefs de vos cliens et supprime la fabrique ; n'est-ce pas cela ?

— Vous dites vrai, monsieur.

— L'idée est bonne, et j'ai des raisons particulières de penser que le succès ne serait pas impossible... Malheureusement cette entreprise, quel qu'en soit le résultat; aurait pour vous personnellement les graves inconvéniens dont nous parlions tout à l'heure ; eh bien! s'il y avait un autre moyen d'atteindre le même but?

— Je l'ai espéré un moment, répliqua le comte en soupirant, mais je me suis trompé sans doute.

— Hein! croyez-vous? dit Rigobert en le regardant fixement ; il me semble cependant avoir entendu parler à monsieur Laurent de certains papiers...

— Quels papiers?

— Je ne sais, moi, répondit l'homme de loi qui parut tout à coup éprouver une grande difficulté à s'exprimer, mais monsieur Laurent s'inquiétait fort d'un inconnu, d'un vieux bonhomme, qui vint vous trouver ici un peu avant votre voyage à Paris.

— Ah! cet intrigant qui prétendait me vendre dix mille francs des pièces de procédure...? Oui, oui, je me souviens de lui... Mais quel rapport peut-il y avoir entre ces papiers et l'épidémie qui règne à Précigny ?

— Je l'ignore complètement, répliqua Rigobert fort mal à l'aise en apparence ; seulement le fabricant de drap de là-bas, monsieur Laurent, craignait fort qu'il ne tombassent entre vos mains... J'ai conclu de là qu'au moyen de ces papiers, il vous serait possible de l'inquiéter dans sa possession, de lui arracher des concessions, peut-être.

— Ce serait là des remèdes biens lents pour des maux pressans.

— Essayez toujours... Pourquoi ne pas rechercher ce personnage inconnu, lui demander des explications et...

— Non, non; je ne veux avoir rien de commun avec un pareil homme; d'ailleurs il me répugnerait d'employer les voies de la chicane dans une si belle cause...

— La chicane, interrompit Rigobert avec aigreur, la chicane a du bon, et vous feriez bien de l'étudier un peu avant de médire d'elle. Mais puisque vous ne voulez n comprendre; ne deviner, restons-en là... Il faut laisser un aveugle se jeter dans le précipice, quand il ne tient aucun compte des avertissemens sages.

En même temps, il se mit à froisser d'un air d'impatience la flanelle qui enveloppait son pied malade. Alfred s'aperçut à peine de sa colère ; pendant cette conversation, il avait été constamment distrait, et c'était à peine s'il avait pu répondre à propos ; cette distraction seule l'avait empêché de remarquer certaines expressions de son hôte qui l'eussent frappé dans un moment plus calme. Après quelques minutes de silence il se leva pour se retirer.

— Un mot encore, monsieur le comte, reprit Rigobert d'un air préoccupé; s'il est impossible de vous faire renoncer à vos projets de rébellion, ne pourriez-vous du moins en retarder un peu l'accomplissement? vous auriez le temps de réfléchir, de prendre des mesures pour diminuer vos dangers personnels... ce sont ceux qui m'occupent surtout...

— Merci de votre sollicitude, monsieur Rigobert, mais il n'est plus en mon pouvoir de retarder, fût-ce d'une heure, l'explosion du complot... Le mot d'ordre est déjà donné ; tous les habitans de la commune se trouveront au rendez-vous au jour désigné ; si je refusais de les joindre, je suis convaincu, tant ils sont animés, qu'ils agiraient sans moi, et alors Dieu sait à quels excès ils oseraient se porter!

— Cependant, monsieur le comte...

Alfred l'interrompit d'un air de politesse :

— Cette conversation pourrait vous fatiguer, dit-il d'un ton un peu sec, je vais vous laisser reposer... les affaires de mes protégés me réclament tout entier... veuillez donc m'excuser, il est tard bientôt.

Il salua et sortit précipitamment. Resté seul, Rigobert murmura entre ses dents :

— L'orgueilleux! le jeune fou! mépriser ainsi la chicane!... Pardieu! il mériterait une bonne leçon, et j'ai envie... Bah! on peut essayer.

Alfred ne rentra qu'assez avant dans la journée ; à son retour, il apprit le départ de Rigobert. L'homme de loi s'était fait hisser sur son cheval, et, après avoir chargé la servante de complimens pour son maître, il avait quitté la ferme.

Alfred, indifférent pour tout ce qui ne touchait pas au secret de son cœur, haussa les épaules en apprenant cette nouvelle.

— Je l'ai froissé, murmura-t-il avec un sourire amer, et il va me trahir... Qu'importe? je n'ai pas compté sur sa reconnaissance.

Et il oublia complètement son hôte disparu si singulièrement.

XXII

Le délai fixé pour le soulèvement de la commune s'écoula rapidement. Monsieur Laurent et sa fille étaient toujours invisibles. Cette retraite inconcevable, dans des circonstances aussi graves, après avoir longtemps préoccupé Alfred de Précigny, avait fini par lui paraître un encouragement à poursuivre ses desseins : sans doute le manufacturier était las de cette lutte qui durait sans paix ni trêve depuis plus de huit mois; se voyant dans l'impuissance de maîtriser les événemens, il s'était résigné à les subir; à ce déchaînement de fureurs populaires, il voulait seulement opposer la force d'inertie. Souvent aussi Alfred se prenait à penser que la maladie de Thérèse avait fait de nouveaux progrès, et que monsieur Laurent, menacé de perdre son enfant chérie, était devenu indifférent à ses autres intérêts; mais cette pensée lui semblait horrible, et il n'osait s'y arrêter, préférant, comme tous les hommes passionnés, une illusion agréable à une douloureuse réalité.

Le lieu de rendez-vous pour le coup de main projeté était un carrefour situé à égale distance du village de Précigny et de la fabrique. Une croix de pierre moussue s'élevait à l'angle du chemin, au milieu d'un massif de prunelliers et de coudriers ; un vaste espace vide s'étendait à l'entour, et pouvait contenir un grand nombre de personnes ; de là, le regard embrassait, comme une sorte de champ de bataille, la contrée environnante. A gauche, la magnifique fabrique de Laurent avec ses encoignures rouges, ses milliers de fenêtres et sa longue chaussée de pierre ; à droite, le pauvre village, couvert en chaume, perdu au milieu de ses maigres plantations d'arbres fruitiers ; en face, l'étang aux eaux noires et immobiles ; à l'horizon, la brande, cet accessoire obligé des paysans du Berri.

Au moment où le soleil allait disparaître derrière un rideau de nuages gris étendu au couchant, plusieurs centaines de personnes se trouvaient déjà réunies à la croix du carrefour, et les chemins étaient encore encombrés de piétons. La profonde pitié qu'inspiraient les habitans de Précigny avait soulevé en leur faveur les populations à plusieurs lieues à la ronde. On accourait de toutes les parties du pays pour prendre part à ce que l'on considérait comme une œuvre sainte. Les malades pour qui l'épidémie n'avait pas un caractère foudroyant et mortel, ceux chez qui, la fièvre étant passée pour ainsi dire à l'état chronique, pouvaient encore se mouvoir, s'étaient traînés au rendez-vous convenu. On voyait même dans la foule quelques femmes animées à la vengeance. Des groupes nombreux s'étaient formés ; des orateurs en sabots parlaient avec chaleur au milieu d'un cercle d'auditeurs, et étendaient fréquemment le bras vers la fabrique d'un air de menace. Cependant, chose remarquable, ces gens exaltés, réunis dans un but de dévastation, n'avaient ni fusils, ni bâtons, ni rien qui fît supposer des intentions agressives. En revanche, ils étaient munis de pioches, de bêches, de pics et d'autres instrumens propres à une démolition. Alfred avait donné les ordres les plus sévères pour que pas un des insurgés ne se présentât avec des armes; il avait été ponctuellement obéi.

Bientôt le comte arriva lui-même au rendez-vous, suivi d'une demi-douzaine de notables plus particulièrement initiés à ses projets; il fut accueilli par les uns avec des acclamations bruyantes, par les autres avec un respect silencieux. Alfred était vêtu à peu près comme le jour où les gens de Précigny avaient imploré sa pitié; casquette plate et blouse grise serrée par une ceinture de cuir. Seulement une lourde barre de fer aiguisée par le bout avait remplacé, dans ses mains blanches et aristocratiques, son élégant fusil de chasse. Ce costume, cet instrument de travail avaient en ce moment une signification précise; ils témoignaient de la part active qu'Alfred comptait prendre à l'œuvre commune. Du reste, il était fort pâle, et cette pâleur ressortait encore davantage sous le collier de favoris noirs qui encadrait son visage.

Après avoir salué gracieusement la foule, échangé des poignées de main avec les assistans les plus dignes de cette distinction, il monta sur le piédestal de la croix, et il se mit à examiner attentivement la fabrique. Nécessairement un pareil rassemblement n'avait pu se former si près d'elle sans que monsieur Laurent ou ses inférieurs en fussent avertis; cependant, tout semblait calme et désert à la manufacture. La grande porte était fermée, la roue qui mettait en mouvement les immenses machines était immobile. Pas un curieux ne se montrait aux fenêtres, personne dans les jardins, sur les terrasses, dans la campagne. Seulement, Alfred crut voir un homme à cheval sortir furtivement par une porte située à l'autre extrémité des bâtimens, et s'éloigner au galop dans la direction d'une grande route voisine.

Depuis quelques instans déjà, le comte était plongé dans sa contemplation; Mathurin, qui depuis les malheurs de Nicolas avait mérité par son zèle et son intelligence de le remplacer auprès d'Alfred, s'avança timidement dans le cercle formé autour de lui:

— Ma foi! ils n'ont pas bougé tout de même! dit-il en ôtant son chapeau; mais savez-vous, monsieur, qu'on a demandé de la gendarmerie et des dragons à la ville pour nous disperser et nous empêcher de faire notre besogne?

— Je le sais, répliqua Précigny d'un ton bref et distrait.

— Aussi l'on s'étonne que les troupes ne soient pas encore arrivées... Sans doute elles se seront égarées dans nos chemins de traverse... Mais je viens de reconnaître ce coquin d'Anglais, monsieur Smithson, qui se sauvait à cheval; vous avez pu le voir comme moi; certainement il va au-devant des soldats pour les engager à hâter leur marche.

— C'est très probable, répondit le comte sans paraître le moins du monde alarmé de ces nouvelles.

— Ainsi donc, continua Mathurin, si ce que l'on vient de me conter est vrai, il n'y a plus personne à la fabrique, et nous n'avons rien à craindre de ce côté.

— Que voulez-vous dire? demanda Alfred avec étonnement.

— Dame! monsieur, je ne sais si l'on a voulu se gausser de moi, mais on prétend que, depuis plusieurs jours, monsieur Laurent et sa fille ont quitté la manufacture, et qu'ils sont maintenant loin d'ici.

— Partis! non, non... cela n'est pas croyable. Laurent ne se serait pas ainsi abandonné lui-même.

— Écoutez donc, monsieur de Précigny, on a beau être riche, la mort n'épargne personne... L'orgueilleux fabricant a bien pu avoir peur comme les autres.

— En effet, ceci expliquerait... Mais alors pourquoi aurait-il caché son départ avec tant de soin?

— Ce n'est pas bien difficile à comprendre. Monsieur le maire s'imaginait que nous n'oserions rien entreprendre tant qu'il serait sur les lieux, et il s'est arrangé pour qu'on ne se doutât pas de son absence.

— Toutes ces suppositions sont fondées en apparence, dit Alfred d'un air pensif. Oh! si je pouvais croire...

Il s'arrêta, voyant qu'on l'écoutait, et il retomba dans ses réflexions.

— Monsieur le comte, reprit timidement Mathurin après une pause, le soleil est couché, et tout notre monde est réuni... Ne croyez-vous pas qu'il serait temps de commencer? La besogne sera longue, sans doute, et ce scélérat de Smithson peut tomber sur nous d'un moment à l'autre avec la force armée.

— Vous avez raison, et cependant...

La foule se pressait en masse compacte autour des deux interlocuteurs.

— Eh bien! qu'attendons-nous? demandèrent plusieurs des assistans avec impatience; partons, l'heure est venue.

Le comte hésitait toujours, promenant autour de lui un regard d'angoisse, scrutant avec lenteur chaque porte et chaque fenêtre de l'usine; de grosses gouttes de sueur perlaient sur son front. Il était dans un de ces momens de crise où la considération la plus frivole, un mot, un geste peuvent changer une grave détermination. Mathurin devina son trouble.

— Monsieur le comte, dit-il à voix basse, nous avons compté sur vous comme sur la Providence... Nous abandonnerez-vous comme elle?

Alfred ne répondit pas d'abord; puis il se redressa brusquement:

— Allons! dit-il d'un ton résolu; que le ciel me pardonne si je commets une faute!

Il agita la main pour annoncer qu'il voulait parler. Le plus profond silence s'établit aussitôt.

— Mes amis, dit-il d'une voix forte, nous nous trouvons dans la nécessité d'accomplir un acte de violence répréhensible en lui-même et dont nous devons gémir les premiers; s'il nous était resté un moyen légal d'obtenir justice, nous n'eussions jamais dû songer à nous faire justice nous-mêmes; aussi, pour que notre conduite ait une excuse, il nous faut montrer dans toutes nos démarches la plus grande modération, la plus scrupuleuse réserve... Quant à moi, je ne prétends récuser ni ma part de responsabilité, ni ma part de danger; je vous suis dévoué corps et âme, mais à une condition, c'est que vous m'obéirez avec exactitude.

— Oui! oui! s'écria-t-on de tous côtés, vous êtes notre bienfaiteur, notre meilleur ami... C'est à vous de nous commander.

— Nous vous obéirons, continua Mathurin avec enthousiasme, quand même vous nous ordonneriez de nous jeter dans cet infernal étang... Mourir pour mourir, nous n'y regarderions pas de si près.

— C'est ça! cria une voix rogommeuse sortant tout à coup du milieu de la foule, et ceux qui n'emboîteront pas le pas comme il faut dans la consigne passeront par mes mains, mon officier, c'est moi qui vous le dis!

En même temps, un homme robuste, à longues moustaches, au visage balafré, vêtu d'un vieil uniforme rapetassé, et coiffé d'un bonnet de police en mauvais état, se fit jour des coudes et des épaules jusqu'à la pierre qui servait de tribune. Il portait sur ses épaules des outils de mineur et un grand sac qui semblait contenir de la poudre.

— Tiens! c'est le père Lapanse, l'ancien sapeur de la garde impériale! dirent plusieurs des assistans.

— Oui, c'est moi, présent à l'appel! répliqua le nouveau venu, qui rappelait assez bien le type du vieux grognard d'autrefois; me voici avec *mon* hache et tout le bataclan. Vous verrez comme j'en pince!

Alfred salua le père Lapanse par un signe amical.

— Eh bien donc! mes amis, reprit-il d'un ton animé, puisque nous nous entendons, il faut agir... Que chacun de vous suive exactement les instructions qu'il a reçues;

avec de la docilité et de la bonne harmonie, nous réussirons dans notre entreprise. A l'œuvre donc ! et à la garde de Dieu !

Il sauta à bas de son poste élevé, et la foule s'ébranla aussitôt en poussant des cris de joie.

On a deviné sans doute quel était le projet des insurgés ; il s'agissait de démolir la chaussée et de donner cours à cette masse d'eau stagnante qui corrompait l'air autour d'eux. Les pauvres paysans s'imaginaient, dans leur simplicité, que, la digue, une fois rompue, l'épidémie cesserait instantanément. Alfred ne s'abusait pas à ce point ; mais il comptait sur l'effet moral, sur le retentissement inévitable de cet acte de violence, qu'allaient accomplir des populations parvenues au dernier degré de souffrance et de misère ; il espérait, par ce coup hardi, obliger l'autorité à prendre une décision généreuse ; nous savons déjà combien ses espérances étaient fondées.

En quelques instans, on atteignit cette magnifique jetée, la merveille du pays. La nuit était venue, mais la lune, brillant au ciel dans tout son éclat, devait favoriser les travailleurs. Aucun bruit de voix ne trahissait plus cette masse noire et compacte qui s'agitait si près de l'usine ; le faible mugissement de l'eau, en s'échappant d'un conduit de dégagement, les croassemens des grenouilles dans le marécage, couvraient le murmure sourd causé par la marche de tant de personnes.

Les hésitations du comte Alfred de Précigny n'avaient pas été inutiles : elles avaient donné le temps d'organiser un plan d'attaque, de désigner des chefs et de partager la tâche entre les habitans des divers villages. Tout d'abord, chacun sembla savoir exactement ce qu'il avait à faire. On se forma en groupes distincts, sous la surveillance des chefs choisis à l'avance, et on se mit à l'ouvrage sur-le-champ. Tandis que les uns attaquaient, avec des pioches et des bêches, le cailloutis de la chaussée, d'autres commençaient, au moyen de pics, à desceller les pierres du revêtement ; d'autres enfin, descendant dans une espèce de vallée située au-dessous de la digue, se préparaient à saper par la base cet immense massif de pierre et de chaux.

Cette dernière opération devant être la plus importante par son résultat, Alfred se disposait à suivre le père Lapanse, qui, avec l'aide de quelques carriers, s'était chargé de la mener à bien. Au moment de s'enfoncer dans cette gorge humide et ténébreuse, le comte jeta de nouveau les yeux sur l'usine. Toujours même silence et même immobilité de ce côté ; sans doute le petit nombre d'ouvriers valides qui pouvaient s'y trouver encore eût été impuissant à repousser les dévastateurs, et c'eût été folie de l'essayer. Mais comment expliquer cette absence de vie, cette morne apathie dans un pareil moment ?

A force de regarder, Alfred de Précigny aperçut une lueur faible, mystérieuse, à une fenêtre du pavillon occupé par monsieur Laurent et sa fille : on eût dit de la lampe qui brûle dans la chambre d'une malade.

— Ils n'ont donc pas quitté la manufacture ? murmura le comte, on m'avait donc trompé ?... Cette inaction serait-elle une ruse pour faire manquer nos plans ?... Oui, Laurent est habile, désintéressé au besoin ; il craint un éclat autant que je le désire ; il a résolu de rester passif. Un pareil concours de paysans ne peut pas être fréquent ; il compte, la bourrasque une fois passée, réparer les dégâts et étouffer toute cette affaire. C'est dans ce but peut-être que les soldats, dont on avait annoncé l'arrivée ici, ont été contremandés ! Cependant... oh ! Thérèse, ajouta-t-il en regardant fixement la pâle lumière du pavillon, noble, douce, angélique Thérèse, pourquoi vois-je toujours votre image entre cet homme et moi ?

En achevant ces mots, il descendit lentement le talus couvert de gazon, pour atteindre les fondations de la chaussée. Lapanse avait jeté son habit bas, relevé ses manches de chemise, et, assisté de ses compagnons, il travaillait déjà à établir dans la maçonnerie ce qu'on appelle une *chambre*, en terme de mineur.

— De par tous les diables ! disait-il dans son langage énergique et agréablement lardé de réminiscences de caserne, ce n'est pas aussi facile à démolir qu'un pont... Un pont, voyez-vous, on attaque la clef de voûte, on amorce... et feu ! ça va tout seul. Dieu ! j'en ai-t-y rompu du temps de *l'autre* ! Mais ce temps-là est passé... Aujourd'hui, on bâtit des ponts de tous côtés, et on n'en fait plus sauter nulle part... C'est fièrement tannant, pour le génie militaire en général, et pour le sapeur en particulier !

Pendant qu'il se livrait à ces doléances, Lapanse enlevait à chaque coup de pioche d'énormes éclats de pierre ou de brique. Les autres le secondaient vigoureusement, et, avec de pareils travailleurs, la besogne devait aller vite.

XXIII

Au bout de quelques heures, les ravages causés par cette foule exaspérée semblaient déjà irréparables. Le revêtement de pierres, d'un côté de la chaussée, avait presque entièrement disparu ; de toutes parts on entendait le bruit des outils attaquant la maçonnerie, ou les blocs détachés s'abîmant dans les eaux profondes de l'étang. Partout des ombres noires se mouvaient comme des génies malfaisans, au milieu de l'obscurité de la nuit. Au pied même de la digue, Lapanse avait creusé un conduit souterrain, avec l'habileté d'un homme habitué à de semblables travaux, et il s'occupait de charger la mine qui devait consommer l'œuvre de destruction. Peu d'instans avaient suffi pour préparer l'anéantissement de cet ouvrage, dont la construction avait coûté une année de travail à plusieurs centaines d'ouvriers.

Au milieu de cette activité générale, le comte de Précigny ne restait pas oisif. Il n'avait pas d'encouragemens à donner, car chacun, croyant travailler pour soi, pour sa famille, pour ses amis, accomplissait sa tâche avec ardeur. Il allait de groupe en groupe, joignant ses efforts à ceux des autres, là pour arracher une pierre, là pour remuer un bloc. Parfois, il travaillait avec une sorte de frénésie, comme s'il eût voulu chercher dans l'agitation physique l'oubli des pensées poignantes qui le torturaient. D'autres fois, il s'interrompait tout à coup, et, les mains appuyées sur son pic de fer, il regardait fixement la fenêtre du pavillon.

La première moitié de la nuit était déjà écoulée, lorsque le père Lapanse, sortant de l'espèce de tanière qu'il s'était creusée, annonça que sa besogne était terminée, et qu'il allait mettre le feu à la mine.

Aussitôt Alfred s'élança au milieu des travailleurs :

— Alerte ! s'écria-t-il (et pour la première fois depuis le commencement de la démolition on entendait sa voix), sauvez-vous... retirez-vous là-bas, le plus loin possible... Allons, laissez là votre ouvrage... Fuyez, la poudre fera le reste.

On se précipita en désordre vers la rive gauche de l'étang, du côté opposé à la fabrique. Les uns dans la rapidité de leur course, oubliaient leurs outils ; d'autres s'appelaient avec terreur. En un instant, la chaussée fut entièrement déserte, et l'on pouvait voir, à la clarté de la lune, les brèches énormes, les excavations que les démolisseurs avaient laissées derrière eux. Alfred parcourut lui-même la jetée, afin de s'assurer qu'aucun ouvrier trop ardent n'était resté en arrière ; mais la panique avait été générale, tous s'étaient retirés sur la terre ferme, à une assez grande distance pour n'avoir rien à redouter de l'explosion.

Après une rapide inspection, le comte revint prendre son poste en tête de la chaussée.

— Ferai-je feu ? cria le mineur du fond de la vallée.

Alfred se taisait ; à la fenêtre du pavillon, il lui semblait avoir vu passer une ombre devant la lumière; immobile et retenant son haleine, il attendait.

— Ferai-je feu? répéta Lapanse impatienté.

L'ombre avait disparu; Alfred détourna la tête en poussant un gémissement.

— Au moins êtes-vous sûr, demanda-t-il au mineur, que l'explosion ne rejettera pas les pierres sur la manufacture?

Un imprécation étouffée fut la réponse.

Au même instant, une petite flamme bleuâtre brilla dans l'obscurité du vallon, et on entendit un sifflement léger, pareil à celui d'un serpent.

Alfred, en proie à quelque préoccupation étrange, ne songeait pas à fuir. Tout à coup le vieux soldat, gravissant le talus, s'élança sur lui à corps perdu et l'entraîna rapidement.

— Etes-vous fou? dit-il avec force, ou bien êtes-vous las de la vie?

— L'un et l'autre peut-être! murmura le comte avec mélancolie.

A peine s'étaient-ils réfugiés derrière un arbre du rivage que l'explosion eut lieu. Le centre de la chaussée se déchira, s'entr'ouvrit comme un volcan; un immense jet de flammes éclaira le ciel, la campagne, le lac d'une lueur sinistre, et une détonation semblable à plusieurs pièces d'artillerie réunies retentit au milieu du silence. Mais l'obscurité de la nuit retomba aussitôt comme un voile épais sur la nature; une grêle de pierres et de matériaux, lancés dans les airs, vint frapper les eaux à grand bruit, rebondit sur la terre nue; puis un tourbillon de poussière et de fumée roula lourdement à la surface de l'étang, poussé par la brise paresseuse de l'air, et tout fut fini.

Pendant la crise, les spectateurs, préoccupés du soin de leur propre conservation, étaient restés muets et tremblans. Le calme rétabli, ils s'avancèrent avidement pour juger de l'effet produit par la mine. Une vaste brèche s'était formée au milieu de la chaussée du côté du lac; mais le revêtement en pierre du côté de l'étang n'avait pas entièrement cédé; l'eau ne s'échappait encore qu'en mince filet de son vaste réservoir.

— Ah! c'est comme ça! murmura Lapanse avec une sourde imprécation en saisissant sa pioche; on veut déshonorer le vieux sapeur du génie en faisant croire aux pékins qu'il ne sait pas son état?... Eh bien! nous allons voir, mordieu!

Et il s'élança au milieu des débris pour remédier à cet inconvénient. C'était s'exposer à un péril imminent; on lui cria de s'arrêter, Alfred lui ordonna impérieusement de revenir; mais le vétéran, froissé dans son amour-propre, n'eut garde d'obéir. Quelques secondes après, il était debout sur la brèche, et frappait à coups redoublés les matériaux qui encombraient le passage des eaux.

Les spectateurs suivaient ses mouvemens avec anxiété. Tout à coup une ligne blanche et écumeuse s'allongea au milieu des débris; un bruit sourd et continu se fit entendre. Lapanse sauta vivement en arrière, et revint vers la foule en brandissant sa pioche d'un air joyeux.

— Elle coule! elle coule! crièrent mille voix avec l'accent de l'enthousiasme; nous sommes sauvés!

— Oui, elle coule! répliqua gaiement le mineur, et elle coulera tant qu'il en restera une goutte... Diable! le père Lapanse n'est pas un conscrit, et il aime à faire de l'ouvrage pour les amateurs!

La lenteur avec laquelle s'écoulaient les eaux semblait d'abord contredire l'opinion du vieux praticien. Le courant luttait péniblement contre les obstacles; cependant, peu à peu il parut prendre de la force; la trouée pratiquée dans la maçonnerie s'élargit; le massif de la chaussée, n'étant plus protégé par son revêtement, céda à l'action dissolvante du torrent; puis des blocs énormes furent emportés, et, enfin, les eaux triomphantes s'élancèrent avec une fureur irrésistible, bondirent avec fracas, entraînant dans leurs tourbillons d'écume des gâteaux de briques et de ciment. En un instant la vallée inférieure fut inondée. C'en était fait de l'étang de Précigny.

Les dévastateurs contemplaient leur ouvrage avec une indicible joie. Assurés maintenant du succès de leurs efforts, ils battaient des mains, ils se félicitaient, ils s'embrassaient. Au lieu du silence qu'ils avaient gardé jusque-là, c'étaient des rires fous, des cris de triomphe, des fanfaronnades naïves. Les plus exaltés entouraient le comte Alfred, instigateur et chef de cette expédition nocturne; les larmes aux yeux, ils lui adressaient les remercimens les plus chaleureux.

— Vous êtes notre sauveur! s'écriaient-ils; nous vous devrons tout... nous vous devrons notre existence et celle de nos pauvres familles!

— Eh bien! et moi, ingrats coquins? disait le père Lapanse d'un ton goguenard, en redressant sa taille voûtée, me comptez-vous donc pour zéro? Voyons, qui a fait sauter cette chaussée de malheur? serait-ce le Grand-Turc, par hasard?

— Vous, père Lapanse, répondit Mathurin, vous êtes un des nôtres, vous êtes notre égal; mais ce bon jeune noble ne s'est donné tant de peine, ne s'est tant compromis que par pitié pour nous... Aussi nous répéterons son nom dans nos prières; ce nom, nous l'apprendrons à nos enfans, pour qu'ils se souviennent de notre protecteur.

Alfred recevait ces remercimens avec une impatience à peine dissimulée. Indifférent à ces témoignages de reconnaissance, il se disait tristement à lui-même:

— Thérèse pourra-t-elle me pardonner le mal que j'ai fait à son père?

Les paysans, dans l'enivrement du succès, ne croyaient pas qu'aucun danger fût désormais à craindre; tout à coup ils entendirent derrière eux le trot mesuré d'une troupe de cavaliers s'avançant à travers les arbres. Au même instant, quelqu'un s'écria d'un ton d'effroi:

— Les soldats!... sauvons-nous! voici les soldats qui arrivent de la ville!

Le désordre se mit aussitôt dans cette foule timide, ce mot redouté: les *soldats!* avait frappé de terreur de simples cultivateurs, habitués à trembler devant la force publique. Ils couraient çà et là dans l'ombre, criant, s'appelant les uns les autres; mais comment fuir? devant eux étaient l'étang, la chaussée rompue, le vallon inondé; derrière eux, la cavalerie approchait rapidement.

— Du calme, mes amis, du calme! s'écria le comte Alfred d'une voix ferme; le moment est venu de vous souvenir de vos promesses! Ne cherchez pas à opposer de résistance à la force publique, n'élevez pas la voix, soit pour insulter, soit même pour vous plaindre! Laissez-moi répondre et agir en votre nom... En récompense des services que j'ai pu vous rendre, je vous prie, je vous ordonne de me laisser le soin de vous représenter!

Les pauvres gens se rangèrent respectueusement derrière lui en l'assurant de leur obéissance. Au même instant, les cavaliers débouchèrent du chemin creux; à la clarté de la lune, on aperçut un fort piquet de dragons, assisté d'une brigade entière de gendarmerie.

La vue de l'uniforme, de ces casques et de ces sabres aux reflets sinistres, produisit une vive impression sur la plupart des assistans. Comme ils restaient muets et tremblans, un cavalier, vêtu en bourgeois, qui précédait le guide, s'écria d'un ton d'indignation:

— Nous arrivons trop tard!... Voyez-vous les méfaits de ces échappés de potence?... Ils ont crevé la chaussée, tout est détruit, tout est perdu, je suis ruiné! Quel malheur que vous vous soyez égaré dans ces chemins perdus! Vous eussiez pu vous trouver ici à temps pour empêcher ces horreurs.

Une voix brusque, sans doute celle d'un officier, répondit quelques mots, mais on ne l'entendit pas distinctement.

— Et ils se sont enfuis! continua le premier interlocuteur, trompé par le silence et l'obscurité qui régnaient autour de lui; après avoir tout saccagé, tout renversé, ils se sont retirés chez eux, et il faudra les arrêter à domicile... Mais qu'aperçois-je là ? continua-t-il en examinant la masse noire et compacte des paysans ; Dieu me pardonne! ce sont nos pillards de nuit ! En avant ! lieutenant ; ne les épargniez pas! lancez vos chevaux au galop ! sabrez-moi cette canaille !

A la voix, aussi bien qu'à la douceur des sentiments, la foule avait reconnu le donneur d'avis : c'était l'Anglais

— Halte ! commanda l'officier.

La troupe, après s'être déployée de manière à couvrir le chemin, s'arrêta avec un cliquetis de sabres et de carabines.

— Encore une fois, que personne ne bouge ! que personne ne dise un mot ! répéta le comte avec vivacité.

En même temps il se dirigea d'un pas ferme vers les cavaliers. A peine se fut-il montré dans un endroit découvert, que Smithson le reconnut à la clarté de la lune.

— C'est le comte de Précigny ! s'écria-t-il avec rage, c'est le chef de cette canaille, c'est l'auteur de ces désastres... A moi, messieurs, arrêtez-le, je vous le dénonce ; mettez-lui la main au collet ; je vous dis que c'est le comte de Précigny lui-même !

Il poussa son cheval pour joindre l'exemple au précepte, et il voulut s'emparer d'Alfred ; celui-ci se tint sur la défensive et brandit le pic de fer qu'il avait encore à la main.

— Ne me touchez pas, monsieur, dit-il avec un accent impérieux ; ne m'approchez pas, ou vous pourriez vous en repentir... Vous n'avez pas qualité pour me demander compte de mes actes... S'il y a un magistrat ici, que l'on me conduise à lui sur-le-champ.

Smithson grommela quelques imprécations en anglais, mais il resta immobile. Alors un homme, vêtu de noir, qui venait de mettre pied à terre, sortit des rangs et s'approcha du comte :

— Monsieur, dit-il d'une voix grave, je suis le magistrat délégué pour connaître de cette triste affaire de Précigny... j'espère que vous ne ferez pas de résistance.

— Ce n'est pas mon intention, monsieur, répliqua Alfred en s'inclinant avec politesse ; je m'attendais à ce qui arrive et je suis prêt à subir les conséquences de ma conduite... On vous a dit mon nom et mon titre, et vous savez que l'on m'accuse d'être le provocateur de cette insurrection. Le fait est exact, je ne le nie pas ; cet outil, que vous voyez entre mes mains, m'a servi à opérer la destruction de la chaussée ; vous pouvez donc me considérer comme surpris en flagrant délit, et cette circonstance devra trouver place dans le procès-verbal de mon arrestation ; car vous êtes sans doute porteur d'un mandat d'amener lancé contre moi.

XXIV

Le magistrat jeta sur lui un regard où la curiosité se joignait à un intérêt sincère. Les nobles efforts du comte en faveur de la malheureuse population de Précigny étaient bien connus, et son désintéressement lui avait concilié la sympathie universelle. On se fera donc aisément une idée de l'émotion pénible du fonctionnaire, homme jeune encore et accessible aux sentiments élevés, en entendant Alfred s'accuser lui-même avec tant de courage.

— Il est vrai, monsieur, dit-il d'une voix altérée ; je suis porteur d'un mandat lancé contre vous... et malheureusement, après avoir vu de mes yeux votre œuvre de cette nuit, toute indulgence m'est interdite ; je suis forcé de m'assurer de votre personne.

— Je vous suivrai sans difficulté, monsieur ; mais du moins puis-je espérer que cet ordre d'arrestation me concerne seul, et que ces bonnes gens seront libres de se retirer ?

— Vous êtes seul désigné nominativement ; mais les autres principaux chefs ou fauteurs du désordre...

— Ils sont tous coupables au même degré ! s'écria Alfred avec véhémence ; ou plutôt une seule personne est ici coupable, c'est moi... Oui, monsieur, je l'avoue hautement, j'ai poussé à la révolte les habitants du village de Précigny et des communes voisines ; j'ai conçu le plan de ces déprédations exercées sur la propriété de monsieur Laurent, et je viens de coopérer moi-même à son exécution. Ces simples paysans n'eussent rien osé entreprendre sans mes encouragemens, et, si je puis m'exprimer ainsi, ils n'ont agi que par mes ordres. Je vous supplie donc, monsieur, de permettre qu'ils se retirent sans être inquiétés ; seul, je dois rester entre vos mains pour porter la responsabilité des faits accomplis.

Le magistrat consulta l'officier de gendarmerie et l'autre officier. Après quelques minutes de conversation, il reprit à haute voix :

— Nous désirons concilier notre devoir avec la pitié qu'inspire la situation particulière des habitants de Précigny... L'instruction fera connaître les coupables... En attendant, les personnes ici présentes sont sommées de se disperser sans retard.

— Merci, monsieur, merci !—murmura le comte avec reconnaissance. Puis se tournant vers les paysans : — Vous l'entendez, mes amis ? reprit-il d'un ton gai, vous pouvez retourner chez vous... Grâce à l'indulgence de ce digne magistrat, je répondrai seul devant la justice de l'acte malheureux auquel nous nous sommes laissé entraîner par la nécessité ! Retirez-vous donc... Vos enfans, vos familles ont besoin de vous : moi, je n'ai pas de famille pour me regretter, je puis me dévouer tout entier à notre sainte cause ; en prison, comme à Paris, comme ici au milieu de vous, je ne la trahirai pas ! Pour vous, ne commettez aucune violence ni contre monsieur Laurent, ni contre personne ; attendez avec patience le résultat de mon arrestation ; peut-être ce résultat ne vous sera-t-il pas défavorable.

Sur un signe du magistrat, les cavaliers s'étaient écartés et avaient laissé libre le chemin du village. Les plus timides, parmi les insurgés, s'empressèrent de prendre la fuite, malgré les protestations de Smithson, qui eût voulu voir arrêter en masse la population de Précigny. Mais les autres, c'était la majorité, ne firent pas un mouvement pour suivre cet exemple. Quand Alfred se tut, un morne silence régna dans la foule.

— Cré mille tonnerres ! s'écria enfin le vieux Lapanse, laisserons-nous emmener comme ça notre général, sans plus souffler que des buses ?

— Oui, oui, défendons-le ! dirent plusieurs voix énergiques ; nous lui devons tout, il est notre chef, notre camarade, nous serions des lâches de ne pas le défendre !

Et des bras robustes agitaient déjà les outils de fer dont ils étaient armés.

— Garde à vous ! commanda un officier.

Les soldats se rangèrent aussitôt en bataille.

A la vue de ces dispositions menaçantes, Alfred s'élan vers les insurgés :

— Mes amis, dit-il avec un accent suppliant et en joignant les mains, oubliez-vous déjà vos engagements solennels ? Est-ce ainsi que vous tenez compte de mes ordres ? Cette arrestation n'a rien qui doive m'étonner, je l'ai prévue, je la désirais ; elle sera peut-être un de nos moyens de salut. Laissez donc la loi avoir paisiblement son cours, je vous en conjure, au nom de mes services passés, au nom de mon affection pour vous ! —On entendit quelques sanglots dans la foule, mais rien de plus. Un sourire de satifaction effleura les lèvres d'Alfred. —Allons, monsieur, reprit-il en se tournant vers le magistrat qui avait donné une grande attention à cette scène, vous devez être fatigué de votre voyage, je n'abuserai pas de vos instans ; me voici prêt à vous suivre.

Le fonctionnaire lui serra la main furtivement.

— Monsieur le comte, murmura-t-il en essuyant une larme, le devoir est parfois bien pénible à remplir.

Pendant qu'on procédait à une arrestation régulière, Lapanse se détacha d'un groupe de paysans et s'avança résolûment vers le magistrat :

— Un moment! s'écria-t-il de son ton goguenard, si l'on ne doit pas résister à la consigne, il y a une autre manière de se montrer... Mon chef de file va à la salle de police, j'y veux aller aussi... Je suis le père Lapanse, ex-sapeur de la garde ; c'est moi *que* j'ai fait sauter la mine pour crever la chaussée... en voilà de l'ouvrage ! ainsi donc, quatre hommes et un caporal, et en avant pour la prison !

— Quoi ! vous demandez à être arrêté ?

— Je m'en flatte, dit le gaillant sapeur, je ne peux me faire empoigner en meilleure compagnie.

— Eh bien ! puisque c'est comme cela, s'écria un nouveau personnage en s'approchant à son tour, je veux accompagner monsieur de Précigny et le père Lapanse...! Monsieur le juge, je m'appelle Mathurin Leloup ; c'est moi qui suis allé dans les villages environnans prêcher la révolte contre ce coquin de Laurent.

— Mais c'est de la folie, cela ! s'écria Précigny avec anxiété ; vous vont tous vouloir partager ma captivité.

— Il n'y a pas de danger, monsieur le comte, murmura Mathurin, excepté Lapanse et moi vous n'aurez pas d'autres compagnons volontaires ; si Nicolas était là, je ne dis pas, mais le cher homme ne compte plus. Quant à ces pauvres diables là-bas, ils sont nécessaires à leurs familles.

En effet, les paysans étaient consternés ; mais aucun ne semblait disposé à imiter le dévouement de Lapanse et de Mathurin.

— Monsieur le magistrat, reprit Alfred avec l'accent de la prière, sans doute vous ne prendrez pas au sérieux les aveux passionnés de ces hommes... Je vous conjure de réfléchir...

— Il m'est impossible de déférer à votre demande, interrompit l'officier de justice en soupirant ; je serais blâmable si j'hésitais à retenir ces hommes qui viennent se vanter ainsi d'avoir pris part au désordre... Ils ont voulu me forcer la main ; leur volonté sera accomplie !

Il fit un geste ; des soldats mirent pied à terre pour s'emparer des nouveaux prisonniers.

Pendant ce temps, Smithson se frottait les mains et donnait des signes d'une joie immodérée.

— A merveille ! goddam, à merveille ! s'écria-t-il en ricanant ; nous tenons les trois plus méchans... On aurait pu faire mieux, mais n'importe ! monsieur Laurent sera content... Je vous recommande vos prisonniers, monsieur le *constable* ; menez-les bon train, attachez-les à la queue de vos chevaux.

Mais personne ne l'écoutait. Le fonctionnaire à qui il donnait le titre de *constable* causait à voix basse avec les officiers qui l'assistaient. Alfred regardait toujours la petite lumière de la manufacture ; peut-être dans son cœur adressait-il à Thérèse quelque touchante prière.

— Monsieur de Précigny, et vous, mes braves gens, reprit enfin le magistrat en se tournant vers les prisonniers, il est temps de partir... Il nous faut atteindre promptement le bourg de X..., où nous ferons rafraîchir nos chevaux et nous passerons le reste de la nuit. Dites adieu à vos amis ! Peut-être ne les quittez-vous pas pour longtemps.

Et il ordonna aux cavaliers de laisser approcher les paysans qu'on avait jusque-là tenus à distance.

Alors éclatèrent les sanglots et les lamentations ; les habitans de la commune, touchés jusqu'au fond de l'âme du dévouement de leurs chefs, les entouraient en désordre et leur donnaient les témoignages de la plus vive reconnaissance. On leur serrait la main, on leur adressait en pleurant les plus affectueuses paroles. Alfred surtout excitait des transports d'admiration et de tendresse ; chacun des assistans semblait perdre en lui un frère, un fils, un père bien-aimé ; une mère appelait sur lui avec toute l'éloquence maternelle les bénédictions du ciel. Le comte ne pouvait retenir ses larmes.

Cette scène attendrissante avait ému les soldats eux-mêmes ; on eût pu lire sur leurs mâles figures la répugnance que leur inspirait leur besogne actuelle. Smithson seul s'abandonnait en liberté à sa joie brutale et insultante.

— Emmenez-moi tout ça, monsieur le *constable* ! s'écria-t-il, je suis obligé de retourner à la fabrique. Mais monsieur Laurent apprendra comment vous remplissez votre devoir... Ne vous laissez pas attendrir, pas de pitié pour les coquins ! Je vous recommande particulièrement ce comte de Précigny ; c'est un insolent qui a osé se porter à des violences indignes contre moi, un Anglais, un gentleman ! Mais maintenant je suis bien vengé ; il sait que c'est moi qui le fais aller en prison... Eh ! eh ! eh ! goddam ! œil pour œil, dent pour dent, comme Cohan disait au diable.

Le magistrat se détourna avec dégoût de cet homme haineux qui osait insulter au malheur ; cependant il insista de nouveau pour partir.

— Nous voici, monsieur, répliqua Alfred de Précigny en s'arrachant des bras qui l'étreignaient ; allons, adieu, mes amis... adieu encore une fois... Patience et courage ! de meilleurs jours viendront pour nous.

— Adieu ! adieu ! répétèrent cent voix, avec un accent déchirant.

Les soldats s'emparèrent des prisonniers ; les paysans reculèrent lentement et comme à regret pour ne pas être écrasés dans l'obscurité par la cavalerie. Au moment où l'officier allait commander marche ! on entendit un bruit de chevaux dans le chemin du village, derrière les soldats.

— Arrêtez, disait-on d'une voix haletante ; pas si vite, messieurs ! j'apporte des nouvelles qui changeront probablement la face des choses.

Au même instant deux voyageurs, enveloppés de manteaux, percèrent les rangs et entrèrent dans le cercle où se trouvaient les prisonniers. L'un d'eux s'empressa de mettre pied à terre, et s'avança vers le magistrat d'un air de familiarité respectueuse ; c'était Rigobert.

— Pardon, monsieur D..., reprit-il en saluant Alfred d'un signe amical ; mais si aujourd'hui, au lieu de suivre le droit chemin pour venir à Précigny, vous ne vous étiez pas égaré avec votre détachement dans des chemins de traverse, je vous eusse épargné à vous et à ces messieurs une rude tâche. J'ai quitté la ville peu d'instans après vous, et j'ai perdu beaucoup de temps à vous chercher... Enfin me voici, et rien n'est perdu, je l'espère. Je vous prie donc de vouloir bien relâcher monsieur le comte de Précigny ici présent, et toute autre personne que vous eussiez pu arrêter à titre de complice du soi-disant crime à lui imputé.

Le magistrat le regarda avec étonnement.

— Maître Rigobert, répliqua-t-il d'un ton sévère, vous êtes un homme trop grave pour vouloir entraver l'action de la justice par une prétention ridicule... Je vous en avertis, si vous avez l'intention d'élever des difficultés au sujet de quelque formalité omise, le mandat d'amener décerné contre le comte de Précigny est parfaitement en règle, et...

— Et moi, interrompit Alfred avec chaleur, tout en remerciant mon ancien hôte de son intervention bienveillante, je prétends ne m'autoriser d'aucune futilité de forme et de chicane pour revendiquer ma liberté.

— Hem ! hem ! monsieur le comte, reprit Rigobert en ricanant, vous en voulez toujours furieusement à la chicane... J'avoue que ce n'est pas un moyen de gentilhomme, cependant peut-être, avant peu, ferai-je votre paix avec elle. Vous allez voir ! la chicane a du bon.

— Enfin, maître Rigobert, êtes-vous porteur d'un contre-ordre ?

— Pas tout à fait, monsieur D..., mais de pièces équivalentes. Le comte de Précigny et ses soi-disant complices sont arrêtés, n'est-il pas vrai, pour s'être réunis dans le but de détruire la chaussée de l'étang de Précigny, appartenant à monsieur Laurent, et pour avoir réalisé ce projet ?

— Sans doute... c'est là le motif de l'arrestation.

— Eh bien ! si je prouve que depuis hier monsieur le comte Alfred de Précigny est légalement propriétaire de tout l'espace de terrain couvert par l'étang, et même peut-être d'une partie du sol sur lequel est bâtie la manufacture ; dans ce cas, ne reconnaîtrez-vous pas vous-même que monsieur de Précigny était parfaitement en droit de réunir les gens du voisinage pour débarrasser sa propriété des constructions qui l'obstruaient ?

— Mais c'est impossible, cela !

— J'ai les pièces sur moi, dit Rigobert en fouillant dans ses poches... voici d'abord les procès-verbaux dressés par les arpenteurs pendant la révolution ; ils prouvent que les biens non vendus de la famille de Précigny s'étendaient à trente toises au delà du cours d'eau qui a donné naissance à l'étang... Voici, de plus, l'acte de la vente faite par l'État en 1793, à monsieur Laurent ; il précise encore davantage les limites de chaque propriété... enfin, voici les assignations et les mises en demeure signifiées à monsieur Laurent, et l'acte de l'envoi en possession signé par le président du tribunal.

Et il présentait une liasse de pièces au fonctionnaire.

— Une lumière ! s'écria monsieur D... ; ceci me paraît sérieux, qui me procurera une lumière ?

— Présent à l'appel, dit le vieux Lapanse ; on trouvera dans mes effets une bougie de résine, et ce qu'il faut pour l'allumer.

Un manteau de soldat fut étendu sur quelques branchages, de manière à former une tente grossière ; on alluma la bougie, et le magistrat se mit à examiner avec attention les papiers apportés par Rigobert.

XXV

Les assistans ne revenaient pas de leur surprise. Attentifs et muets, ils formaient un grand cercle autour des personnages principaux, attendant en silence le résultat de cet événement presque merveilleux.

Alfred, comme les autres, semblait frappé d'étonnement ; les idées les plus confuses se heurtaient dans son cerveau. Enfin il prit Rigobert par le bras, et l'entraîna un peu à l'écart :

— Au nom du ciel, monsieur, dit-il d'une voix étouffée, ayez pitié de moi et donnez-moi l'explication de ces prodiges ? je crois rêver... Serait-il possible, en effet, que je fusse propriétaire, sans m'en douter, de ce terrain maudit, devenu un foyer de peste pour toute une population.

— Rien n'est plus vrai, répliqua Rigobert en souriant ; les preuves sont là, et elles sont décisives, sauf l'appel de monsieur Laurent devant une juridiction supérieure... Or, si j'en crois certains rapports, il ne reviendra pas de sitôt sur le passé.

— Mais, enfin, comment ces pièces importantes se trouvent-elles entre vos mains ?

Il s'arrêta tout à coup ; un faible rayon de lumière venait de tomber sur l'homme de loi, qui, pour se garantir de la fraîcheur du soir, avait soigneusement recouvert sa tête d'un bonnet de soie noire, par-dessous son chapeau.

— Je vous ai déjà vu, continua le comte en tressaillant, vous étiez déguisé, vous...

— Ah ! vous vous souvenez encore de ce vieux sournois nasillard ? dit Rigobert avec une gaieté forcée ; c'est un coquin à qui je vous prie de pardonner en ma considération... j'ai eu quelque peine à lui arracher votre dossier, savez-vous ? Ce dossier valait vingt bons mille francs, payables à la caisse de monsieur Laurent : c'était dur à lâcher !... Enfin il s'y est décidé. Vous aviez été si généreux envers moi sans me connaître, avec la certitude même que j'étais votre ennemi ! vous m'aviez soutenu quand j'étais blessé, vous m'aviez installé dans votre chambre, dans votre lit, pendant que vous, vous passiez les nuits sur une chaise !... tout cela a profondément touché le vieux chicaneur, le grippe-sou, le procureur hargneux ; il a senti dans son cœur ossifié, une fibre, une seule qui vibrait encore. Par exemple, le diable m'emporte s'il se doutait lui-même qu'à son âge il fût capable de pareilles bêtises ! C'était vrai, pourtant... il n'a pas voulu être ingrat envers un franc et loyal jeune homme qui lui avait témoigné tant d'intérêt et de pitié. — Ces dernières paroles furent prononcées avec une émotion que Rigobert ne semblait pas susceptible d'éprouver ; il reprit d'un ton léger : — D'ailleurs, monsieur le comte, vous aviez médit en ma présence de la chicane, une vieille connaissance à moi, et je n'étais pas fâché de vous montrer à quoi la chicane pouvait servir... Cette pensée, Dieu me le pardonne ! a autant contribué que la reconnaissance à me mettre en campagne. Je tenais à vaincre vos préjugés de gentilhomme contre une puissance dont vous parliez avec beaucoup trop de dédain.

— Quels qu'aient été vos motifs, monsieur, je vous remercie sincèrement du service que vous venez de me rendre... Mais pourquoi ne m'avoir pas prévenu plutôt de l'existence de ces pièces ? elles m'eussent épargné bien des combats, des démarches pénibles.

— M'en avez-vous laissé le temps ? Ne vous emportiez-vous pas à chaque allusion détournée, comme si vous eussiez voulu m'étrangler ? ensuite, voyez-vous, ce vieux ladre de procureur dont nous parlions tout à l'heure craignait de compromettre ses dix, ses vingt mille francs ; ça ne se trouve pas dans les chemins comme les cailloux ! il était prudent, et si vous eussiez essayé de jouer au fin avec lui, il se fût trouvé trop fin pour vous.

— Il suffit, monsieur ; je commence à voir clair dans cette affaire... un seul point me semble encore incompréhensible. Comment avez-vous pu, sans ma signature et à mon insu, accomplir en si peu de temps les formalités nécessaires pour établir mes droits ?

— Voilà où est le mérite de l'homme expérimenté dans la procédure, jeune homme ! répliqua Rigobert d'un ton doctoral ; voilà le secret de cette chicane tant méprisée de vous ? Vous dire quels moyens j'ai employés serait difficile ; sachez seulement que, depuis mon départ de la ferme, je n'ai dormi ni la nuit, ni le jour... j'ai accompli, sans me vanter, des miracles d'habileté !... Quant à votre signature, il m'a été facile d'y suppléer. Un instant pour Paris, vous aviez envoyé autrefois au notaire Durand une procuration en blanc, afin qu'il pût hypothéquer votre ferme de La Pommeraie, et vous procurer l'argent dont vous auriez besoin ; Durand est mon ami, je lui ai conté la chose, et il a signé en votre nom tout ce que j'ai voulu... Mais j'ai appris par la même occasion, continua-t-il en baissant encore la voix, que cette guerre impitoyable contre Laurent vous avait coûté cher ; vos biens sont grevés d'hypothèques, jeune homme, et nous aurons du mal à rétablir l'équilibre dans vos finances !

— Eh bien ! répliqua le comte avec tristesse, peu m'importe la fortune maintenant ! ma tâche est finie, ma vie ne sera pas longue, je l'espère.

Rigobert le regarda d'un air effaré ; en ce moment le magistrat se leva et s'avança vers eux.

— Messieurs, leur dit-il, les pièces sont parfaitement en règle. Monsieur Laurent n'ayant mis aucune opposition au jugement par défaut, ce jugement était exécutoire immédiatement. Aussi, monsieur de Précigny était parfaitement dans son droit en opérant ou en faisant opérer sur ses terres les changemens qu'il jugeait convenables. La justice n'a donc rien à voir ici... Vous êtes libre, monsieur le comte, vous êtes libres, mes braves gens ; et cette solution, croyez-le bien, me réjouit plus que personne.

Nous renonçons à peindre la scène qui suit : nous savons quel était le désespoir des habitants de Précigny en voyant Alfred et ses deux compagnons près d'être traînés en prison sous le poids d'une grave accusation ; on aura aisément une idée de leur joie à ce coup du sort inattendu. C'étaient des transports aussi bruyants, aussi désordonnés que l'affliction avait été vive et profonde auparavant.

Au milieu de cet enthousiasme universel, Smithson attira sur lui l'attention par ses cris de colère et de menace. Le contre-maître anglais, encore peu familier avec certaines expressions de notre langue, n'avait pas compris bien nettement d'abord ce que signifiait l'arrivée de Rigobert, les papiers dont l'homme de loi était porteur, les pourparlers qui avaient eu lieu en sa présence. Cependant, à force d'écouter, il avait enfin soupçonné la vérité. Quand les soldats relâchèrent les prisonniers, il devint furieux :

— C'est une infamie ! s'écria-t-il dans son jargon, que la rage rendait presque inintelligible, ce sont d'abominables mensonges... Je proteste au nom de monsieur Laurent contre la mise en liberté de ces pillards ! Vos lois de Franco sont stupides ; monsieur Laurent n'a rien su de ces exécrables manœuvres... Je proteste, goddam ! je proteste, de par tous les diables !

Le magistrat parut réfléchir.

— Vous l'entendez, maître Rigobert ? demanda-t-il ; on affirme que monsieur Laurent, maire de la commune et votre partie adverse, n'a pas eu connaissance de cette procédure ? Aurait-on, en effet, omis les significations ? Ceci changerait singulièrement la thèse ?

— Les significations ont été faites, monsieur, répondit le cavalier qui accompagnait Rigobert, et qui jusqu'à ce moment n'avait pas prononcé une parole ; et la preuve, c'est que je les ai faites moi-même, moi Ignace-Guillaume Galuchet, huissier audiencier ; je me suis rendu au domicile de monsieur Laurent, et j'ai parlé à une personne de sa maison se disant chargée de le représenter, laquelle personne est le monsieur anglais ici présent, comme il pourrait l'attester.

Smithson se troubla.

— Il est vrai, répliqua-t-il, j'ai reçu des mains de cet homme un papier couvert de grimoire et de pattes de mouches, que je n'ai pu déchiffrer... je l'ai mis de côté pour le montrer à monsieur Laurent, si jamais...

— De quoi vous plaignez-vous donc ? Les formalités voulues par la loi ont été remplies, et monsieur Laurent ne peut arguer de son innocence.

Le contre-maître s'exaltait davantage à mesure que les obstacles se multipliaient devant lui.

— Mais monsieur Laurent n'a pu rien savoir ! s'écria-t-il hors de lui ; s'il faut dire la vérité, depuis huit jours, monsieur Laurent est incapable de s'occuper d'affaires, il est malade ; il a une horrible fièvre accompagnée de délire... Aujourd'hui encore, le docteur Merville désespérait de le sauver.

Il se fit un mouvement général parmi les assistans.

— Lui malade, lui atteint de la fièvre ? Cela n'est pas possible ! dit un habitant de Précigny ; nous eussions connu plus tôt cette importante nouvelle.

— Mais il nous a expressément défendu de la propager au dehors, répliqua Smithson, excité par la contradiction ; il savait bien quelle joie il vous causerait à tous ! D'ailleurs, il ne veut pas convenir qu'il est atteint de cette maladie dont il a si longtemps nié l'existence !... C'est là son idée fixe au milieu de ses plus grandes souffrances... Miss Thérèse nous a commandé de respecter même les faiblesses de son père, nous avons obéi, et si vous ne m'y aviez pas forcé, je n'aurais ou garde de rien dire.

A la suite de cette déclaration, une vive fermentation se manifesta dans la foule. Les uns se réjouissaient ouvertement du malheur de leur ennemi ; d'autres, effrayés de cette vengeance céleste qui semblait s'appesantir sur lui, se sentaient disposés à le plaindre. Quant à Alfred, cette nouvelle l'avait plongé dans une sombre consternation.

— Qu'ai-je fait ? murmurait-il en jetant un regard douloureux vers la fabrique ; j'ai manqué à une promesse sacrée, je n'ai pas su attendre... je suis venu attaquer cet homme quand il était incapable de se défendre ! je suis venu le troubler, *elle*, auprès du lit de douleur de son père ! Comme elle doit me trouver lâche ! comme elle doit me haïr !

Cependant cette révélation, si intéressante pour tous les autres assistants, n'avait pu faire perdre de vue au magistrat le but de la discussion. Il examinait Smithson d'un air sévère ;

— En dépit de vos allégations, monsieur, reprit-il gravement, le maire de Précigny aurait pu aisément signer un acte d'opposition contre les prétentions de monsieur Rigobert ; il a bien eu la force de signer le rapport qui a été adressé au chef-lieu, rapport en vertu duquel j'ai été envoyé ici avec un corps de troupes afin de maintenir le bon ordre ! Monsieur Laurent était donc parfaitement en état de s'occuper d'affaires, malgré sa maladie.

Il y avait un piège dans ces paroles ; Smithson, aveuglé par la colère, s'y laissa prendre.

— Mais ce n'est pas lui qui a écrit le rapport, ce n'est pas lui qui l'a signé... c'est moi !

— Vous ? demanda monsieur D... en fronçant le sourcil ; et de quel droit ?

L'Anglais sentit enfin quel parti l'on pouvait tirer contre lui de cet aveu inconsidéré.

— Mais... balbutia-t-il, je pensais... je croyais... Je suis chargé de la signature commerciale...

— Oui, mais vous n'aviez pas qualité pour vous immiscer dans des fonctions publiques, pour apposer une signature au bas d'une pièce émanant de l'autorité civile... Vous vous êtes rendu coupable d'un faux de l'espèce la plus grave...

— Sur ma foi ! messieurs, je soupçonnais quelque chose de pareil, s'écria Rigobert qui n'avait pas perdu un mot de cette conversation ; Laurent, même en bonne santé, se fût bien gardé d'appeler à son aide la force publique ; c'eût été servir les projets de ses adversaires... J'en suis convaincu, ce monsieur Smithson, emporté par sa haine contre les habitants de la commune et contre monsieur de Précigny en particulier, a désobéi aux ordres formels de son maître en réclamant l'intervention de l'autorité.

— Je m'explique maintenant, reprit le magistrat indigné, l'acharnement de cet homme contre les prisonniers ; je m'explique pourquoi il est accouru au-devant de nous avec tant d'empressement, quand nous étions égarés dans des chemins de traverse ; il s'agissait de vengeances personnelles !... Cette haine l'aura mal servi ; mon devoir est tracé, je saurai l'accomplir... Smithson, je vous arrête au nom du roi ! Messieurs de la gendarmerie, emparez-vous de lui !

Avant que le contre-maître eût eu le temps de songer à fuir ou à se défendre, deux gendarmes lui mirent la main au collet. Il se répandait en menaces, en imprécations ; il se réclamait de sa qualité d'Anglais, de « gentleman, » mais on ne l'écoutait pas, et ses furieuses clameurs rendaient ses gardiens encore plus sévères.

Cette arrestation extraordinaire vint distraire la foule de l'émotion causée par la maladie du manufacturier. Les paysans ne pouvaient contenir leur satisfaction en voyant leur persécuteur acharné sous la main de la justice. Ils répondaient à ses protestations par des huées ; les griefs de la foule contre lui étaient trop invétérés pour s'effacer si vite.

Le malencontreux Smithson trouva néanmoins des défenseurs. Au bruit qui se faisait autour de lui, Alfred sortit enfin de ses réflexions ; en apprenant de quoi il s'agissait, il prit à part le magistrat, il lui parla avec chaleur, d'un autre côté, maître Rigobert aimait assez à avoir des amis partout, et à tout hasard il n'était pas fâché de pouvoir se prévaloir auprès de monsieur Laurent d'un service quelconque, si un rapprochement entre eux devenait jamais possible. Il se joignit donc à Alfred pour adresser au magistrat de vives instances. Ils invoquaient en faveur de Smithson sa qualité d'étranger, son ignorance des lois, sa bonne foi apparente; bref, ils finirent par décider le fonctionnaire à relâcher son prisonnier.

— Remerciez les personnes honorables qui se sont intéressées à vous, dit-il d'un ton sévère à l'Anglais, pour cette fois tout a fait dompté; vous êtes libre provisoirement... mais vous aurez à vous présenter devant la justice, le jour où l'instruction de cette affaire de faux sera terminée, et vous en rendrez compte selon la loi... En attendant, prenez soin de ne pas appeler sur vous l'attention par de nouvelles fautes, car vous ne trouveriez plus en moi la même indulgence.

En réponse à cette verte semonce, Smithson balbutia quelques mots d'un air fort humble; puis, se glissant à travers les curieux, il disparut, et on ne le revit plus de la nuit.

Peu d'instans après, les paysans rentraient au village en chantant des chansons joyeuses, en poussant des acclamations en l'honneur de leur jeune chef. A ce bruit, le petit nombre d'habitans restés à Précigny se mettait aux fenêtres; les chaumières s'illuminaient sur le passage du cortége; les malades eux-mêmes se traînaient sur le seuil des portes pour saluer leurs libérateurs. Des soldats qui suivaient en bon ordre donnaient à cette marche un caractère triomphal.

Au milieu de tous ces gens qui le contemplaient avec une admiration frénétique, qui lui adressaient mille bénédictions, le comte de Précigny s'avançait, triste, abattu, les yeux baissés, et il se disait avec désespoir :

— J'ai manqué à ma promesse... j'ai peut-être porté le coup de mort à son père !... pourra-t-elle me pardonner jamais?

XXVI

Le matin qui suivit cette nuit agitée, Alfred de Précigny et le procureur Rigobert se trouvaient réunis dans la principale chambre de la ferme. L'homme de loi avait dormi tranquillement pendant quelques heures, et ce court sommeil avait suffi pour rendre à ses membres toute leur vigueur, à son esprit toute sa vivacité; mais Alfred ne put goûter un instant de repos. Mille idées confuses s'agitaient dans son cerveau; l'image de Thérèse irritée contre lui était toujours présente à sa pensée et il avait passé le reste de la nuit dans une mortelle anxiété. Son hôte et lui étaient assis en face d'une table sur laquelle était servi un repas simple et substantiel. Rigobert se disposait à retourner à la ville, et, en voyageur prudent, il faisait largement honneur au déjeuner. Alfred, au contraire, ne prenait aucune nourriture; c'était avec peine qu'il s'était décidé à avaler quelques gouttes de vin à la santé de son nouvel ami. Plongé dans une sombre torpeur, il répondait tout de travers aux questions du procureur qui s'efforçait vainement de le distraire.

— En vérité, monsieur le comte, dit enfin Rigobert en dégustant à petits coups un verre de ratafia de cerises, je ne comprends pas votre tristesse! tout vous a réussi ; vous devriez être au comble de vos vœux, et cependant je ne vous ai jamais vu si morne et si abattu... N'avez-vous pas rigoureusement tenu vos engagemens envers ces pauvres paysans? l'étang de Précigny n'est-il pas détruit, et sans doute pour toujours? Que vous en a-t-il coûté, rien ou peu de chose. Vous vous attendiez à aller en prison, et à passer en jugement, à subir une peine afflictive, et, à ce prix, vous ne croyiez pas acheter trop cher les avantages dont vous jouissez gratuitement... Vos enne-

mis sont abattus et humiliés ; tous les gens du pays vous adorent, la France entière va admirer votre belle conduite; enfin vous aller probablement rentrer dans la propriété d'un vaste terrain qui triple votre fortune... Sur ma foi! je ne vois pas que vous ayez beaucoup à vous plaindre de la destinée pour le moment du moins!

Et il vida son verre d'un trait.

— Il est vrai répliqua le comte en se soulevant avec effort, Vous ne savez pas vous ne pouvez savoir ce que m'ont coûté les avantages dont vous parlez !

— Et à moi donc! s'écria brusquement Rigobert; ils me coûtent vingt bons mille francs, aussi sûrement... mais ne parlons pas de moi. Avouez une chose mon cher Précigny, continua-t-il en se penchant vers Alfred d'un ton confidentiel, au fond vous n'êtes pas tranquille du côté de Laurent ; vous ne considérez pas l'affaire comme entièrement finie, et vous avez raison.

— En effet, monsieur, je crois... je pense...

— Oh ! si Laurent revient à la santé, sans aucun doute il attaquera toute la procédure dont nous nous sommes étayés assez à propos pour vous tirer des griffes de la justice... Vos droits sur ces terrains ne sont pas des plus clairs, je puis l'avouer entre nous ; sans me vanter, si je n'avais pas été chargé de faire valoir vos prétentions, ou si seulement Laurent n'avait pas été malade, incapable de se défendre, nous n'eussions pas remporté si lestement la victoire ; aussi devons-nous nous attendre, dès que notre adversaire sera sur pied, à un procès des plus compliqués je vous le garantis !

— Un procès ! dit Alfred avec égarement, je n'en veux pas avec lui ! j'ai atteint mon but j'ai dégagé ma promesse envers les anciens protégés de ma famille, je ne suis plus l'ennemi de monsieur Laurent... j'aimerais mieux lui abandonner ce domaine contesté.

— Oui, et il s'empresserait de rétablir cet infernal étang, la fièvre recommencerait ses ravages, et bientôt les choses se trouveraient dans le même état qu'auparavant !... Vous n'y pensez pas, jeune homme... il vous faudra soutenir le procès, le soutenir avec persévérance, et enfin le gagner. — Alfred fit un geste de fatigue et d'ennui. — Oui, oui, je vous entends, répliqua Rigobert se méprenant sur la pensée du comte; pour soutenir un procès contre un gaillard madré comme Laurent, il faut beaucoup d'argent, et votre ferme est déjà fort hypothéquée... Eh bien! ne suis-je pas là, moi! puisque j'ai fourré la main dans ces affaires, un peu malgré moi peut-être, pourquoi ne continuerais-je pas à les diriger? Amour-propre à part, mon cher Précigny, il n'y a dans le pays qu'un chicaneur de force à lutter contre Laurent ; c'est moi, je le dis sans forfanterie. Quant aux avances, je m'en chargerai volontiers si nous en venons là.

— Monsieur, je ne voudrais pas vous imposer des sacrifices...

— Des sacrifices! je ne veux pas m'en imposer non plus! Peste! je perds assez dans la bagarre... Mais écoutez, mon jeune ami, vous êtes si honnête et si franc, qu'il me répugnerait d'agir de ruse avec vous ; je vous dirai donc mes arrière-pensées sans hésiter; le diable se montrera à vous avec ses cornes et son pied fourchu... Vous avez des droits sur des propriétés d'une assez grande valeur ; si vous recouvrez par mon secours ces propriétés, fiez-vous à moi du soin de m'indemniser largement des mes peines et de mes avances... Je suis procureur, c'est tout dire ; vous voilà bien et dûment averti... Si, au contraire, vous étiez évincé, et cela ne sera pas pourvu que j'emploie certains détours de chicane à moi connus, eh bien ! ma foi ! j'aurais la satisfaction de pouvoir appeler une personne honorable en témoignage de mon désintéressement, auquel mes ennemis refusent obstinément de croire... j'aurai fait de la chicane. Ayez donc l'esprit en repos ; quand Laurent nous déclarera la guerre, il trouvera à qui parler, je vous le promets.

— J'apprécie vos bonnes intentions, monsieur, dit Alfred avec reconnaissance ; le moment venu, je pourrai accepter vos offres généreuses, à condition que nous nous bornerons à nous défendre.

— C'est bien entendu. Nous attendrons pour agir que Laurent donne lui-même le signal de l'attaque. Allons ! monsieur de Précigny, vous devez être rassuré maintenant... Prenez donc un visage gai et riant comme il convient à votre âge.

— Excusez-moi, monsieur, répliqua le comte d'un air accablé vous me demandez un effort qui est au-dessus de mes forces... Comment sourire quand on a le cœur déchiré ?

Rigobert hocha la tête.

— Le cœur, le cœur, grommela-t-il, ça ne vaut rien en affaires... Ça fait des sottises.

— Monsieur !

— Je m'étais bien aperçu qu'il y avait un amour en jeu, mais dans l'impossibilité de savoir quelle femme pouvait en être l'objet, j'hésitais à croire... Voyons, mon jeune ami, vous souffrez, contez-moi vos chagrins. J'ai quelques droits à votre confiance ! Dans vos idées je le sais, un cancre de procureur serait la dernière personne que vous croiriez devoir consulter sur ces sortes d'affaires ; cependant pourquoi n'essayeriez-vous pas ?

Alfred baissa les yeux sous le regard perçant de Rigobert, comme si ce regard eût pu pénétrer jusqu'à son âme.

— Monsieur, balbutia-t-il, vous vous trompez, je vous assure...

— Je me trompe... vraiment ? je croirais plutôt que j'ai touché juste... Enfin gardez votre secret, jeune homme ; seulement ne commettez pas d'imprudences ! l'amour est un fort mauvais conseiller... Mais laissons cela, car je vous mets au supplice... Aussi bien il est temps de partir ; je vais retourner à la ville. Souvenez-vous de nos conventions : à la première feuille de papier timbré qui tombera ici, appelez-moi. Cependant, il est probable que ce finassier de Laurent essayera d'abord de vous entraîner à quelque transaction : défiez-vous de lui, il tentera de vous tromper.

Tout en parlant, Rigobert faisait ses préparatifs de départ ; au moment où il allait prendre définitivement congé de son hôte, Catherine, la gouvernante, vint annoncer au maître du logis qu'un *monsieur* arrivait de la fabrique et demandait à lui parler sur-le-champ de la part de monsieur Laurent.

— De la part de monsieur Laurent ! répéta le comte avec étonnement.

— Qu'est-ce que je disais ! s'écria Rigobert triomphant ; Laurent envoie déjà un parlementaire pour proposer un traité de paix... seulement il imprudent ne m'a pas laissé le temps de quitter la ferme ; je suis encore là pour vous mettre en garde contre ces roueries... décidément le pauvre homme baisse, ou tout au moins il est fort bas.

— Je recevrai la personne qui vient en son nom, reprit Alfred avec agitation en faisant signe à Catherine d'introduire l'étranger, je ne puis refuser de le recevoir.

— Oui, oui, certainement, dit Rigobert en déposant sur un meuble son manteau et sa valise ; je retarderai mon départ de quelques instans... Voyons donc le messager et écoutons le message.

Comme il parlait encore, Catherine introduisit Smithson.

L'Anglais était en grande toilette, habit bleu à bouton de métal, pantalon noir et gilet de soie. Son visage était très pâle sous ses cheveux et ses favoris rouges ; derrière ses lunettes d'or, ses yeux fatigués étaient entourés d'un cercle pourpre. Du reste, on voyait dans sa contenance l'intention évidente d'être poli, obséquieux, humble même, par contraste avec sa raideur et son insolence ordinaires.

Alfred et Rigobert ne purent retenir un mouvement de surprise.

— Vous, chez moi, monsieur ? dit le comte sèchement, voilà un événement auquel j'étais loin de m'attendre !

— Certainement, dit Rigobert tout haut en ricanant ; j'accusais à tort ce pauvre Laurent de nous tendre un piège ; il eût choisi un messager plus séduisant.

Smithson n'eût pas l'air de remarquer ce qu'il y avait de désobligeant pour lui dans ces observations. Il salua fort bas.

— Oui, oui, c'est moi, messieurs, balbutia-t-il avec embarras, je viens vous remercier l'un et l'autre de m'avoir tiré, la nuit dernière, des mains de votre constable... Vous vous êtes conduits en honorables gentlemen, je l'avoue, et je suis grandement reconnaissant.

— Nous vous eussions grandement fait grâce de votre reconnaissance et de vos remercîmens, monsieur ! dit Alfred avec hauteur ; mais-êtes vous réellement chargé d'un message pour moi ?

— Un message, oui ! répliqua l'Anglais dans son jargon, avec force grimaces et sourires : mais je suis venu librement, je suis venu pour mon plaisir, afin de remercier *lord* Précigny de ses bons procédés.

— Eh bien ! quel est ce message, monsieur ?

— Voici : Monsieur Laurent est toujours bien malade ; il désire vous voir à l'instant même à la fabrique pour causer de vos affaires particulières. Il vous prie instamment de venir tout de suite, et, si vous voulez m'accorder l'honneur de votre compagnie...

Alfred regarda Rigobert.

— Je ne crois à rien de bon apporté par cet Englishman, dit le procureur à demi-voix ; je n'aime pas cette transformation subite : le coquin vous a un air sournois... Eh bien ! monsieur Smithson, demanda-t-il tout haut, monsieur Laurent ne va donc pas mieux?

— Son état est fort grave, monsieur ; on le dit, du moins... Monsieur Laurent, en apprenant les événemens de la nuit dernière, s'est mis fort en colère contre moi, et il refuse de me voir : mais le docteur Merville m'a donné de ses nouvelles. Miss Thérèse a eu ce matin une longue conférence avec son père ; à la suite de cette conversation, elle cherchait quelqu'un pour vous envoyer chercher ; je me suis offert à venir... Elle refusait d'abord ; elle paraissait surprise et embarrassée de mon insistance, mais j'ai fini par lui faire comprendre que je désirais vivement me concilier les bonnes grâces de lord Précigny, et elle n'a pu résister à mes sollicitations.

Rigobert examinait Smithson avec attention.

— Ma foi ! dit-il bas au comte, il n'y a peut-être dans tout ceci rien que de très naturel... Laurent, se voyant malade et sentant la chance tourner décidément contre lui, commence à mettre de l'eau dans son vin, il veut vous amadouer par de bonnes paroles... du moins on peut le supposer à la platitude de ce coquin d'Anglais, si brutal hier encore.

Mais Alfred avait été frappé d'une circonstance dans les explications de Smithson.

— C'est donc mademoiselle Thérèse qui vous a chargé de venir me chercher ? demanda-t-il avec intérêt.

— Oui, oui, c'est elle... certainement.

— Que ne le disiez-vous d'abord ! s'écria le jeune homme impétueusement ; si cela est vrai, soyez le bienvenu chez moi, monsieur... ne vous a-t-elle chargé d'aucune recommandation particulière ? ne vous a-t-elle donné aucun signe ?

— Attendez, reprit l'Anglais avec un grand flegme, elle m'a, en effet remis un billet pour vous... le voici !

Alfred fit un bond d'impatience et il fut sur le point de se laisser emporter à un nouvel accès de colère contre Smithson; qui, tout occupé de ses projets de réconciliation, avait oublié cette partie importante de sa commission. Il s'empara du papier et rompit le cachet d'une main tremblante.

Le billet contenait seulement ces mots :

« Mon père désire vous voir ; il vous attend, Venez, je vous en prie.

» THÉRÈSE. »

Une vive rougeur colora les joues pâles d'Alfred.

— Je vous suis, monsieur, dit-il avec agitation ; je vais me rendre aux ordres de monsieur Laurent... Partons, partons de suite... Nous avons perdu un temps précieux... Que ne m'avez-vous montré plus tôt le billet de Thérèse !... Partons !

En même temps il avait saisi son chapeau, et il voulait entraîner Smithson. Celui-ci le regardait d'un air effaré ; Rigobert, non moins surpris, se leva à son tour :

— Un moment, monsieur de Précigny, un moment donc ! reprit-il ; défiez-vous toujours d'un premier mouvement... Y-a-t-il de l'indiscrétion à vous demander ce que contient ce billet !

— C'est elle, c'est Thérèse qui m'appelle ! répliqua le comte avec un peu d'égarement ; je ne puis différer une minute de me rendre à son invitation... Je vais enfin connaître mon sort.

Un étonnement comique se peignit sur les traits de Rigobert !

— Ah c'est comme ça ! dit-il brusquement ; à tous les diables mes conseils ! je suis un âne bâté de ne m'être pas aperçus plus tôt de la vérité... Comment c'est mademoiselle Laurent qui... Pardieu ! je pourrais bien prêcher, maintenant, je prêcherais dans le désert... Tout est perdu !

— Je ne prendrai personnne pour juge de mes sentiments, répliqua le comte avec dignité, mais sans colère ; excusez-moi monsieur Rigobert, il m'est impossible de rester ici davantage, recevez mes adieux... et vous, monsieur, hâtons-nous de nous rendre à la fabrique ; je vous en prie, ne me faites pas languir, mon bon monsieur Smithson.

Et, dans son trouble, il serrait la main du contre-maître.

XXVII

La matinée était pluvieuse, une averse abondante venait d'inonder la campagne. En quittant la ferme, Alfred de Précigny marchait de toute sa vitesse ; mais les flaques d'eau qu'il rencontrait à chaque instant le forcèrent bientôt de ralentir sa course, et Smithson qui avait quelque peine à le suivre, profita de cette occasion pour le rejoindre. D'ailleurs, la destruction récente de la chaussée ne permettait pas de prendre le chemin ordinaire pour se rendre à la fabrique ; malgré son impatience, le comte dut se laisser guider par son compagnon, qui avait pu, en venant à la ferme, reconnaître la voie la plus directe et la plus praticable.

Pendant qu'ils s'avançaient ainsi côte à côte, et presque à travers champs, le contre-maître, désireux d'achever de capter les bonnes grâces de son ancien ennemi, lui adressait une foule de complimens et de politesses. Alfred, absorbé dans ses réflexions secrètes, répondait seulement par monosyllabes ; cette voix qui bourdonnait sans cesse à son oreille n'avait pas le pouvoir d'éveiller sérieusement son attention. Cependant, ses interjections insignifiantes étaient interprétées par Smithson, dans le sens le plus favorable à ses désirs ; l'Anglais, à mesure qu'il s'importunait de ses bavardages son compagnon de route, croyait le concilier plus vivement sa sympathie.

Il arrivèrent ainsi, après avoir fait un détour pour éviter le village de Précigny, à un espace nu et découvert, d'où l'on dominait tous les alentours. La disparition de l'étang avait donné un caractère nouveau au paysage. A la place de cette immense plaine d'eau si imposante et si calme, qui s'étendait à perte de vue, formant là de jolies baies remplies de roseaux, là des presqu'îles et des promontoires, on voyait une vallée boueuse, ravagée, squalide, traversée par un ruisseau maigre et terreux. La chaussée, si majestueuse lorsqu'elle élevait ses eaux à son niveau, présentait l'aspect d'une haute muraille noire, éventrée par le milieu, hérissée de débris. Le vallon, situé derrière, offrait un tableau plus lugubre encore ; ce n'était partout que crevasses, amas d'herbes et de vase déposés par le torrent, matériaux et briques jetés en désordre sur le gazon souillé. Les bâtimens de la manufacture avaient eux-mêmes un air de tristesse et de désolation, au milieu de cet affreux bouleversement. Tout s'était rembruni ; tout paraissait abandonné, désert, silencieux. Le ciel, bas et nuageux, en diminuant l'étendue du coup d'œil et en le restreignant aux bornes d'un étroit horizon, ajoutait encore à sa tristesse.

Alfred s'arrêta brusquement ; un douloureux étonnement se peignit sur ses traits, comme si cette scène eût été inattendue pour lui. Il promena longtemps son regard sur ces terribles dévastations et son cœur se serra ; il s'effrayait de son propre ouvrage.

Cependant cette première impression dura peu. En jetant les yeux sur l'ancien lit de l'étang, le comte aperçut une foule de gens qui travaillaient avec ardeur ; c'étaient les habitans de Précigny et des communes voisines. Craignant une recrudescence de l'épidémie, si le soleil venait à chauffer la vase et le limon abandonnés par les eaux, ils s'occupaient, armés de bêches et de pelles, à déblayer le sol de ces dépôts dangereux. Ils les poussaient dans le ruisseau, dont le courant devait les emporter au loin, à travers la brèche de la jetée ; la pluie, récemment tombée, semblait rendre la tâche prompte et facile.

Cette circonstance, en témoignant de la prévoyance des pauvres campagnards, rappelait à Alfred les malheurs dont ce fatal étang avait été la cause ; elle donna une nouvelle direction à ses idées.

— L'humanité le voulait, murmura-t-il ; Thérèse seule a le droit de se plaindre !

Il soupira et voulut se remettre en route. Smithson, qui l'observait depuis un moment, lui dit d'un ton léger, en désignant la chaussée à demi démolie :

— Vous contemplez votre ouvrage, mon cher lord ? Goddam ! vous n'y allez pas de main morte, vous et vos amis ! Eh bien ! voyez... quoique cette brèche soit bien large, je ne demanderais que deux mois et quelques bons ouvriers anglais pour réparer la chaussée, pour la rendre plus belle, plus solide que jamais.

Il parlait avec assurance : Alfred n'eut pas la pensée de prendre cette assertion pour une forfanterie.

— Et croyez-vous, monsieur, demanda-t-il d'un ton d'intérêt, que monsieur Laurent aurait en effet l'intention de relever ces ruines ?

— Je l'ignore, milord ; je n'ai eu aucune explication avec lui à ce sujet. Cependant, à mon avis, vos prétentions nouvelles sur les terrains que recouvrait l'étang devraient bien lui donner à penser... Ah ! si monsieur Laurent voulait être pour moi ce qu'il était autrefois, et m'accorder la récompense qui m'est due, je me ferais fort de mettre l'usine en activité sans exciter les réclamations de personne !

— Et quel moyen emploieriez-vous ? monsieur, demanda le comte distraitement.

— Ce n'est pas un mystère... A la chute d'eau je substituerais une machine à vapeur.

— Mais ne vous ai-je pas entendu dire, en présence de monsieur Laurent, que l'emploi de cette force motrice élèverait trop haut votre prix de fabrication ?

— J'ai étudié la question sous une nouvelle face, répondit Smithson en rougissant un peu ; j'ai établi mes calculs plus rigoureusement ; d'ailleurs, depuis quelques mois, la science des machines à vapeur a fait de merveilleux progrès... Enfin je suis parvenu à ce résultat, que le prix de revient de nos produits manufacturés ne monterait pas à plus de quinze pour cent au-dessus du prix actuel ; or, comme les bénéfices moyens sont de trente il, resterait toujours quinze qui ne vont au fabricant... on peut encore opérer avec de pareils profits.

— Et c'est le lendemain d'une déplorable catastrophe que vous avez fait cette découverte ? dit Alfred contenant à peine son indignation ; vous l'avouerez, monsieur, le hasard est singulier! Quelques jours plus tôt, vous eussiez pu empêcher de grands malheurs?

— Il vaut mieux tard que jamais, répliqua Smithson avec un sourire forcé ; autrefois, peut-être monsieur Laurent n'eût-il pas été disposé comme aujourd'hui à réduire le chiffre de ses bénéfices... Pour moi, si j'étais maître de cette magnifique usine, continua-t-il en s'animant et en jetant un regard avide sur la fabrique, je n'hésiterais pas un instant à m'imposer ces sacrifices ; je couperais court à ces plaintes continuelles, je formerais ici un établissement modèle qui répandrait dans tout le pays l'abondance et le bien-être.

— C'est une belle et noble pensée, monsieur, dit Alfred avec gravité ; je ne suis pas l'ennemi de l'industrie ; je hais seulement l'égoïsme et la cupidité qui peuvent la déshonorer !... Que monsieur Laurent, par vos conseils, substitue la vapeur à ce lac empesté dont nous avons fait justice, et je serai le premier à l'admirer ; j'applaudirai le premier à ses succès !

Ils s'étaient remis en marche. Comme nous l'avons dit, le passage sur la chaussée était impraticable ; il fallait descendre un peu plus bas, afin de traverser un pont provisoire jeté sur le ruisseau. Smithson s'empara du bras du comte, familiarité que les difficultés du chemin sur ce sol humide et glissant rendaient excusable. Alfred s'en aperçut à peine ; il était retombé dans ses méditations, et il oubliait complètement son compagnon de voyage. L'Anglais, au contraire, poursuivait avec une constante attention un but encore mystérieux.

— Oui, monsieur, continua-t-il d'un ton patelin en reprenant la conversation : si j'étais maître de la fabrique, je n'aurais en vue que le bonheur des gens de ce pays... Malheureusement, monsieur Laurent sera incapable de comprendre ces idées de longtemps encore, et puis, s'il venait à succomber à cette fièvre maligne, peut-être son successeur ne serait-il pas disposé à les écouter ?

— Croyez-vous donc monsieur Laurent en danger de mort ?

— Cela ne serait pas impossible ; je ne vous ai pas dit toute la vérité en présence du procureur Rigobert, car le patron met un amour-propre extrême à dissimuler la gravité de son mal... peut-être dans quelques heures monsieur Laurent n'existera-t-il plus !... Son désespoir, en mourant, sera de ne pouvoir cacher sa mort comme il a caché sa maladie.

Et l'Anglais, avec une sécheresse de cœur impardonnable envers son bienfaiteur, sourit de sa plaisanterie.

Mais Alfred ne remarqua pas cette gaieté intempestive ; l'aveu de Smithson lui montrait les événemens sous un jour nouveau ; son imagination ardente lui représentait déjà les conséquences possibles pour Thérèse de la mort du manufacturier. Pendant qu'il s'enfonçait dans un abîme de réflexions souvent incohérentes, le contre-maître ne perdait pas de vue son objet.

— Il serait facile, reprit-il tranquillement, de prévenir les maux qui résulteraient de cette mort pour miss Laurent, pour vous, pour tous les gens du pays, et si vous vouliez m'aider.

— Que faudrait-il faire ?

— Il faudrait décider miss Thérèse à m'épouser sur-le-champ.

Alfred tressaillit et dégagea son bras par un mouvement rapide. Il était devenu rouge, ses yeux flamboyaient ; il fut sur le point de lever la main encore une fois sur le grossier contre-maître. Mais il n'avait déjà plus cette témérité aveugle qui, peu de mois auparavant, l'avait jeté dans de si grands embarras : le premier mouvement passé, il se contenta de dire avec ironie :

— Au fait... c'est juste !... n'êtes-vous pas son fiancé, vous ? vous !...

Smithson, d'abord déconcerté par ce mouvement brusque, se rassura aussitôt.

— Son fiancé ! répliqua-t-il ; oui, je le suis, et vous savez dans quelles circonstances j'ai obtenu ce titre. Vous

utes alors bien coupable envers moi, milord, et peut-être devriez-vous profiter de cette occasion pour réparer vos torts.

— Que puis-je faire ? demanda le comte avec une sombre impatience ; quel crédit puis-je avoir auprès de monsieur Laurent, auprès de sa fille ?

— Votre crédit est plus grand que vous ne pensez ; j'ai souvent remarqué que monsieur Laurent avait conservé pour vous une sorte de respect ; il ne vous a jamais personnellement attaqué, bien que vous lui ayez fait tout le mal possible. La nuit dernière encore, au milieu même des souffrances de sa maladie, il est entré dans une colère terrible en apprenant que j'avais mandé les constables et les soldats pour vous arrêter, vous et vos complices... D'ailleurs, en raison de la trahison de Rigobert, il a grand intérêt à vous ménager, soit pour lui, soit pour sa fille ; j'ai dans l'idée qu'il vous a mandé pour vous proposer un arrangement amiable. Il y a eu ce matin de longs pourparlers entre lui et miss Thérèse ; d'une pièce voisine, j'ai entendu plusieurs fois prononcer votre nom... J'ai senti alors que vous pouviez m'être d'un salutaire appui... Notre réconciliation, milord, a été sincère des deux parts, je l'espère ; aussi je viens vous offrir avec confiance de nous soutenir mutuellement dans nos projets. Je sais le but de vos désirs ; vous ne voulez pas que jamais, et sous aucun prétexte, on puisse rétablir l'étang de Précigny ; si je deviens le mari de miss Thérèse, je m'engagerai de la manière la plus solennelle à ne le rétablir jamais.

Ce projet de mariage, qui témoignait d'une ignorance complète de nos mœurs et de nos idées, inspira plus de pitié encore que d'indignation à Alfred de Précigny.

— Les mariages ne s'improvisent pas ainsi en France, monsieur Smithson.

— En France comme en Angleterre, rien ne doit être impossible avec de l'argent ; et si miss Thérèse tenait à remplir sa parole, il y trouverais moyen d'aplanir les difficultés.

— Monsieur, murmura le comte d'une voix sourde, oubliez-vous donc que Thérèse elle-même... la mort...

Il ne put achever et baissa la tête pour cacher ses larmes.

— Ah ! vous connaissez cette circonstance ? dit Smithson souriant ; oh bien ! c'est là justement ce qui prouve la nécessité de se hâter... Miss Thérèse est malade, elle est dans un état désespéré, dont toutefois son père n'a pas soupçon ; si elle venait à mourir aussi, Dieu sait ce qui arriverait de vous et de la fabrique... Oui, je le répète, ce mariage arrangerait tout, concilierait tout, vos intérêts comme les miens... Faites-en des ouvertures à Laurent, dans l'explication que vous allez sans doute avoir avec lui ; il a trop de bon sens pour ne pas comprendre l'avantage de donner, avant sa mort, un protecteur à sa fille, un maître capable à son usine... Ces arrangemens pris, lui et Thérèse pourraient s'en aller quand ils le voudraient ; il n'y aurait plus aucun inconvénient ni pour vous, ni pour moi, ni pour le pays.

Rien ne saurait peindre la fureur d'Alfred en entendant développer ces plans égoïstes.

L'Anglais ne semblait pas se douter le moins du monde de l'odieux de ses paroles ; il s'exprimait avec un cynisme révoltant dans sa naïveté. Précigny, le cœur déchiré à la pensée de perdre Thérèse, n'aurait donc pu écouter davantage sans éclater ces ignobles calculs, lorsqu'un incident particulier vint attirer son attention et celle de Smithson.

Ils étaient arrivés à l'extrémité de la vallée, à l'endroit où avait été établi un pont volant sur le ruisseau. Ce pont consistait en quelques planches raboteuses, disposées transversalement sur deux énormes pierres ; il était si étroit qu'on était obligé, pour le franchir, de prendre certaines précautions. Or, au moment où Alfred et le contre-maître atteignirent ce lieu, ils aperçurent sur le pont trois ou quatre hommes de mauvaise mine, bizarrement vêtus, et portant chacun un petit paquet au bout d'un bâton de voyage, qui les regardaient comme s'ils eussent voulu leur disputer le passage. Ces individus étaient des Anglais renvoyés le matin même de la fabrique en raison de l'interruption des travaux. Parmi eux se trouvait le farouche Tom, ce teinturier qui s'était montré si violent et si emporté lors de l'émeute de la manufacture.

A la vue de ces gens, Alfred, craignant quelque insulte, commença à regretter de ne pas s'être pourvu d'une arme; Smithson lui-même pâlit; évidemment son influence sur ses compatriotes devait être nulle, cette fois, soit pour défendre son compagnon, soit pour se défendre lui-même.

XXVIII

Tom, debout à la tête du pont, redressait sa taille colossale et regardait les survenans d'un air farouche. Smithson se rapprocha encore davantage de Précigny, en apparence pour le protéger, peut-être pour obtenir de lui protection, le cas échéant. Puis, affectant un air riant et dégagé, il dit en français à son compatriote :

— Est-ce vous, Tom? et que diable faites-vous là, avec ces braves garçons, à barrer le passage aux promeneurs? Vous n'avez, je l'espère, aucune mauvaise intention contre mon ami, milord Précigny, ici présent ?... La paix est conclue entre nous, et il a hâte de se rendre à la fabrique, où il est attendu.

— Votre ami ! répliqua Tom avec ironie. Entendez-vous, enfans, ajouta-t-il en se tournant vers ses compagnons, il appelle ce Français son ami ? — Les autres sourirent avec mépris. — Ce n'est pas à milord Précigny que nous avons affaire, reprit l'orateur d'un ton sombre; il est libre d'aller où il voudra... C'est un honorable gentleman, lui ! il aime le pauvre, il protège les malheureux, il venge courageusement ses injures, il honore son pays... Non, c'est vous, Jack Smithson, de Manchester, c'est vous que nous attendions ici !

Le contre-maître semblait fort mal à son aise : la sueur commençait à couler de son front. Cependant il s'efforça de cacher son trouble :

— A moi, mes chers garçons? demanda-t-il; eh! que pouviez-vous avoir à me dire ?... mais je devine ; malgré mes instances, vous vous êtes décidés à quitter la fabrique; vainement je vous ai prié d'attendre encore deux ou trois jours, car il peut survenir d'un moment à l'autre des événemens... Enfin vous partez, et vous avez voulu sans doute me faire vos adieux?

— Nos adieux... oui, répliqua Tom avec une expression sévère, et décharger en même temps notre conscience... Nous ne sommes plus vous vos ordres ; notre langue n'est plus liée. Avant de vous quitter pour toujours, nous avons voulu vous dire ce que nous avions sur le cœur... Jack Smithson, vous nous avez déshonorés tous en vous déshonorant vous-même... Vous êtes indigne d'être un enfant de la Grande-Bretagne, parce que vous êtes un lâche !

En recevant cette poignante injure, Smithson devint blême et grinça des dents.

— Tom, dit-il avec un accent irrité, vous n'avez pas le droit de me faire un pareil outrage ; ni Williams, ni Davis ne vous ont autorisé.

— Tom a parlé pour nous, s'écrièrent les autres unanimement.

— Mes amis, mes camarades, mes sentimens n'ont pas cessé d'être ceux d'un bon Anglais ; quelle est donc la cause de cette colère ?... n'ai-je pas toujours été bienveillant pour vous ? ne vous ai-je pas toujours protégé contre les Français ?

Tom leva son grand bras pour ordonner le silence.

— Ecoutez, Jack Smithson, dit-il avec solennité, nous ne sommes que de pauvres ouvriers, nous n'avons pas, comme vous, les manières et le langage des gentlemen ; cependant aucun de nous n'a approuvé votre conduite, lorsque l'on vous a fait une de ces injures qu'un homme de cœur ne saurait supporter sans en tirer vengeance ! D'abord vous nous avez laissé espérer que vous obtiendriez une prompte réparation de cette tache imprimée à notre honneur comme au vôtre, et vous nous avez décidés à prendre patience ; vous n'avez pas tenu votre parole ; en ce moment même, vous appelez votre ami celui qui vous a si cruellement offensé... par intérêt, par ambition, vous acceptez paisiblement la honte... Nous vous déclarons donc que vous ne méritez plus d'être Anglais, ce sera toutefois notre vengeance, et remerciez Dieu qu'elle ne soit pas plus sévère, car nous voulions vous tuer... J'ai connu, j'ai aimé votre père, c'est lui qui vous sauve la vie !

Smithson avait écouté d'un air atterré cette âpre harangue, il avait rougi et pâli tour à tour ; cependant il essaya de prendre encore le ton de la plaisanterie :

— Sur ma parole! maître Tom, reprit-il, vous avez toujours été un peu puritain, et vous eussiez fait un prédicateur fort convenable dans quelque paroisse du comté de Lincoln, n'eût été votre taille assez peu canonique... Mais, voyons, un homme sera-t-il vraiment déshonoré parce qu'un autre, dans un moment de vivacité, l'aura frappé au visage? où en serions-nous, goddam! si, dans nos villes manufacturières, il fallait, à chaque accident de ce genre, répandre du sang ?... Monsieur le comte de Précigny est fâché de son action ; cela doit me suffire.

Alfred avait écouté jusque-là d'un air impatient cette conversation ; mais la générosité de son caractère et le sentiment secret de ses torts le portèrent à venir en aide à Smithson.

— Messieurs, dit-il avec dignité en s'adressant aux Anglais, si votre colère tient au malheureux événement que vous venez de rappeler, je déclare volontiers en votre présence que je regrette avec sincérité l'emportement auquel je me suis laissé entraîner envers votre compatriote Smithson.

Cette déclaration spontanée parut produire une certaine impression sur les ouvriers.

— L'entendez-vous? s'écria le contre-maître avec joie ; m'est-il possible de garder rancune à une honorable personne qui reconnaît ses torts avec tant de loyauté ?... Allons, mes garçons, laissons ces puérilités à des fiers-à-bras de militaires ; agissons en hommes sensés... Convenez-en, votre susceptibilité s'est éveillée mal à propos, et vous avez été trop loin à l'égard d'un ami. Les autres échangèrent encore un regard ; ils s'entendirent sans se parler.

— Non, reprit Tom qui, malgré son extérieur fruste, avait en ce moment la majesté d'un juge; le témoignage du jeune lord ne saurait suffire pour effacer une pareille injure... Jack Smithson, ne cherchez pas à nous tromper, à vous tromper vous-même avec de beaux raisonnemens et de belles paroles. Pour qu'un brave Anglais puisse vous donner la main et vous appeler son ami, votre joue doit avoir été lavée avec du sang... avec le vôtre ou avec celui d'un autre... Adieu !

— Adieu, Smithson, répétèrent ses camarades d'une voix sourde, en laissant enfin libre le passage du pont.

Le contre-maître essaya encore de les arrêter :

— Mes amis, écoutez-moi s'écria-t-il avec force, et cette fois dans une langue nationale ; cette injure que vous me reprochez d'avoir oubliée, elle est toujours présente à ma mémoire... je me vengerai, je vous le jure, et ma vengeance sera terrible... mais attendez encore ; je suis forcé de ménager le comte de Précigny ; j'ai besoin de son appui auprès de monsieur Laurent et de miss Thérèse. Ayez seulement un peu de patience ; je vais épouser la jeune fille, je vais être seul chef de la fabrique... Tom, tu seras contre-maître général à ma place, je te le promets... Williams, tu auras la surveillance des machines ; Dick Davis, mon ancien camarade de Birmingham, je t'assure.

— Laissez-nous, interrompit Tom avec un geste imposant, et ne cherchez pas à nous tenter... Nous n'avons plus rien de commun avec vous. Soyez heureux et puissant si vous pouvez; mais on dit que la honte porte malheur; prenez garde!

Et tous ensemble s'éloignèrent d'un pas grave, leurs paquets sur l'épaule, sans retourner la tête.

Smithson était resté comme frappé de la foudre.

— Vous voyez ce que vous me valez, dit-il au comte avec un accent amer; mes compatriotes eux-mêmes me repoussent et me renient... Maintenant, ajouta-t-il en frappant du pied et en serrant les poings, je vais réclamer la parole qui m'a été donnée, je vais exiger la récompense que j'ai achetée au prix de tant d'humiliations! Oui, j'épouserai cette jeune fille capricieuse, ou sinon... malheur aux autres et à moi-même!

Alfred répondit par un regard où le mépris se mêlait à la pitié; puis, traversant le pont en silence, il se dirigea de nouveau vers la manufacture.

Après quelques minutes de marche, Smithson parvint à dominer assez ses sentiments pour parler avec légèreté de cette rencontre. Alfred ne l'écoutait plus; si près de Thérèse, ses pensées se reportaient exclusivement sur elle. Le contre-maître lui-même cessa bientôt d'affecter une indifférence qu'il n'éprouvait pas, et tous les deux, graves et pensifs, arrivèrent enfin à la fabrique.

Ils pénétrèrent librement dans cette vaste cour, autour de laquelle s'élevaient les principaux corps de logis. Le plus profond silence régnait dans ce lieu si plein autrefois d'animation et de bruit; personne autour des lavoirs taris, personne dans les ateliers; les machines compliquées que devait mettre en mouvement la gigantesque roue à aubes étaient immobiles comme elle; plus de chant joyeux se mêlant aux grincements des navettes sur les métiers; plus d'enfans folâtres jouant furtivement sur le gazon loin du regard des chefs d'atelier. La bruyante population industrielle avait disparu; la ruche était vide, la fourmilière était abandonnée. Portes et fenêtres restaient ouvertes; le regard pouvait plonger dans ces longues galeries mornes et déjà poudreuses. Partout la désolation, partout le calme de la tombe.

Détournant les yeux de ce sinistre tableau, Alfred s'empressa de traverser la cour pour atteindre le pavillon habité par Thérèse et par monsieur Laurent. Les fleurs qui autrefois ornaient le perron étaient desséchées et flétries dans leurs vases de fonte, comme si elles eussent suivi le sort commun des habitans de cette demeure réprouvée.

Au bout d'un instant, Alfred se trouva devant cet élégant petit salon où il avait vu la fille du manufacturier pour la première fois. Au moment d'entrer, il sentait son cœur battre à briser sa poitrine; ses jambes se dérobaient sous lui; il avait le vertige. Sans remarquer son trouble, Smithson frappa un léger coup à la porte, puis il introduisit son compagnon dans cette jolie pièce, commune à l'appartement de Thérèse et à celui de son père.

Thérèse là, avec le docteur Merville, qui s'occupait à mélanger les drogues d'un air soucieux; pour elle, en entendant venir les étrangers, elle s'était levée vivement de la bergère où elle était assise. Un peignoir de laine blanche cachait, sous de longs plis flottans, son apparence frêle et maladive. Sa pâleur était toujours la même qu'autrefois, mais sa faiblesse et sa langueur étaient plus grandes. Cependant ce sourire mélancolique qui lui était habituel errait encore sur ses lèvres, après tant de souffrances.

Quand Alfred parut, elle lui tendit la main et lui dit, avec sa grâce irrésistible :

— Merci d'être venu, monsieur le comte, il est généreux au vainqueur de se rendre à l'invitation des vaincus... J'eusse désiré, continua-t-elle en jetant un regard sur Smithson, vous envoyer un messager avec lequel vous n'eussiez pas eu déjà querelle; mais ici nous sommes abandonnés de tous, comme les malheureux; je n'étais pas maîtresse de choisir.

— Mademoiselle, répliqua le contre-maître avec empressement, je ne me repens pas de vous avoir presque forcée à me confier ce message... J'ai eu le bonheur de me réconcilier pleinement avec milord Précigny... Il m'a déjà donné des preuves de son amitié, et...

Il s'arrêta brusquement. L'émotion d'Alfred en revoyant Thérèse n'avait pu être contenue. Le comte avait saisi avec passion cette main effilée et diaphane qu'on lui tendait; il la couvrait de baisers et de larmes en murmurant d'une voix entrecoupée de sanglots :

— Thérèse!.. Thérèse!.. ma chère Thérèse!

La jeune fille ne s'irrita pas de ses transports.

— Calmez-vous, Alfred, dit-elle avec cette sérénité qui ne la quittait jamais; souvenez-vous de nos conventions lors de notre dernière et triste entrevue... Soyez homme pour supporter les maux passés et ceux que le ciel vous réserve encore peut-être.

Aux accens de cette voix plaintive, le comte releva la tête :

— Vous ne m'en voulez donc pas! murmura-t-il; chère et bonne Thérèse, vous ne me haïssez donc pas, moi l'auteur de tous vos maux? Vous ne m'avez pas maudit d'avoir manqué de patience, d'être venu troubler du bruit d'une émeute votre père malade, incapable de se défendre?

— De quoi me plaindrais-je? dit la jeune fille en soupirant; vous n'avez pas outrepassé votre droit rigoureux... Je n'avais rien obtenu de mon père; atteint lui-même de cette affreuse épidémie, il refusait encore de s'humilier, de reconnaître la main qui le frappait! En sauvant les autres, vous pouviez le sauver lui-même; je vous ai laissé accomplir votre terrible mission... Alfred, je n'ai aucun reproche à vous adresser.

Une légère toux, qu'elle chercha à comprimer dans son mouchoir de batiste, l'interrompit un moment. Merville s'approcha d'elle d'un air inquiet :

— Mademoiselle, dit-il à demi-voix, vous vous échauffez en parlant et vous restez debout, deux choses que je vous ai expressément recommandé d'éviter... Si vous ne tenez plus compte de mes prescriptions, il deviendra impossible de cacher votre état à votre père avant le moment de la crise que nous attendons.

— Oui, oui, mon bon docteur, je vous obéis... je vais m'asseoir, répliqua Thérèse avec docilité. Elle retira son mouchoir de sa bouche, mais pas assez vite pour qu'Alfred n'eût pu le voir taché de sang. Alors, s'appuyant sur le bras du jeune homme, elle regagna sa place, et se laissa tomber sur son ample fauteuil comme épuisée. — Croyez-vous qu'il m'ait entendue tousser? demanda-t-elle à Merville avec inquiétude, en désignant une porte latérale qui donnait dans le salon de son père.

Le docteur alla écouter un moment.

— Je ne le pense pas; il cause encore avec le curé de Précigny... mais de grâce, observez-vous bien; cette découverte en ce moment pourrait lui être fatale.

— Oui, oui, docteur, je vous le promets.

Le comte était resté debout en face de Thérèse; il ne comprenait que trop de quoi il s'agissait entre mademoiselle Laurent et le docteur, cette faiblesse, cette toux qu'elle s'efforçait de dissimuler, ne laissaient plus de place à l'illusion... Alfred éprouvait d'horribles déchiremens intérieurs; il détournait les yeux, mais un charme irrésistible les reportait toujours sur cette belle et touchante enfant, victime désignée de la mort.

Thérèse reprit avec une joie naïve, en regardant le comte :

— Les ennemis de mon père l'accusaient de manquer de religion... c'est pourtant lui qui a demandé le premier l'assistance d'un prêtre... notre bon curé est en ce moment près de lui.

— Monsieur Laurent est-il donc si près de sa fin? balbutia Alfred d'une voix étouffée.

— Ami, ne sommes-nous pas tous mortels? — répondit Thérèse avec un accent indéfinissable qui donnait à une simple banalité une portée effrayante. En ce moment, la porte s'ouvrit, et le vieux curé de Précigny sortit de la chambre du malade. — Eh bien ! demanda Thérèse.

— Je l'ai laissé résigné aux desseins de la Providence, dit le prêtre avec gravité ; il a fait sa paix avec le ciel ; puisse-t-il la faire aussi avec les hommes !... Je l'ai trouvé docile et soumis, excepté sur un point, où « le vieil homme » n'a pu être complétement vaincu ; mais Dieu lui pardonnera un grain d'orgueil terrestre en faveur de son repentir... Allez le trouver, ma fille, il vous attend ; il vous attend aussi, monsieur le comte ; pour moi, ma tâche est finie.

Il salua et quitta la chambre. Thérèse saisit la main de Précigny :

— Alfred, lui dit-elle à voix basse, vous allez voir mon père, et peut-être reconnaîtrez-vous enfin qu'il ne méritait pas les calomnies dont on l'a chargé. Mais, avant tout, j'exige de vous une promesse... étrange, surprenante. Je vous supplie, quoi que vous pensiez, de ne rien dire pour détruire les illusions de mon pauvre père à son dernier moment... Me le promettez-vous ?

— Thérèse, murmura le comte, toutes mes pensées, toutes mes volontés ne sont-elles pas à vous ?

La jeune fille le remercia du geste, elle se redressa, arrangea ses cheveux, puis prenant des allures lestes et décidées pour dissimuler ses souffrances ;

— Venez, ami, dit-elle, le temps presse.

Elle l'entraîna vers la chambre du malade. Au moment où Alfred allait en franchir le seuil, Smithson courut à lui et lui dit à voix basse :

— Parlez pour moi... j'ai mis mis tout mon espoir en vous !

Alfred ne répondit pas et il suivit Thérèse.

XXIX

La chambre de monsieur Laurent était silencieuse et sombre ; d'épais tapis amortissaient le bruit des pas ; des rideaux de couleur foncée, étendus devant les fenêtres, n'y faisaient pénétrer qu'un jour insuffisant. Le manufacturier, enveloppé d'une longue robe de chambre, était à demi couché sur un lit de repos. Il eût été méconnaissable pour Alfred, qui peu de jours auparavant l'avait vu rayonnant d'orgueil et de santé au milieu de la fabrique. Sa tête chauve s'appuyait languissamment sur un oreiller ; son visage était hâve et plombé ; ses yeux cernés s'enfonçaient dans leurs orbites ; des rides profondes sillonnaient ses tempes et son front jaune. A sa maigreur, à son immobilité, on l'eût déjà pris pour un cadavre.

Quand sa fille et Alfred entrèrent en se tenant par la main, il voulut se soulever, mais sa tête retomba en arrière. Thérèse courut à lui, l'embrassa au front ; puis elle disposa plus commodément les coussins autour de lui avec une touchante sollicitude, en disant :

— Mon père, voici monsieur le comte de Précigny qui se rend à votre invitation... Vous le voyez, il n'a pas hésité à venir.

— Enfant ! répliqua le manufacturier en essayant de sourire, il ne voulut pas te soulever, mais sa tête retomba en arrière. sa complaisance... Cependant, ajouta-t-il aussitôt, monsieur de Précigny avait le cœur trop haut placé, je le sais, pour ne pas obéir à l'appel d'un mourant.

— Un mourant ! balbutia le comte ; pour vous, pour votre fille, pour vos amis, j'espère encore.

Laurent leva lentement la main, et désigna une pendule qui en ce moment sonnait les heures.

— Il est midi, interrompit-il d'une voix calme ; à une heure, cette fièvre pernicieuse qui en peu de jours a ruiné ma constitution va me reprendre... on m'a prévenu : cet accès peut être le dernier, je dois donc mettre ordre à mes affaires et à ma conscience..... Asseyez-vous, monsieur le comte, j'ai bien des choses à vous dire pour le peu de temps qui me reste.

Alfred s'assit en face du malade ; Thérèse s'était placée bien près de son père, afin d'être à portée de le servir. Elle avait pris une de ses mains, et elle la serrait contre sa poitrine en regardant le comte.

— Eh bien ! jeune homme, dit le manufacturier après une pause, la victoire s'est donc déclarée pour vous ? Dans cette lutte longue et acharnée où je paraissais si puissant, où vous sembliez si faible, j'ai été vaincu ; c'est vous maintenant qui pouvez vous montrer généreux..... Regardez-moi, continua-t-il avec amertume, ne dirait-on pas que ces terribles menaces, dont vous m'accabliez le jour où vous apparûtes tout à coup au milieu d'une joyeuse fête, étaient des prophéties ? Me voici seul, abandonné, dans cette vaste demeure où des centaines d'hommes obéissaient à ma voix ; me voici moi-même exténué par la maladie, sans force et sans pouvoir, attendant la mort... Oui, le texte serait beau pour ceux qui me haïssent ; on parlerait de vengeance céleste, de châtiment providentiel... et il y a des momens, ajouta-t-il d'un ton sombre, où je me demande si l'on n'aurait pas raison.

— Mon père, murmura timidement Thérèse, à quoi bon revenir sur ces idées qui vous peinent et vous irritent ?

— Le passé seul nous appartient, mon enfant ; si monsieur de Précigny m'épargne en ce moment les reproches et les récriminations, je dois lui savoir gré de sa réserve.

— Loin de moi la pensée d'insulter au malheur, monsieur Laurent, dit le comte avec une dignité mélancolique ; j'ai agi dans un but d'humanité, et non par un sentiment d'hostilité personnelle contre vous... Si j'ai réussi, il n'y a ni gloire, ni honte pour personne.

— Bien, bien, jeune homme, dit le malade en hochant la tête ; d'ailleurs, vous n'ignorez pas à quel concours de circonstances cette réussite inouïe peut être imputée ?... La trahison de ce fripon de Rigobert, le zèle haineux et maladroit de mon contre-maître, cette maladie qui est venue me clouer sur mon lit et me frapper d'impuissance au moment où j'avais tant besoin de mes forces physiques et morales, tous ces événemens, purement terrestres, purement matériels, ont plus fait qu'autre chose pour mes succès... Si même j'étais encore sur pied, s'il m'était donné de recommencer la lutte, nul ne sait pour qui, en définitive, se prononcerait la Providence.

Et il souriait encore avec une légère ironie.

— Mon père, murmura Thérèse d'un ton de reproche, vous oubliez...

— C'est juste, ma fille ; mais, comme disait tout à l'heure cet excellent curé, je ne puis complétement « dépouiller le vieil homme. » Mon existence a été si remplie qu'il m'est bien difficile de m'en détacher sans secousse... D'ailleurs, il me répugne de penser, à ma dernière heure peut-être, que j'aurai passé sur la terre comme un être malfaisant, chargé de l'exécration commune, ayant toujours agi dans des vues de lucre et d'égoïsme..... Parlez enfin avec confiance, monsieur de Précigny, n'est-ce pas là l'opinion que vous avez conçue de moi, que d'autres ont conçue sans doute comme vous ?

— Je l'avoue, monsieur, dit le comte en baissant les yeux, telle avait été ma pensée première ; je ne voyais d'abord qu'orgueil et cupidité dans votre obstination à maintenir vos droits contre une misérable population menacée d'une destruction complète..... mais plus tard, la réflexion est venue, j'ai compris le sentiment plus noble et plus élevé qui vous soutenait ; vous deviez en effet sentir votre cœur se déchirer quand on se liguait pour anéantir une œuvre grande et utile dont vous aviez été le créateur.

— Oui, oui, c'est cela ! s'écria le manufacturier en s'animant ; vous avez vu ce que j'étais, ce que j'avais fait, vous avez vu ces machines merveilleuses, ces ouvriers intelligens travaillant à ma voix pour le bien-être de l société tout entière ; j'enrichissais mon pays, je développais l'industrie nationale, je repandais autour de moi l'abondance... et il me fallait renoncer à ces avantages, parce que de pauvres paysans souffraient du voisinage de mon usine? Le ciel m'en est témoin, j'ai passé bien des nuits sans sommeil en songeant à leurs souffrances, mais le courage me manquait pour les sauver au prix d'un si douloureux sacrifice.

Sa voix était altérée en prononçant ces dernières paroles. Thérèse regarda le comte ;

— Vous le voyez, murmura-t-elle, il déplorait les maux dont il était la cause involontaire.

— Oui, reprit le malade, je n'étais ni dur, ni impitoyable, seulement j'étais incapable d'héroïsme... Enfin, monsieur de Précigny, au milieu même des embarras mortels que vous m'avez suscités, je n'ai jamais pu ni vous mésestimer, ni vous haïr..... j'admirais votre ardeur juvénile, votre enthousiasme, votre dévouement ; en me défendant contre vos attaques, j'éprouvais le désir sincère d'être votre ami. Aujourd'hui donc qu'il n'existe plus entre vous et moi de motif de querelle, aujourd'hui que je serais un objet de pitié, même pour un ennemi, toute réconciliation est-elle impossible entre nous ?

Dans un premier mouvement, Alfred allait tendre la main au père de Thérèse ; mais se souvenant des recommandations de Rigobert, il se contenta de répondre :

— Encore une fois, je n'ai contre vous ni haine, ni colère... ma mission n'est remplie ; rien ne m'empêche plus d'unir mes vœux à ceux de mademoiselle Thérèse pour votre prompt rétablissement, pour votre prospérité.

Ces hésitations n'avaient pas échappé au regard perçant du malade.

— Toutes vos préventions subsistent encore, dit-il avec chagrin ; vous avez trop écouté les plaintes émouvantes des paysans de Précigny, ou les épigrammes passionnées de cet intrigant de Rigobert ; mais examinez ma conduite envers vous, et voyez si cette bienveillance que j'éprouvais pour le fils de mon ancien maître ne s'est pas manifestée en toute occasion. A votre retour de l'émigration, dès que je sus votre arrivée à la ferme, je m'empressai d'accourir ; je voulais m'occuper de votre fortune, employer pour vous mon crédit et mon zèle. Je m'attendais à quelque froideur de votre part, mais votre accueil fut tel que je dus me retirer profondément blessé; vous m'aviez montré un mépris, une haine invincibles. Cependant je ne cessai pas de songer à vous pendant que vous viviez dans la solitude ; je m'informais sans cesse aux gens du pays de vos actions, de vos moindres démarches ; j'épiais une occasion de vous offrir de nouveau mes services ; au moindre embarras qui vous fût survenu vous m'eussiez vu accourir à votre secours... Cette inquisition affectueuse alla si loin que les habitans du voisinage, et Nicolas entre autres, en tirèrent les conclusions les plus étranges. Ce fut alors qu'eut lieu votre désastreuse visite à la fabrique ; rien ne me surprit comme de vous voir à la tête de ces paysans que les souvenirs révolutionnaires eussent dû vous rendre odieux ; vous veniez me demander impérieusement le seul sacrifice peut-être que je ne fusse pas disposé à faire au comte de Précigny. Je cherchai à vous calmer par des raisonnemens sages ; vous ne voulûtes rien entendre ; dans un accès d'emportement, à peine excusable par la fougue de la jeunesse, vous vous rendîtes coupable d'une action qui pensa mettre le pays en combustion, attirer sur vous-même les plus grands dangers. Vous savez comment Thérèse et moi nous pûmes vous mettre à l'abri des vengeances que vous aviez provoquées... Ma fille sacrifia son bonheur, engagea sa parole à un homme qu'elle n'aimait pas. — Alfred adressa à Thérèse un geste de reconnaissance. Le malade continua : — A la suite de cette terrible journée, je retournai vous voir à la ferme, accompagné de ma fille. J'avais les intentions les plus pacifiques, et je m'efforçai encore une fois de capter votre bienveillance. Je vous fis les offres les plus magnifiques, les plus éblouissantes. Vous n'ignorez plus aujourd'hui qu'elles n'étaient pas entièrement désintéressées, et vous en connaissez les motifs. Quand on avait construit l'étang et la chaussée de la manufacture, on avait dû choisir l'emplacement le plus commode, celui dont la disposition exigeait le moins de frais possible. Je recherchai alors mes actes de vente, afin de me tenir rigoureusement dans la limite de ma propriété ; ces actes ne se trouvèrent pas ; j'ai la conviction aujourd'hui qu'ils avaient été détournés par Rigobert, dans un but d'intérêt personnel. N'ayant pas même moyen de m'assurer si je n'empiétais pas sur les terres d'autrui, je laissai agir mes architectes et mes ouvriers ; je comptais désintéresser plus tard le propriétaire des terrains incultes et sans valeur dont j'étais en quelque sorte forcé de m'emparer ; je ne pouvais prévoir encore quel parti on saurait tirer contre moi de cet empiétement irréfléchi. Ces raisons, je ne m'en cache pas, me décidèrent à un grand sacrifice ; je voulus, tout en faisant votre fortune, acquérir ma sécurité au sujet de ces terrains contestés... Mon seul tort, dans ces circonstances, fut peut-être de vous offrir un don au lieu de vous proposer tout simplement le payement d'une dette ; mais vous ne sauriez exiger d'un homme positif, exclusivement adonné aux intérêts matériels, qu'il fournît des armes contre lui-même, pour le renversement de ses plus chers intérêts. Vous vous souvenez comment mes offres furent repoussées. Ma fille ne put cacher son admiration de votre désintéressement ; moi-même je me sentais bas et mesquin auprès de vous. Depuis ce moment, la lutte a continué avec acharnement et colère de votre côté, avec calme et modération du mien. Vous avez appelé sur moi l'exécration de la France entière, vous êtes venu m'insulter au milieu de mes amis, vous avez ravagé mes propriétés, vous m'avez fait tout le mal qui était en votre pouvoir ; et cependant, jeune homme, en me défendant, je n'ai jamais eu un mot injurieux contre vous ; je n'ai jamais cherché à vous rendre mépris pour mépris, calomnie pour calomnie... Ma fille peut vous l'affirmer, comte de Précigny (et vous savez ce que vaut une affirmation de ma belle et pure Thérèse), jamais, en dépit de vos efforts constans pour me nuire, je n'ai ressenti contre vous un sentiment de haine.

— Cela est vrai, Alfred, cela est vrai, je vous le jure ! dit la jeune fille avec chaleur.

— Oui, reprit monsieur Laurent, malgré nos dissentimens, Thérèse était ma confidente... pourtant elle n'a jamais su jusqu'à quel point je désirais vaincre les antipathies de monsieur de Précigny.

Thérèse, vivement émue, étouffa un accès de toux dans son mouchoir.

— Monsieur Laurent, dit le comte avec douceur et d'un ton cordial, vous avez raison ; je vous ai méconnu jusqu'ici, et je dois vous demander sincèrement pardon de mes torts... Oubliez le passé, monsieur, comme je l'oublie moi-même ; si Dieu vous fait la grâce de vous rendre la santé, j'espère vous prouver comment je sais expier mes erreurs.

En même temps, par un geste ferme et plein de dignité, il tendit la main au manufacturier qui la pressa vivement.

— Merci, Alfred, murmura Thérèse les larmes aux yeux.

— Enfin, enfin, dit Laurent, dont le visage s'épanouit, ceux qui parlaient de vengeance céleste en seront pour leurs phrases sonores, car il est vrai maintenant, ma mort sera douce et tranquille..... Cette réconciliation que j'ai tant désirée, monsieur de Précigny, fera la joie de mes derniers momens ; elle me donne le courage de vous révéler enfin le projet pour lequel je vous ai mandé ici.

La pendule sonna une heure; aussitôt la porte s'ouvrit, et Merville entra, tenant une potion à la main. Il interrogea le malade du regard.

— J'éprouve un léger frisson, mais l'agitation est moins forte qu'hier.

— En effet, dit le médecin en tâtant le pouls de Laurent, les symptômes paraissent moins graves... Si l'accès était plus faible que le dernier, les fâcheux pronostics que j'avais tirés de votre état pourraient se trouver démentis.

— Serait-il possible! s'écria Thérèse en tressaillant, mon père vivrait? Une crise favorable...

Elle fut interrompue par un accès de toux qu'elle étouffa encore avec peine.

— Ne nous réjouissons pas si vite, ma pauvre enfant, dit le manufacturier avec tristesse; hâtons-nous plutôt d'achever cette explication; les momens peuvent être précieux... Je dirai donc devant le docteur ce qui me reste à dire à monsieur de Précigny; Merville est notre ami, nous n'avons pas de secret pour lui... Mais qu'as-tu donc, ma fille? tu tousses beaucoup aujourd'hui...

— Rien, ce n'est rien, dit le docteur avec empressement; un peu de fatigue causée par des veilles assidues...

— A la bonne heure, reprit le malade d'un air plus calme; les mauvais bruits propagés par mes ennemis au sujet de la maladie de ma fille sont toujours présens à ma pensée... je la trouve un peu maigrie, un peu abattue depuis quelque temps; elle s'est donné tant de mal pour me soigner! elle ne m'a quittée ni la nuit ni le jour... Docteur, je vous la recommande dans le cas... vous m'entendez? Elle a besoin de grands ménagemens; mais elle est si jeune!

Personne n'eut le courage de répondre pour entretenir les espérances du père abusé.

XXX

Merville présenta une cuillerée de potion au malade; celui-ci reprit, tout en frissonnant déjà aux premières atteintes de la fièvre :

— Il nous reste bien peu de temps, mon jeune ami, pour parler de la contestation survenue entre nous au sujet de ces terrains dont on réclame en votre nom la propriété. Chacun de nous serait trop fier pour accepter de l'autre un sacrifice, et cependant, si je succombe, je dois prendre des précautions pour garantir ma fille et mon héritière...

Alfred se leva d'un bond :

— Moi troubler le repos de Thérèse! s'écria-t-il avec égarement; moi la fatiguer de misérables intérêts matériels! Monsieur, ayez l'esprit en repos... jamais Thérèse ne m'aura pour ennemi, je vous le jure.

Le malade écoutait d'un air de satisfaction ces protestations chaleureuses.

— Allons, dit-il avec effort, tout est bien comme je le pensais. Monsieur de Précigny, les circonstances ne me laissent pas le loisir de prendre de longs détours et des précautions de langage... Je sais ce qui s'est passé entre vous et ma fille Thérèse; l'eussé-je ignoré, votre trouble vous eût trahi.

— Quoi! monsieur... vous savez...

— Que vous aimez ma fille, et j'ai quelques raisons de penser qu'elle n'est pas ingrate... Cela n'est-il pas vrai, monsieur le comte?

— Si je l'aime, mon Dieu! si je l'aime! s'écria Alfred en posant une main sur son cœur, comme pour en comprimer les battemens.

Il y eut un moment de silence pendant lequel on n'entendit que la respiration de plus en plus oppressée du malade.

— Eh bien! reprit monsieur Laurent en appuyant sur chacune de ses paroles, maintenant que j'ai laissé voir ma pensée, le comte de Précigny ne trouvera-t-il aucun moyen de calmer mes inquiétudes paternelles.

— Que voulez-vous dire? bégaya Précigny, je ne comprends pas... je n'ose croire...

— Je me suis pourtant expliqué assez clairement. Le comte ne pouvait parler.

— Moi épouser Thérèse! s'écria-t-il enfin; cela serait donc possible?

Le malade fronça le sourcil.

— Me serais-je trompé? dit-il d'un air offensé; le comte de Précigny rougirait-il d'épouser la fille de l'ancien intendant de son père? mépriserait-il cette belle et pure enfant?...

— Mépriser Thérèse, moi! s'écria Précigny avec impétuosité; mais pour elle je sacrifierais mon nom, mon titre, mes souvenirs du passé, mes espérances d'avenir, mon existence! N'étais-je pas prêt à lui sacrifier mon honneur si elle l'eût exigé?... Moi la mépriser! mais si je possédais toutes les richesses, toute la puissance de la terre, je serais heureux et fier de les offrir à Thérèse... Que Dieu me pardonne cette pensée; mais j'achèterais le bonheur de lui appartenir au prix de mon salut éternel.

Ces paroles, prononcées avec une énergie extraordinaire, frappèrent d'étonnement le manufacturier :

— Qu'est ceci? Vous aimez ma fille, elle vous aime, et cependant...

— Mais vous savez bien qu'elle ne peut être à moi, qu'elle ne peut être à personne! interrompit le comte avec un profond désespoir : oh! mon Dieu! mon Dieu! avoir vu de près un si grand bonheur, et ne pouvoir en profiter! Je suis maudit, je suis maudit!

Il se laissa tomber sur un siège, et, se couvrant le visage de ses mains crispées, il sanglota.

Depuis un moment, Thérèse et Merville lui adressaient des signes supplians; mais, dans son inexprimable douleur, il n'en avait pas compris le sens. La jeune fille s'approcha, et, lui touchant légèrement l'épaule pour attirer son attention, elle dit avec sa douceur angélique.

— Ami, les obstacles qui s'opposent aux volontés de mon père sont-ils, en effet, insurmontables? Un engagement doit-il dépendre de la durée probable et non de la sainteté des affections qu'il consacre?... Alfred, ajouta-t-elle plus bas, ne peut-on s'aimer encore, même quand on est séparé par la tombe? ici ou en haut, qu'importe!

Le comte attacha sur elle un regard plein de désespoir et d'amour.

— Vous avez raison, Thérèse, murmura-t-il, nos liens seront éternels, quoi qu'il arrive... Monsieur Laurent, continua-t-il en s'avançant vers le malade, j'accepte avec une profonde reconnaissance votre legs précieux... Oh! pourquoi ne pourrais-je, à force d'affection et de dévouement, rendre à Thérèse...

Les larmes lui coupèrent encore la parole.

— Ce n'est pas ainsi que je comptais vous voir accepter la main de ma fille, reprit le malade en s'agitant sur son lit de repos; on me cache quelque chose... Monsieur de Précigny, je vous prie instamment de me faire connaître la cause de vos hésitations.

— A quoi bon, mon père? dit Thérèse avec un sourire; pourquoi exposer au grand jour les infinies délicatesses de cette âme d'élite, au risque de les flétrir?... Mon Alfred ne peut agir que par des motifs pleins de générosité et de noblesse, je m'en porte garant!

Alfred saisit la main brûlante du manufacturier.

— Mon père, dit-il avec un accent d'émotion indéfinissable, je suis prêt à renouveler devant vous et devant Dieu le vœu que j'ai fait au fond de mon cœur... La mort même ne saurait me séparer de Thérèse.

Le malade luttait péniblement contre sa redoutable fièvre; son teint était rouge, ses yeux pétillaient d'un feu étrange.

— Un moment, mes enfans, dit-il d'une voix haletante; j'ai encore une promesse à exiger du comte de Précigny avant de lui engager à jamais l'avenir de mon enfant chéri. Mais je sens déjà mes facultés qui faiblissent, ma raison qui chancelle... Grâce, mon Dieu! encore un instant... Comte de Précigny, ajouta-t-il en s'adressant au jeune homme, retenez bien mes paroles : En vous donnant la main de ma fille, je vous laisserai une fortune immense, supérieure peut-être à celle qu'ont jamais possédée vos ancêtres, les seigneurs du pays. Cette fortune étant le fruit du travail et de l'industrie, je souffrirais de penser qu'elle ne serait pas employée à un usage utile, élevé, philanthropique. D'ailleurs, vous ne pouvez rester oisif, à charge à la société. Vous êtes jeune et plein d'intelligence et de grandeur d'âme ; vos vues sont larges et généreuses : vous devrez acquitter votre dette envers votre patrie, et je vous crois appelé à un brillant avenir... Parlez, mon fils, me promettez-vous d'employer votre opulence à une œuvre grande et utile, comme autrefois la mienne ?

— Quoi donc! s'écria le comte avec une explosion de douleur, voulez-vous m'obliger à vivre, si...?

— Promettez, Alfred, dit mademoiselle Laurent avec une douce autorité.

— Thérèse! Thérèse! me condamnerez-vous à voir d'autre que vous, à vivre pour d'autres que vous sur la terre ?

— Je le veux... je vous en prie, et mon père attend votre réponse pour nous bénir.

— Je vous ferai donc aussi ce sacrifice, murmura le jeune homme avec une morne résignation ; j'accepterai une vie de douleur et d'amertume, puisque vous l'ordonnez.

Une joie pure se peignit sur les traits de Thérèse. Laurent agita ses bras dans le vide ; sa vue s'altérait, ses facultés ne fonctionnaient plus que par un effort de sa volonté :

— Tous mes vœux seront donc comblés! dit-il d'une voix délirante ; ma fille épousera le fils de mes anciens bienfaiteurs, elle montera à ce haut rang auquel il me semblait impossible de faire parvenir ma race... Comte de Précigny, ce mariage a été mon rêve chéri du jour où je vous ai vu pour la première fois... Je songeais à relever votre famille et à illustrer la mienne par cette alliance... Jugez combien je devais souffrir de votre inimitié!... Ma fille est mon bien le plus précieux, je vous la donne, rendez-la heureuse... Et puis, s'il peut se faire que ce magnifique établissement, à qui j'avais consacré ma vie, ne périsse pas avec moi, sauvez-le de l'anéantissement, fût-ce par respect pour ma mémoire... car je vais mourir, tout chancelle autour de moi... je sens ma raison s'en aller... O mon Dieu ! je voudrais pourtant vivre, vivre pour voir le bonheur de mes enfans !

Merville s'était rapproché du malade ; il examinait avec un soin extrême tous les symptômes extérieurs de la fièvre.

— Bon courage! monsieur Laurent, dit-il d'un ton affectueux ; vous supporterez la crise bien mieux que je ne l'avais pensé. La maladie paraît avoir beaucoup diminué de violence... Si cet accès n'est pas suivi d'un redoublement, je crois pouvoir répondre de vous.

— Serait-il possible ! s'écria Laurent dans une agitation croissante ; la mort relâcherait sa proie! je pourrais encore être heureux entre mon gendre et ma fille!... C'est alors que je devrais bénir la Providence ; je serais arrivé au comble de la prospérité humaine.

Thérèse était tombée à genoux.

— Sauvez-le, mon Dieu! dit-elle avec un accent de l'âme, sauvez mon père... et contentez-vous, ajouta-t-elle tout bas, d'une plus humble victime!

Le docteur, les yeux fixés sur le malade, le doigt sur son pouls, suivait toujours avec anxiété les diverses phases du mal.

— J'espère! dit-il d'une voix grave ; depuis un moment les pulsations n'augmentent plus... il n'y aura pas de redoublement.

Laurent essaya de secouer la torpeur qui s'emparait de ses membres.

— Docteur, reprit-il languissamment, je vous remercie de vos soins, de vos douces espérances, mais je dois me tenir prêt à tout événement... Votre main, Alfred... la main, chère Thérèse...

Les deux jeunes gens s'avancèrent ; le manufacturier prit en tâtonnant la main de chacun d'eux, et il les unit avec effort.

— Mes enfans, reprit-il, vous voilà fiancés sur la terre et dans le ciel... Mon désir est que cette union soit consacrée par la religion et par la loi dans un court délai. Rien ne doit plus vous séparer... Thérèse, voilà ton mari... Précigny, voilà votre femme... Si je ne puis être témoin de votre bonheur, pensez à moi bien souvent, vous qui vivrez de longs jours, qui jouirez de toutes les prospérités terrestres.

Alfred et Thérèse s'étaient agenouillés devant le vieillard. Le comte sanglotait en écoutant ces paroles qui prouvaient les illusions du mourant. Merville lui-même, profondément ému, essuyait furtivement ses larmes.

Pendant que les jeunes gens étaient encore prosternés, la porte de la pièce voisine s'ouvrit avec violence, et Smithson se précipita dans la chambre ; ses vêtemens étaient en désordre ; ses cheveux épars, son teint livide et verdâtre, ses yeux injectés de sang, témoignaient d'une rage parvenue à son paroxysme.

— Et moi, monsieur Laurent! s'écria-t-il d'une voix tonnante, et moi, mes Thérèse! et moi, comte de Précigny! Par tous les diables d'enfer! que voulez-vous faire de moi ?

Alfred et Thérèse tressaillirent ; puis ils se levèrent en jetant des regards d'indignation sur cet homme brutal qui venait troubler des éclats de sa colère une scène si douloureuse et si solennelle. Merville, connaissant les projets de Smithson et prévoyant une explication, peut-être des révélations pénibles, s'élança au-devant de lui pour l'empêcher d'approcher.

— Pas de bruit, monsieur le contre-maître, dit-il avec un accent d'autorité ; monsieur Laurent n'est en état ni de vous comprendre, ni de vous répondre.

— Il a bien su comprendre ce traître de Précigny!... il a bien su parler à sa fille parjure! s'écria Smithson hors de lui, il m'entendra de même.

— Monsieur, dit Alfred, sortez... ceci est infâme.

— Smithson, soyez raisonnable, reprit Merville en cherchant à le calmer ; monsieur Laurent paraît éprouver une crise favorable... les émotions douces lui ont fait du bien... maintenant les reproches lui seraient funestes ; attendez une autre heure ; en ce moment vous pourriez le tuer.

— Et l'on se sera impunément joué de moi! dit l'Anglais en élevant la voix, on m'aura flétri, déshonoré, on aura mis à mes engagemens, on aura trahi mes sermens, on m'aura abreuvé de dégoûts et de honte, et je n'aurai pas le droit de me plaindre!... Fût-ce à sa dernière heure, le chef de cette maison me doit compte de tant d'injustices.

— Misérable, dit le comte d'un ton menaçant, je vous savais lâche... voulez-vous donc devenir assassin ?

— Patience! patience! lord Précigny, nous avons aussi une ancienne querelle à régler ensemble... vous aurez votre tour.

— Il faut l'entraîner de force, dit Merville à Alfred ; je crains que monsieur Laurent...

Précigny, malgré sa colère, hésitait à employer la violence dans la chambre d'un mourant.

— Sortez, monsieur, dit Thérèse avec un accent imposant, moi seule je vous ai fait une promesse, mais le délai convenu n'est pas encore expiré, et vous ne pouvez en réclamer l'exécution... En vous fixant ce délai, ajouta-t-elle avec un sourire amer, je vous avais bien jugé... vous qui veniez outrager votre bienfaiteur à son lit de mort.

— Mademoiselle...

Avant que l'Anglais eût pu exprimer sa pensée, Alfred et Merville, s'élançant sur lui, voulurent l'entraîner hors de la chambre. Smithson se débattit avec une vigueur extraordinaire :

— Monsieur Laurent, s'écria-t-il, on m'empêche d'arriver jusqu'à vous... monsieur Laurent, c'est moi, votre conseiller, votre ancien ami, que l'on chasse indignement de chez vous!

XXXI

Aux accens de cette voix connue, le malade tressaillit; il parut faire un effort suprême pour prendre une idée exacte de la situation.

— Qui est là? demanda-t-il péniblement ; que me veut-on ?

— C'est moi... Smithson, répéta l'Anglais avec force ; monsieur Laurent, pour prix de huit ans de travaux et de services, je viens demander la faveur de vous entretenir un moment.

— Smithson ! répliqua monsieur Laurent avec une subite lucidité d'esprit, laissez-le venir à moi... je ne l'ai pas oublié... je ne veux pas qu'il puisse m'accuser d'ingratitude.

Alfred hésitait à lâcher l'odieux contre-maître.

— Cédez à son désir, dit Merville à voix basse; toute contrariété pourrait enflammer son sang et aggraver son mal...

Le comte obéit à regret; Smithson, devenu libre, courut au manufacturier.

Celui-ci, par un de ces effets merveilleux qu'une grande énergie morale peut seule produire, avait recouvré l'usage de ses facultés. Relevant un peu la tête, il fixa sur son contre-maître un regard auquel la fièvre donnait un caractère particulier de sévérité :

— Si j'avais conservé mes illusions d'autrefois à votre égard, reprit-il, votre conduite actuelle, monsieur Smithson, serait de nature à les dissiper complétement... J'ai cru longtemps avoir en vous un ami, je n'ai eu qu'un commis ambitieux, aspirant à me remplacer... Mais parlez, qu'avez-vous à me dire ? hâtez-vous... car ces efforts pour vous écouter et vous répondre me fatiguent cruellement.

Smithson prit une contenance hypocrite :

— Monsieur Laurent, mon cher et excellent maître, mon bienfaiteur, dit-il d'un ton suppliant, je suis bien chagrin de m'être attiré involontairement votre colère... Vous ne pouvez cependant avoir oublié avec quel zèle, avec quelle ardeur j'ai défendu vos intérêts pendant plusieurs années; vous ne pouvez avoir oublié ce que j'ai souffert pour vous.

— Et vous craignez que je ne meure sans avoir récompensé vos mérites ? dit le malade avec amertume ; en effet, vous avez été excellent contre-maître général ; les ouvriers, sous votre direction, ont toujours bien employé les heures de leur journée ; vos comptes ont toujours été en règle, et vous n'avez jamais tardé à expédier les commandes à nos correspondans... Je sais tout cela ; aussi, je me suis occupé de vous, et, si vous n'avez pas la patience d'attendre quelques heures encore, je suis prêt à vous remettre la récompense que je vous destinais.

Il fit un signe à sa fille. Elle se leva et s'avança vers un secrétaire placé dans l'angle de la chambre.

— Ma récompense ! s'écria Smithson oubliant ses velléités de modération, je n'en veux qu'une... celle qui m'est promise, celle qui m'est due... la main de miss Thérèse et...

— Et la fabrique de Précigny, pour y exercer sans contrôle votre despotisme. Vous avez visé trop haut, monsieur Smithson ; j'ai jugé à propos de vous offrir un salaire plus en conformité avec vos services.

En même temps, le malade reçut des mains de Thérèse un portefeuille qu'il remit au contre-maître.

— Vous trouverez là des traites pour une somme considérable... Les signatures vous sont connues, et vous n'éprouverez aucune difficulté quant au payement. Avec une pareille somme, il vous sera facile de monter un établissement pour votre compte, et, comme vous êtes habile en affaires, vous réussirez sûrement... Mais votre présence devant désormais être inutile ici, quels que soient les événemens qui s'y préparent, je reçois vos adieux en mon nom et au nom de ma fille... Maintenant, de grâce, laissez-moi souffrir et mourir en paix entre mes deux enfans.

Il retomba épuisé, ses yeux se fermèrent à demi.

Smithson retournait le portefeuille entre ses mains crispées. Tous ses membres étaient agités par un tremblement nerveux; une écume légère souillait les coins de sa bouche. Sa rage était telle qu'il ne pouvait articuler un mot.

— Monsieur, dit Alfred rudement, il ne vous reste plus rien à faire ici... obéissez aux volontés de monsieur Laurent.

— Laissez-moi ! s'écria Smithson avec une énergie terrible ; je ne sais pas encore tout ce que je voulais savoir, je n'ai pas dit tout ce que je voulais dire... Monsieur Laurent est dans le délire de la fièvre, il ne jouit plus de la plénitude de sa raison, et l'on a profité de cette faiblesse d'esprit pour...

— Smithson, interrompit le manufacturier en rouvrant les yeux, je peux encore comprendre que vous êtes aussi cruel que lâche.

— Lâche ! s'écria l'Anglais en frappant du pied ; encore cette injure ! lui !... lui aussi !... Eh bien ! oui, j'ai été lâche, reprit-il avec une sombre fureur, et je réclame le prix de ma lâcheté. Cette injure que j'ai soufferte sans en tirer vengeance, cette injure qui a attiré sur moi l'exécration de mes propres amis, je l'ai acceptée à une condition... cette condition, miss Thérèse, c'est à vous de la remplir ; je vous somme de tenir votre parole ; vous m'avez solennellement engagé votre main le jour de l'émeute de la manufacture.

— Encore une fois, le délai n'est pas expiré, monsieur, dit Thérèse avec effroi, d'ailleurs...

— Et moi j'ai relevé ma fille d'une promesse irréfléchie et qu'elle ne pouvait tenir sans mon avis, dit le manufacturier d'un ton d'autorité ; je n'ai rien promis, moi ! A partir de ce jour, j'ai réservé mes droits sur Thérèse, je n'ai pas prononcé un mot pour encourager vos espérances... J'avais d'autres idées, d'autres projets... Aujourd'hui donc, je n'ai qu'usé de mon droit en suivant les inspirations de mon cœur, et j'ai accordé la main de ma fille au comte de Précigny... Ils sont fiancés.

Ce dernier mot acheva d'exaspérer le contre-maître.

— Fiancés ! répéta-t-il avec une ironie farouche ; il n'y a pas de fiançailles possibles pour miss Thérèse ! Si elle ne m'appartient pas, au moins elle n'appartiendra pas à un autre... On vous a caché la vérité... votre fille est mourante ; demandez à Merville, elle est irrévocablement condamnée.

Cette épouvantable révélation produisit sur le manufacturier l'effet de la pile galvanique sur un mort. Il se leva convulsivement sur son séant en s'écriant :

— Que dit-il ? mon Dieu ! qu'a-t-il dit ?

Merville et Alfred se jetèrent sur Smithson pour l'entraîner au dehors ; mais le contre-maître se cramponna à un meuble, afin de mieux résister à leurs efforts.

— Taisez-vous ! taisez-vous ! murmurait le docteur ; il y va de la vie de monsieur Laurent !

Smithson, excité encore par la violence qu'on voulait lui faire, poursuivait son impitoyable vengeance :

— Je dis, s'écria-t-il en élevant la voix, je dis, monsieur Laurent, que votre fille souffre d'une pulmonie parvenue à sa dernière période... On cherche à vous tromper, mais un père plus clairvoyant eût vu le mal et le danger... Et savez-vous la cause première de cette maladie mortelle de Thérèse? c'est la fièvre ; j'en ai arraché l'aveu dernièrement au docteur Merville... Oui, c'est cette fièvre épidémique dont vous êtes atteint vous-même... Après avoir longtemps frappé d'obscures victimes, elle a voulu se signaler par un fait éclatant, elle a frappé à la fois le père et la fille.

Merville et le comte tentaient vainement de fermer la bouche au forcené. Il se débattait entre leurs mains avec une vigueur irrésistible. Rien ne semblait devoir contenir cet instinct de bête féroce acharnée sur sa proie, quand Thérèse, tombant à genoux, s'écria avec un accent déchirant :

— Malheureux ! vous ne croyez donc pas à Dieu ?

Smithson resta muet, dominé par cette espèce de prestige surnaturel qui s'attachait aux actes et aux paroles de la jeune fille. Les deux hommes allaient profiter peut-être de sa stupeur pour le pousser hors de la chambre ; un coup d'œil jeté sur Laurent leur prouva l'inutilité de cette mesure ; le mal était désormais sans remède.

Le malade, assis sur son lit, avait le corps raide, les yeux fixes et hagards ; il agitait les bras dans le vide en murmurant d'une voix caverneuse :

— Ma fille est mourante... j'ai tué ma fille !

Thérèse s'élança vers lui, lui prit les mains qu'elle couvrit de baisers et de larmes :

— Mon père, dit-elle avec véhémence, ne croyez pas cet homme, il ment... je me porte bien, je ne souffre pas... je vivrai longtemps, je serai heureuse... Vous avez assuré mon bonheur en me donnant pour mari celui que j'aime ; ce bonheur, vous le partagerez avec nous, car vous vivrez aussi, et tous les trois...

La pauvre enfant avait trop présumé de ses forces. Un accès de toux, causé par ces violentes émotions, vint l'interrompre ; une goutte de sang vermeil rougit ses lèvres pâles ; Laurent ne pouvait se méprendre à ces signes irrécusables.

— Aveugle que j'étais ! reprit-il d'une voix étouffée ; ma fille se mourait sous mes yeux et je ne m'en apercevais pas... J'étais plein de sécurité, et on me prenait en pitié ! Tout à l'heure encore le désespoir de ce jeune homme eût dû m'éclairer !... Mais c'est donc vraiment un châtiment de Dieu ! s'écria-t-il avec explosion en se tordant sur sa couche ; je dois donc réunir en moi seul les souffrances qu'une population entière ne pouvait supporter... Oh ! Providence, Providence, tu es implacable ! J'eusse tout souffert avec courage, avec résignation ; mais ce coup est trop horrible... j'ai tué ma fille !

— Mon père...

— J'ai tué ma fille ! répéta le malade en délire ; je suis voué à la haine des hommes, je suis maudit du ciel... Mères qui pleuriez vos enfans, vieillards qui me redemandiez vos petits-fils, fiancés qui voyiez expirer vos fiancées, vous êtes tous vengés à la fois... j'ai tué ma fille !

En prononçant ces mots, il retomba en arrière, ferma les yeux, et un râlement sourd s'échappa de sa poitrine. Merville courut à lui d'un air épouvanté. Thérèse voulut s'approcher à son tour, mais le docteur la repoussa et fit signe à Alfred de l'éloigner.

— Docteur, dit la jeune fille avec trouble, je veux lui expliquer, lui faire comprendre...

Elle n'acheva pas ; le malade éprouva une légère convulsion, ouvrit la bouche, puis demeura immobile. Thérèse poussa un cri et tomba à genoux.

— Tout est fini ! murmura le docteur.

Monsieur Laurent venait d'expirer.

Un silence solennel régna un moment dans la chambre. Alfred s'était agenouillé près de Thérèse, tous les deux priaient avec ferveur.

Pendant qu'ils s'acquittaient de ce pieux devoir, le docteur s'approcha de Smithson, qui contemplait son ouvrage d'un air de sombre insensibilité :

— Retirez-vous, dit-il à voix basse, ou il va arriver ici un nouveau malheur... le comte de Précigny voudra venger le père de Thérèse, et vous connaissez la violence de son caractère.

— Ma vengeance doit passer avant la sienne, reprit l'Anglais avec un sourire amer ; maintenant je n'ai plus rien à ménager... Je ne crains pas le comte de Précigny, et, au lieu de fuir, je vais l'attendre...

Il sortit d'un pas précipité en jetant sur les deux jeunes gens un regard de menace.

Alors Merville s'avança vers eux et dit timidement au comte :

— Il faudrait emmener mademoiselle Laurent hors de cette chambre ; ce triste spectacle, après tant de douloureuses émotions, ne peut qu'aggraver son mal.

— Oui, oui, vous avez raison, murmura Alfred ; venez, Thérèse, je vous en prie.

La jeune fille, sans rien répondre, se souleva lentement, déposa un baiser sur la main glacée de son père, et se laissa conduire dans la première pièce. Resté seul en présence du cadavre, Merville se disait à lui-même, avec ce profond égoïsme qui était la base de son caractère :

— J'ai fait ce que j'ai pu afin de le sauver... peut-être, tout, il est peut-être plus avantageux pour moi que les choses se soient passées ainsi ; car si Laurent eût jamais recouvré la santé, il ne m'eût pas pardonné ma coupable faiblesse envers sa fille... C'est là une bien bonne maison que je vais perdre.

Les catastrophes qui accablaient la famille Laurent n'inspiraient pas d'autres sentimens à Merville.

Cependant Alfred et Thérèse, retirés dans le salon voisin, étaient assis près l'un de l'autre, les mains entrelacées. Le comte, après avoir employé un moment à se remettre de son trouble, voulut adresser quelques mots de consolation à la jeune fille. Elle releva la tête et montra son visage empreint de sa sérénité ordinaire ; une seule larme brillait encore au coin de son œil cave.

— Alfred, dit-elle avec douceur, je vous remercie... mais j'ai du courage et je sais me résigner à la volonté de Dieu ; pouvez-vous en dire autant de vous-même ? — Puis, s'apercevant que ce calme, dans une circonstance aussi grave, excitait l'étonnement du comte : — Ami, reprit-elle d'un ton affectueux, si mon père vivait encore et s'il m'avait quitté pour un voyage de quelques jours seulement, ne serait-ce pas faiblesse à moi de m'abandonner à la douleur ? Eh bien ! je n'ai que quelques jours... quelques heures peut-être à attendre pour revoir mon père. Alors je le joindrai et nous ne nous quitterons plus !

— Toujours cette pensée ! s'écria Alfred avec désespoir.

— Je veux vous la rendre familière comme à moi-même, afin que vous soyez prêt quand le moment sera venu... et il est proche.

— Non, non, Thérèse, ma chère Thérèse, dit le jeune homme en éclatant en sanglots, n'espérez pas que je puisse jamais supporter avec résignation l'épouvantable malheur dont vous me parlez sans cesse... Je le sens, je n'aurai pas la force de vous survivre !

— On est bien fort contre la douleur quand on a un but à sa vie, quand on a de grands devoirs à remplir envers les autres, envers soi-même ! — Le comte ne répondit rien et continua de sangloter. — Alfred, reprit la jeune fille d'un ton suppliant, après une pause, j'ai une grâce à vous demander, j'espère que vous ne me la refuserez pas... Il me reste bien des choses à faire pendant le peu de temps que je passerai encore sur la terre ; votre vue ne pourrait qu'affaiblir mon courage ; car moi aussi je vous aime, et l'espoir de rejoindre bientôt mon père ne me consolera pas de votre perte ! Alfred, dans notre intérêt à tous deux, nous devons nous dire adieu aujourd'hui même.

— Que me proposez-vous, Thérèse ? Vous quitter quand chaque minute nous rapproche le terme fatal...? oubliez-vous déjà l'engagement que vous venez de prendre ? Vous êtes ma femme, Thérèse ; nous sommes unis par des liens sacrés, en attendant que nous le soyons par ceux de la loi et de la religion... Vous êtes ma femme, et rien ne doit nous séparer désormais !

— Alfred, répliqua la jeune fille en secouant la tête, avez-vous donc pris au sérieux ces projets mis en avant pour adoucir les derniers instans de mon pauvre père? Je voulais lui cacher mon malheureux état de santé; au moment d'une crise, la découverte de la vérité pouvait être dangereuse pour lui; l'événement a prouvé que je ne me trompais pas... Ce matin, quand je lui ai avoué notre affection mutuelle, il m'a laissé voir un désir ardent de réaliser ce mariage. J'eusse excité ses soupçons en combattant sa volonté; j'ai donc consenti à vous envoyer chercher, à entretenir pour ma part sa douce illusion, me réservant, s'il revenait à la vie, de vous rendre votre parole... je sais trop, dans l'état actuel de nos mœurs, quelle distance sépare le comte de Précigny de la fille de son ancien intendant.

— Ne dites pas cela, Thérèse, ne parlez pas de vains préjugés de caste, de niaises distinctions sociales... Votre père a emporté mon serment fait librement et dans toute la franchise de mon âme; je le tiendrai! Thérèse, vous ne pouvez pas plus que moi vous soustraire à cet engagement!

XXXII

Thérèse attacha sur lui un regard plein de reconnaissance et de tendresse:

— Merci, mon Alfred, reprit-elle; je sais à quelle école vous avez été élevé, je connais les traditions de votre noble et ancienne famille; j'apprécie l'immense sacrifice que vous voulez me faire... Mais si j'acceptais ce sacrifice, il entraînerait toujours avec lui certains délais...

— Je vous devine, Thérèse... Ingrate et cruelle femme! vous voulez m'ôter ma seule consolation dans ma douleur, celle de vous donner mon nom!... cependant je vais faire diligence, m'informer des formalités à remplir...

— Eh bien! j'y consens, Alfred, reprit la jeune fille avec un sourire triste qui décelait une arrière-pensée, occupez-vous de ces soins divers... quant à moi, les convenances, le respect dû à la mort, me défendent de me livrer à de semblables préoccupations, lorsque la cendre de mon pauvre père est à peine refroidie. Laissez quelques jours à ma douleur filiale; consentez à rester un peu de temps sans venir à la fabrique... Je vous avertirai quand nous pourrons nous revoir!

Alfred réfléchit un moment.

— Je cède, car vos scrupules prennent leur source dans un sentiment respectable... J'attendrai donc, Thérèse; mais de grâce, au nom même de celui que nous pleurons, ne prolongez pas volontairement mon exil!

— Je vous le promets, ami... Eh bien! maintenant, séparons-nous... Je me reproche comme un crime ces sentimens qui ne sont pas pour mon père! Adieu, Alfred, ne me retenez pas davantage.

— Adieu, Thérèse... ou plutôt à revoir, comtesse de Précigny.

Il s'avança vers elle, et la pressant doucement dans ses bras, il lui donna sur le front un chaste baiser.

— Alfred, murmura la jeune fille sans se dégager de cette étreinte, quel triste et funeste amour que le nôtre! Il s'est révélé près du lit de mort d'un enfant; nous avons été fiancés devant la couche mortuaire d'un vieillard, et nous ne pouvons être réunis que dans la tombe!

Le comte la serra encore une fois contre sa poitrine et s'échappa en murmurant:

— A bientôt!... Thérèse, à bientôt!

Restée seule, la jeune fille tomba sur un siége dans une sombre rêverie.

— Il veut me revoir! pensait-elle; mais son courage et le mien s'épuisent dans ces déchirantes entrevues... D'ailleurs, ce mariage avec une femme d'un rang inférieur au sien le ravalerait aux yeux du monde. Non, ce mariage ne doit pas s'accomplir!... Comment faire pour que cet adieu soit le dernier?

Au milieu de tant d'émotions, l'un et l'autre avaient oublié cet indigne Smithson, dont la conduite avait été si coupable. Au moment où Alfred traversait la cour de la fabrique, il s'entendit appeler par Merville; il s'arrêta.

— Monsieur le comte, dit le docteur, si vous vouliez m'en croire, vous vous feriez accompagner par quelques personnes sûres pour retourner à la ferme... Le contremaître vous guette sans doute au passage. Il a quitté tout à fait la manufacture, et, comme il est réduit au désespoir, je crains...

— Quoi! ce misérable qui a porté le coup mortel à son bienfaiteur avec tant de barbarie et de lâcheté? Fasse le ciel qu'il se trouve sur mon chemin!

— Prenez garde! monsieur de Précigny; vous êtes franc et loyal, cet Anglais au contraire est traître et perfide... il essayera de vous tendre un piége.

— Peu m'importe! répliqua le comte avec colère. Cet homme est le seul au monde à qui je voudrais, en ce moment, disputer ma vie... S'il m'attaque, il trouvera ma haine contre lui égale au moins à sa haine contre moi.

Merville voulut insister pour qu'Alfred appelât quelqu'un de ces paysans qui travaillaient encore dans l'ancien lit de l'étang, le jeune homme ne l'écoutait plus.

— Docteur, interrompit-il avec un accent de sévérité mélancolique, je ne sais si je me trompe, mais vous devez avoir bien des reproches à vous adresser à l'égard de la famille Laurent... Au moins, pouvez-vous m'assurer que Thérèse ne court pas un danger immédiat? Grâce à vos soins, sa frêle existence sera-t-elle prolongée de quelques jours encore?

— J'espère, monsieur, dit le docteur en baissant les yeux; sans ces cruelles émotions qui l'ont accablée récemment, elle eût pu vivre encore, malgré mes prévisions, jusqu'à la fin de l'automne, comme le désirait ce fou obstiné de Smithson.

— Ainsi donc, demanda le comte avec cette intrépidité du marin en péril qui calcule le moment précis de son naufrage, pensez-vous qu'un mois?...

— Un mois est bien long, mais je puis répondre de quinze jours.

— Il suffit, dit Alfred en frémissant. Eh bien! monsieur, veillez sur quinze jours, vous veilleriez sur votre propre enfant... Peut-être ainsi effacerez-vous vos torts aux yeux de Dieu et de votre conscience!

En même temps, il franchit la grande porte et s'éloigna de la fabrique.

— Quinze jours! murmurait Alfred; aurai-je le temps d'accomplir mon projet?... Une délicatesse excessive empêche encore Thérèse de contracter ce mariage approuvé par son père lui-même. Je ne possède au monde que mon nom; je veux le donner à Thérèse, avant que la mort nous sépare... et puis, s'il m'est défendu d'attenter à ma vie, j'espère que le chagrin me tuera.

Tout en faisant ces réflexions, il s'avançait d'un pas rapide vers le pont provisoire où il avait rencontré le matin même ses compatriotes de Smithson. Il ne songeait déjà plus aux avertissemens de Merville; d'ailleurs que pouvait-il avoir à craindre en plein jour, dans cette campagne remplie de monde! on entendait de l'autre côté de la chaussée en ruines les causeries des gens de Précigny, occupés au curage de l'étang.

En arrivant au pont de planches, il aperçut un cheval sellé et bridé qu'on avait attaché aux branches d'un saule nain, seul arbre de cet endroit marécageux. Mais cette circonstance n'attira pas son attention; il passa outre et traversa le ruisseau. Parvenu de l'autre côté, il allait continuer sa marche, quand un homme sortit brusquement de derrière un buisson rabougri et lui barra le passage; Smithson, car c'était lui, tenait un pistolet à chaque main.

— Milord Précigny, dit-il d'une voix presque inintelligible, j'aurais pu vous tuer tout à l'heure quand vous veniez à moi sans défiance... vous m'avez assez gravement insulté pour que tous les moyens de me venger puissent me paraître innocens ! Néanmoins, comme je suis un homme d'honneur, un digne gentleman, et comme je ne mérite pas les injures dont vous et les autres vous vous êtes plu à m'accabler, je vous propose un duel honorable, à armes égales... Acceptez-vous ?

La pâleur qui couvrait son visage, la sueur qui roulait en grosses gouttes sur son front, disaient combien cette résolution avait dû coûter au provocateur.

— De tout mon cœur, monsieur, dit Alfred en saisissant avec impétuosité l'arme que Smithson lui présentait d'une main tremblante, je n'attendais pas de vous tant de magnanimité... Il est plus dans vos habitudes d'attaquer avec des paroles venimeuses et des calomnies qu'avec une arme à feu ; on tue plus sûrement et avec moins de danger... Mais, les explications sont inutiles entre nous ; fixez les conditions de ce duel, et je m'y conformerai sans observation.

— Je suis complètement étranger à ces sortes d'affaires, balbutia Smithson dont la contenance devenait de moins en moins résolue ; en Angleterre, les négocians n'ont pas l'habitude... Prescrivez vous-même les règles du combat.

— Eh bien ! donc, restez près de ce buisson... Moi, je vais me placer près de ce bloc de pierre... Après que j'aurai compté trois, vous tirerez le premier.

Tout en parlant, il allait prendre son poste à l'endroit désigné. Cette ardeur parut inspirer un pressentiment de mauvais augure à l'Anglais.

— Pas si vite, milord, bégaya-t-il ; toute réflexion faite, je crois que nous avons tort de nous battre sans témoins ; il serait plus convenable...

— Des témoins ! Vous en aurez plus que vous ne voudrez si vous tardez davantage... Hâtez-vous, monsieur, on vient, nous allons être dérangés.

En effet, un des paysans occupés au déblayement de l'étang avait reconnu le comte du haut de la chaussée, au moment où il quittait la manufacture. En voyant celui qu'à bon droit il appelait le bienfaiteur du pays arrêté dans ce lieu écarté par Smithson, son ennemi mortel, cet homme soupçonna une partie de la vérité, et s'empressa d'appeler les travailleurs au secours d'Alfred. Bientôt on vit une foule d'hommes armés de bêches et de pelles courir sur les débris de la digue en poussant des cris désordonnés. Plusieurs descendirent dans la vallée pour rejoindre les deux adversaires, que l'on distinguait d'une grande distance au milieu de ce terrain nu et découvert. Parmi les plus empressés, se trouvaient Mathurin et Rigobert ; l'un dirigeait les travaux d'assainissement, l'autre, inquiet de l'absence d'Alfred, et impatient de connaître le résultat de son entrevue avec monsieur Laurent, était venu au-devant de lui jusqu'au village.

A la vue de cette foule tumultueuse, Smithson dit en souriant :

— Il n'y a pas moyen de continuer le combat au milieu de tout ce monde et de tout ce bruit... Ce n'est pas ma faute. Vous me rendrez la justice de convenir, milord de Précigny, que les circonstances seules ont trahi ma volonté.

Il baissa son pistolet et voulut quitter son poste.

— Ne bougez pas, monsieur ! s'écria le comte, et mettez-vous en garde... Deux coups de feu sont bien vite échangés..... nous avons le temps de terminer le combat avant que ces gens ne soient ici !

— Mais, monsieur, ne vaut-il pas mieux attendre... je vous promets...

— Est-ce ainsi que vous sert votre haine contre le fiancé de Thérèse ? s'écria le comte, employant les moyens qu'il jugeait les plus énergiques pour ranimer la colère de son antagoniste ; assassin de Laurent, ne saurais-tu avoir une minute de courage ?....tire donc, misérable lâche, ou je fais feu moi-même, et ne t'en prends qu'à toi si le sort t'est contraire.

En même temps, il pointa son pistolet sur Smithson, comme s'il allait tirer.

L'Anglais, poussé à bout, perdit complètement la tête ; il éleva son arme précipitamment, et, sans viser, sans presque regarder, il lâcha son coup dans la direction du comte.

Un fatal hasard dirigea la balle ; Alfred, atteint en pleine poitrine, tomba à la renverse sur le gazon : des flots de sang jaillirent sur ses vêtemens, il murmura en regardant le ciel :

— Merci, mon Dieu ! Thérèse et moi nous ne serons pas séparés !

Au bruit de l'explosion, les gens qui accouraient de l'extrémité de la vallée s'étaient arrêtés brusquement ; mais quand la fumée du coup se fut dissipée, et quand ils eurent aperçu Alfred étendu à terre presque sans mouvement, ils reprirent leur course avec des cris de rage et de douleur.

Smithson, surpris et épouvanté de ce qu'il avait fait, restait immobile, l'œil fixe, l'air égaré, comme s'il n'eût pu croire lui-même à sa victoire. La voix faible et gémissante d'Alfred, vint le tirer de l'espèce de stupeur où il était plongé.

— Fuyez, monsieur, lui dit-il ; mes amis vont être furieux, exaspérés... Dans le premier moment, ils seraient capables de tout pour me venger ; ne les attendez pas...

Rappelé à lui-même par cet avis généreux, Smithson jeta au loin son pistolet déchargé, et s'élança vers son cheval. Mais, avant qu'il eût détaché sa monture et qu'il se fût mis en selle, les gens de Précigny arrivèrent. Les uns entourèrent le jeune homme renversé, d'autres s'avancèrent, en brandissant leurs bêches, vers Smithson.

— Assommez cet abominable scélérat qui vient de tuer le comte de Précigny ! s'écria Mathurin en fureur ; assommez-le comme un chien enragé, sans crainte, sans pitié !

— Oui, ne l'épargnez pas, ajouta Rigobert ; je me doutais bien ce matin que ce double traître méditait quelque chose de pareil contre notre ami,... Tombez dessus, mes garçons ; si vous le tuez, il n'y aura pas de préméditation, et je me charge de votre défense en cour d'assises.

Les paysans n'avaient pas besoin de ces encouragemens ; la vue du comte de Précigny tout sanglant suffisait pour les animer à la vengeance. Déjà les plus rapprochés frappaient à tort et à travers sur le cheval et sur le cavalier avec leurs lourds instrumens aratoires. Smithson proférait des imprécations terribles, mais on n'en tenait pas compte ; c'en était fait de lui, peut-être, si le blessé, que Mathurin et Rigobert venaient de soulever dans leurs bras, ne se fût écrié de toute sa force :

— Laissez-le, braves gens ; je vous en prie, ne le maltraitez pas... Ce n'est ni un guet-apens, ni un assassinat... c'est un duel régulier où mon adversaire a eu l'avantage. Au nom du ciel ! laissez-le libre de s'éloigner... je vous demande encore cette faveur ; ne me la refusez pas !

Les paysans étaient indécis.

— Ne le contrariez pas, dit Mathurin d'un air triste en baissant les yeux sur le blessé ; jusqu'à son dernier soupir, il a le droit de nous commander.

On obéit à cet ordre. Smithson, subitement dégagé au moment où il se croyait perdu, enfonça les éperons dans le ventre de son cheval et partit au galop. Un instant après il disparut dans le lointain.

Mais on ne songeait déjà plus à lui ; on se pressait autour du comte ; la consternation et le désespoir se peignaient sur tous les visages. Mathurin avait déchiré son mouchoir et essayait de bander la plaie, d'où s'échappait toujours le sang en grande abondance.

— Un médecin ! mon Dieu ! qui nous procurera un médecin ? s'écria Rigobert avec angoisse ; la blessure n'est peut-être pas mortelle... de prompts secours pourraient diminuer le danger !

— Un médecin ! oui, répliqua Précigny d'un air résigné ; qu'il prolonge ma vie de quinze jours encore ! je ne demande à Dieu que quinze jours... passé ce délai, la mort sera pour moi un bienfait !

Et il s'évanouit dans les bras de ses amis.

XXXIII

Quand Alfred de Précigny recouvra complétement l'usage de ses sens, il se trouva dans une chambre obscure et silencieuse. Il occupait un excellent lit, au fond d'une alcôve presque entièrement fermée par d'épais rideaux de damas. Il promena autour de lui un regard attentif ; aucun objet connu ne frappa ses yeux. Il chercha à recueillir ses idées ; dans son cerveau affaibli tout n'était que chaos et confusion. Cependant il finit par se rappeler vaguement sa visite à la manufacture, la mort de Laurent, son duel avec Smithson, son évanouissement ; mais il lui semblait que ces événemens s'étaient passés depuis longtemps déjà, et que, dans l'intervalle, bien des faits nouveaux avaient pu trouver place. Il se souvenait d'avoir vu les images de personnes étrangères ou amies se succéder, s'agiter autour de lui ; mais ces images étaient-elles des réalités ou des illusions de son esprit malade, il l'ignorait. Il s'efforçait d'assembler ses souvenirs, comme le songeur qui cherche à se rendre compte le matin des rêves incohérens dont son sommeil a été troublé pendant la nuit, et il ne pouvait y parvenir.

Après avoir employé quelques instans à cet examen intérieur, il voulut faire un mouvement pour reprendre possession de ses facultés physiques en même temps que de ses facultés morales. Mais vainement essaya-t-il de dégager ses bras des couvertures dont il était enveloppé : la force lui manqua pour exécuter sa volonté. Il tenta de se retourner sur sa couche ; mais des compresses et des bandages serrés autour de son corps le retinrent immobile ; une violente douleur qu'il ressentit à la poitrine lui arracha un sourd gémissement.

Aussitôt le rideau se souleva avec précaution, et une femme avança la tête ; c'était Catherine, la gouvernante d'Alfred.

— Où suis-je donc, mon Dieu ? demanda le comte d'une voix si faible qu'on pouvait à peine l'entendre.

Au lieu de répondre, la gouvernante le regardait fixement d'un air effaré. Le malade se taisait, comme s'il eût été épuisé par ce premier effort ; puis, attachant sur sa gardienne un regard doux et mélancolique, il reprit :

— Ma bonne Catherine, est-ce vous ?

La pauvre femme parut transportée de joie.

— Sainte Vierge ! s'écria-t-elle en joignant les mains, mon jeune maître parle tranquillement... il me reconnaît... il n'a plus cet affreux délire ! il est sauvé !... je vais appeler ces messieurs, je vais...

— Restez, ma bonne, reprit le malade, je me sens fort abattu, et le moindre bruit me fatiguerait. J'ai donc été bien malade ?

— Vous pouvez le dire, monsieur ! le docteur Merville vous croyait perdu, et, sans ce grand chirurgien que l'on a fait venir de Châteauroux... En voilà un qui entend son affaire ! comme il a adroitement extrait la balle, comme il a pansé votre blessure, comme il nous a traité avec zèle ! Aujourd'hui il a annoncé de suite, en vous voyant dormir si paisiblement, qu'à votre réveil vous auriez recouvré votre raison. Je vais aller le chercher pour lui montrer comme il a deviné juste, le digne homme !

— Il y a donc longtemps que je suis alité ? demanda le comte avec inquiétude.

— S'il y a longtemps ?... hem ! je ne vous dirai pas précisément au juste... je ne sais trop... quatre ou cinq jours peut-être.

Une vive satisfaction épanouit les traits du malade.

— Quatre ou cinq jours ! murmura-t-il : le temps m'avait paru bien long... Mais, je vous en prie, Catherine, dites-moi donc où je suis ; cette chambre m'est tout à fait inconnue.

Cette questions mettaient la gouvernante dans un embarras évident.

— Allons ! reprit-elle, ne vous occupez pas de cela en ce moment... On avait bien raison de m'avertir qu'en reprenant connaissance vous demanderiez un tas de choses... mais on m'a défendu de répondre, ça vous brûlerait le sang ; vous ne devez vous occuper absolument de rien, si vous voulez guérir promptement.

— Catherine, y a-t-il donc du mystère à m'apprendre où je suis ?

— Où vous êtes ? eh bien, ma foi ! vous êtes chez monsieur le curé de Précigny... la ferme était trop loin pour qu'on pût vous y transporter avec cette horrible blessure, et on vous a conduit ici... Tout à l'heure vous allez voir monsieur le curé.

En achevant cette explication, Catherine semblait fière d'elle-même, car elle venait d'éviter adroitement un dangereux écueil. Alfred, avec la crédulité d'un malade, ne songeait pas à révoquer en doute son assertion.

— Ma chère Catherine, reprit-il après une nouvelle pause, vous m'avez témoigné un attachement sincère dans la crise qui vient de finir, et je vous en remercie... Mais, avez-vous été seule à veiller près de mon lit, à me prodiguer des soins empressés ?

— Comment ! vous vous êtes aperçu de cela ? Fiez-vous donc aux malades !... Oui, certes, je ne vous ai quitté ni le jour ni la nuit ; n'était-ce pas mon devoir ?

— Et cependant, Catherine, j'ai cru apercevoir bien des fois une personne jeune et belle, malgré sa pâleur... Elle penchait sa tête sur ma couche, dans les momens où j'éprouvais d'horribles souffrances, elle me parlait à voix basse, et ses paroles répandaient sur mon cœur comme un baume bienfaisant... Souvent, la nuit, je la voyais s'agenouiller là-bas, devant ce crucifix, et elle priait avec ferveur. D'autres fois, elle venait s'asseoir près de moi ; je la distinguais, dans l'obscurité de l'alcôve, à la blancheur de ses vêtemens ; elle me prenait la main, et je sentais des larmes brûlantes couler sur mon visage... Cette femme, ma chère Catherine, cet ange gardien, cette sainte protectrice, où est-elle ? pourquoi ne la vois-je pas ? où est Thérèse, mon amie, ma fiancée, mon angélique Thérèse ?

Il prononçait ces mots avec une exaltation toujours croissante. La gouvernante avait d'abord paru frappée de surprise ; mais, à mesure qu'il s'animait, une profonde douleur remplaçait l'étonnement.

— Miséricorde ! s'écria-t-elle aurait-on pu s'attendre à cela ? un homme aussi malade et qui avait l'air de ne reconnaître personne...

— Parlez ! Catherine, ayez pitié de mes angoisses ; où est Thérèse ? J'ai besoin de la voir ; sa présence me rendra sur-le-champ la santé et la vie.

— Jésus, mon Dieu ! que me demandez-vous ? répliqua la bonne femme en fondant en larmes, je ne sais pas, moi... je ne peux pas vous dire... Dans le délire de la fièvre, vous vous imaginiez voir une foule de personnes ; vous parliez sans cesse au défunt monsieur Laurent, au bonhomme Nicolas, et aussi à mademoiselle Thérèse. Vous leur disiez des choses à fendre le cœur, surtout à mademoiselle Thérèse, mais...

— C'est donc un rêve ? murmura le comte en soupirant !

Et il ferma les yeux pour se recueillir.

En ce moment, plusieurs personnes entrèrent dans la chambre ; c'étaient Merville, Rigobert et le chirurgien qu'on avait mandé de la ville voisine. Catherine, éperdue, alla au-devant d'eux et leur conta à voix basse ce qui venait de se passer entre elle et Alfred. Rigobert fronça le sourcil :

— Ce que je prévoyais arrive, dit-il avec inquiétude.

Il s'entretint quelques minutes avec le médecin étranger, puis tous ensemble s'avancèrent pour examiner le malade. Alfred s'était à peine aperçu de leur présence ; il semblait encore suivre, dans son imagination, la trace fugitive d'un fait récent. Néanmoins, il répondit avec politesse aux paroles encourageantes que lui adressa le docteur.

A la suite de cet examen, le médecin se retira à l'autre extrémité de la chambre ; Rigobert et Merville se hâtèrent de le rejoindre.

— Son état est très satisfaisant ; mais la tête commence à travailler, et nul ne sait ce que pourrait amener une semblable agitation si elle se prolongeait... D'ailleurs, plus il avancera, plus ses facultés acquerront de lucidité, et plus une rechute sera facile ; à mon avis, il ne faudrait pas attendre davantage.

— Je partage votre opinion, docteur, répondit Rigobert; il y aura un moment difficile à passer ; mais nous ferons bien de brusquer les choses, et je m'en chargerai volontiers...

— Ceci n'est plus du ressort de la médecine et de la chirurgie, dit le docteur ; vous êtes son ami, agissez à votre guise... Pour moi, je vais attendre jusqu'à ce soir l'effet de vos révélations sur notre malade ; puis je retournerai à la ville et je laisserai le comte de Précigny aux soins du docteur Merville, avec qui je vais m'entendre à ce sujet.

En ce moment, Alfred, comme s'il eût voulu favoriser ces projets, appela Rigobert d'une voix éteinte.

— Soyez prudent ! dit le praticien d'un air soucieux ; le malade est nerveux et...

— Je ferai de mon mieux, répliqua Rigobert ; dans ce que j'ai à lui dire, certaines particularités sonnent assez bien... Ah ! si ce pauvre garçon ressemblait au commun des hommes, je n'aurais pas d'inquiétude.

Il salua les médecins, qui se retirèrent, et il s'avança vers l'alcôve.

Le malade, impatienté de ces chuchotemens, faisait des soubresauts convulsifs sur sa couche ; son visage était rouge et animé.

— Me voici, mon jeune ami, dit Rigobert d'un ton cordial, en s'asseyant au chevet du lit. Eh bien donc ! le danger est enfin passé... Savez-vous mon cher comte, que vous nous avez causé de cruelles inquiétudes ?

Alfred ne se pressa pas de répondre ; une pensée unique occupait son esprit.

— Je vous remercie de votre affection, monsieur Rigobert, répliqua-t-il enfin ; vous ne m'avez pas abandonné dans mon malheur : vous vous êtes montré mon ami, mon véritable ami, en restant près du pauvre malade....

— Allons donc ! n'avais-je pas contracté envers vous une vieille dette au sujet de cette maudite jambe que j'avais eu la sottise de me fouler une certaine nuit ? Par exemple, je n'ai pas eu besoin de vous soigner comme vous m'avez soigné vous-même ; car, sans compter cette pauvre Catherine, vous avez trouvé ici...

Il s'arrêta tout à coup. Alfred l'écoutait bouche béante.

— Catherine n'était donc pas seule à veiller sur moi ? demanda-t-il avec quelque chose de son ancienne vivacité ; parlez, mon ami, parlez ; vous connaissez mon secret, vous devez avoir une idée de mes angoisses... Dites-moi où est Thérèse ? que fait-elle ? pourquoi n'est-elle pas près de moi ?

— Thérèse ! répéta Rigobert avec un certain embarras ; n'est-ce pas mademoiselle Laurent que vous appelez ainsi ?

— Eh ! vous le savez bien... de grâce, mon cher Rigobert, ne me faites pas languir... elle est venue n'est-ce pas ? cette femme vêtue de blanc, qui priait et qui pleurait là, à cette place où vous êtes, c'était elle ? Oui, elle est venue ; en apprenant mon accident, elle a dû s'empresser d'accourir ; elle est si charitable et si bonne, elle fût venue pour le dernier malheureux ! d'ailleurs je l'ai reconnue ; je me souviens maintenant de diverses circonstances... mais avouez donc que c'était Thérèse !

— En effet, balbutia l'homme de loi, qui commençait à trouver sa mission difficile, mademoiselle Laurent est entrée ici... plusieurs fois...

— Dites tous les jours, toutes les nuits... je ne pouvais lui parler, mais je la voyais, et sa vue calmait mes souffrances, rafraîchissait mon sang... Elle va revenir, n'est-ce pas ? Elle ne peut tarder !

— Je... je ne sais pas. Peut-être...

— Qu'on la fasse prévenir ; je mourrai si elle ne se montre à moi !... C'est étrange ! je suis malade depuis quelques jours, et il me semble que des semaines se sont écoulées depuis que je suis étendu sur ce lit de douleur.

— Le temps paraît bien long quand on souffre.

Alfred, dans son agitation croissante, était parvenu à dégager un de ses bras ; il regarda avec attention sa main blanche, d'une maigreur presque diaphane.

— Trois jours de souffrance, reprit-il d'un ton pensif, auraient-ils pu me maigrir à ce point ?

— Vous avez perdu tant de sang... ! et puis la fièvre qui s'en est mêlée... ! mais calmez-vous, mon cher comte ; vous vous échauffez trop pour un malade, on ne peut pas causer avec vous.

— Je ne me calmerai pas tant que je n'aurai pas vu Thérèse... Depuis plusieurs jours, elle n'est pas venue me soutenir, m'encourager par sa présence.

— Allons, Précigny, soyez homme, morbleu ! La jeune demoiselle vous a visité assez souvent, mais votre imagination vous la montrait même en son absence.

— Non, non ! répliqua le comte avec égarement ; je ne confonds pas les illusions de la fièvre avec les impressions plus nettes de la réalité... Écoutez, reprit-il en faisant un effort pour assembler ses souvenirs, je puis vous dire en quelle circonstance je l'ai vue pour la dernière fois... C'était la nuit ; un profond silence régnait autour de moi ; Catherine était endormie dans son fauteuil, là-bas près de la fenêtre ; moi j'étais en proie à d'horribles souffrances, et je poussais parfois de sourds gémissemens. Tout à coup, j'entendis un léger bruit, et cette porte qui est là, en face de moi, s'ouvrit lentement. A la pâle lueur de la lampe, je vis Thérèse s'avancer vers moi ; elle était vêtue de blanc comme toujours ; il y avait en elle je ne sais quoi de vaporeux et d'aérien qui n'était pas de ce monde. En marchant elle chancelait, et elle s'appuyait aux meubles. Elle s'agenouilla devant mon lit ; elle se pencha sur moi, si près que nos visages se touchaient : « Mon ami, me dit-elle en souriant, je viens te dire adieu. Souviens-toi toujours de la pauvre Thérèse, et sois digne d'elle et te le montrant courageux pour supporter la vie... Tu ne m'entends pas, pauvre ami, ou du moins tu ne peux me comprendre... Je veux cependant tenir la promesse que j'ai faite ; prends cette bague, elle a appartenu à ma mère. Elle sera le gage de cette union qu'il ne nous a pas été donné de consacrer sur la terre. » Elle mit à mon doigt un anneau d'or ; je voulus parler, ma langue resta attachée à mon palais, je ne formai que des sons inarticulés. Alors Thérèse prononça encore le mot « adieu, » me donna un baiser froid comme glace, et tout disparut. Je ne sais ce qui se passa, je perdis connaissance.

Rigobert prenait fréquemment des prises de tabac pour cacher son émotion.

— C'était un rêve, mon ami, dit-il avec effort. Songez donc !... Comment pourrait-il se faire... ?

— Un rêve ! répéta Alfred ; vous aussi vous pensez... ?
— Tout à coup il poussa un cri perçant. — Non, non, ce n'était pas un rêve ! reprit-il en agitant son autre main qu'il venait de dégager des couvertures, regardez cet anneau... c'est l'anneau de Thérèse ! — Une bague entourait en effet le doigt osseux et effilé du jeune comte. Par un effort surhumain, il se souleva sur le coude. — Rigobert, dit-il d'une voix étouffée, il n'est plus temps de me cacher la vérité... Parlez, j'aurai du courage... elle est

morte; n'est-ce pas qu'elle est morte... Thérèse, ma fiancée, ma femme?

Ce calme apparent trompa l'homme de loi.

— Eh bien! reprit-il avec trouble, si vous me promettez d'être fort, d'être raisonnable... un homme doit savoir supporter les douleurs de la vie... Thérèse...

— Achevez...

— Depuis deux jours elle est au ciel... avec les anges!

Alfred poussa un cri long et déchirant, comme s'il eût voulu exhaler son âme avec ce cri, puis il retomba en arrière, en proie à d'horribles convulsions.

XXXIV

Rigobert fut épouvanté de cet excès de douleur auquel il ne s'attendait pas. Il appela du secours; bientôt la chambre fut remplie de monde. Les deux médecins et Catherine prodiguèrent au malade les soins les plus intelligens, les plus affectueux. Le curé de Précigny entra en ce moment, et se joignit à ceux qui s'empressaient autour du malheureux Alfred.

Grâce à tant d'efforts, il commença à se calmer et il rouvrit les yeux. Le chirurgien, après s'être assuré que, dans ces convulsions, l'appareil de la blessure n'avait pas été dérangé, se disposa à se retirer.

— Une crise violente, dans l'état de faiblesse du malade, reprit-il d'un ton grave, annonce une passion peu ordinaire, et si l'on ne parvient à relever son énergie morale, nos efforts pour le sauver demeureront inutiles.. Mais l'art de la médecine est impuissant désormais : nous avons des remèdes pour les maux du corps et non pour ceux de l'âme; c'est aux amis de ce pauvre jeune homme à faire le reste ; pour moi, je retourne à la ville, où d'impérieux devoirs me réclament. Adieu, messieurs; à vous maintenant d'achever cette guérison... votre tâche, je le crains bien, sera plus difficile que la mienne.

Il salua et sortit avec Merville, qui désirait recevoir ses dernières instructions au sujet du malade.

— Oui, c'est cela, grommela Rigobert en les regardant s'éloigner; il nous laisse nous arranger comme nous pourrons, le docteur, du moment qu'il n'y a plus ni bras, ni tête à raccommoder... Eh bien! moi aussi je ne m'en mêle plus... ce diable de garçon vous a des idées étonnantes que je ne puis atteindre à sa hauteur et je dis des sottises...

Lui apprendra le reste qui voudra, moi je n'ouvrirai plus la bouche... parlez donc à un homme qui ne veut pas entendre la raison!

— La raison humaine est bien faible contre les grandes douleurs, dit le curé avec mélancolie; monsieur Rigobert, ce n'est pas surtout à la raison de ce pauvre enfant, mais à son cœur, à ses sentimens religieux, que nous devons nous adresser.

— Eh bien! monsieur le curé, reprit brusquement l'homme de loi, parlez-lui vous-même dans ce sens; pour moi, je serais, je l'avoue, un assez mauvais prédicateur, quoique j'aie la prétention d'être un avocat passable... Oui, vous connaissez les faits aussi bien que moi ; chargez-vous donc d'adoucir cet affreux désespoir, si cela est possible.

— Je l'essayerai, monsieur; mon affection pour ce bon jeune homme et la charité chrétienne m'en font également un devoir.

Il alla s'asseoir au chevet du malade; avec une espèce de curiosité sceptique, Rigobert se plaça à portée d'entendre tout ce qui allait se dire.

Alfred revenait peu de cette effroyable crise déterminée par la révélation de la mort de Thérèse. Une sorte d'hébétement se peignait sur son visage pâle; son œil était fixe et sec. Quoiqu'il eût recouvré complètement ses sens, i ne semblait pas s'apercevoir de la présence de ses amis. Il gardait un silence farouche.

Le curé se taisait de même, pour donner au pauvre Alfred le temps de se remettre de cette terrible secousse.

Enfin le malade éleva lentement sa main à la hauteur de ses yeux ; il examina longtemps sans rien dire l'anneau de Thérèse. Le vieux prêtre profita de ce moment et se pencha vers lui :

— Mon fils, lui dit-il d'une voix douce et pénétrante, vous regardez cet anneau, dernier présent d'une pure et sainte fille qui est maintenant au séjour des bienheureux, mais savez-vous quels grands devoirs, quelles obligations sacrées il doit vous rappeler désormais?

— Oui, oui, je le sais, murmura le comte d'un ton sombré, sans lever les yeux sur la personne qui lui parlait : il me rappelle que nous nous aimions, que nous étions fiancés, et que je dois aspirer à me réunir à elle pour l'éternité.

— Vous serez réunis, mon enfant, mais plus tard, bien plus tard, quand vous aurez rempli la destinée pour laquelle Dieu vous a mis sur la terre... Jusque-là il faut vous résigner aux tribulations qu'il plaira au ciel de vous envoyer. Votre vie désormais doit se résumer en deux mots : la charité et l'espérance.

Alfred laissa retomber sa main.

— Je n'attends rien des hommes, dit-il d'une voix brève, et les hommes n'ont rien à attendre de moi... Je n'espère que la mort, et je l'appelle de tout mes vœux.

— La mort! il est permis aux malheureux de la désirer; mais souvenez-vous, pauvre enfant, que ce serait un crime de la hâter d'une minute.

— Ai-je besoin de la hâter? répliqua le comte avec un sourire amer; elle est proche, je le sens; je la bénirai quand elle me frappera.

— Non, non, vous ne mourrez pas encore, mon fils; vous ne mourrez pas encore, si vous êtes chrétien, si vous êtes fort contre vous-même, si vous avez la foi dans le cœur... vous vivrez si vous tenez compte des dernières volontés de votre Thérèse.

— De Thérèse! répliqua le comte en tressaillant à ce nom.

— Oui, de Thérèse; elle n'était préoccupée durant ses derniers jours que de votre avenir, de votre élévation dans le monde. Bien des fois, comme prêtre et comme ami, j'ai reçu ses confessions, ses confidences; elle ne voulait pas s'arrêter un instant à cette idée que, par faiblesse et par lâcheté, vous pourriez rejeter loin de vous le fardeau de la vie avant d'avoir atteint le bout de la carrière; elle ne vous eût point aimé si elle vous eût inspiré un amour égoïste et vulgaire. D'ailleurs, vous lui aviez promis de surmonter votre désespoir, si puissant qu'il fût. Pleine de confiance dans vos nobles facultés, dans votre généreuse énergie, elle songeait avec bonheur aux grandes choses que vous pourriez accomplir, aux services que vous pourriez rendre à vos semblables, et elle s'en réjouissait à l'avance comme de son ouvrage.

Le prêtre était, nous l'avons dit, un vieillard à l'aspect bienveillant et vénérable ; sa parole était persuasive, onctueuse, éloquente. D'ailleurs, en parlant toujours de Thérèse, il avait trouvé le secret de se faire écouter. Aussi, le malade n'avait-il plus cet air farouche et hostile du premier moment ; son regard avait perdu sa fixité morne. Il s'était tourné vers le vieillard.

— Que me demandez-vous, mon père? dit-il avec abattement; qu'exigez-vous, en invoquant une autorité presque aussi sainte à mes yeux que celle de Dieu même!... Pourquoi veut-on me condamner à vivre, moi dont la vie est si douloureuse? que suis-je sur la terre? quelle place pourrais-je y tenir? Réfléchissez donc : En quoi pourrais-je être utile à mes semblables? Quels services pourrais-je rendre à la société? je suis pauvre, isolé, obscur, sans force et sans courage.

— Dieu peut donner aussi bien que retirer la force et le courage! dit le prêtre avec véhémence ; mais est-ce à vous, jeune homme, de vous plaindre de votre faiblesse, quand la protection d'en haut s'est si manifestement déclarée pour vous dans votre récente entreprise? Voyez ce qu'a fait la Providence avec un humble instrument tel que vous ! une population entière était dans le deuil ; cinquante familles étaient décimées chaque jour par un impitoyable fléau ; un homme fier et puissant, appuyé sur des droits légaux, soutenu par la force publique, entouré de deux cents hommes robustes disposés à le défendre, triomphait dans sa splendide demeure de ces malheureux désespérés. Dieu vous a suscité, vous jeune homme pauvre et obscur, comme vous dites, et en quelques mois, l'homme puissant a été renversé, sa prospérité a été détruite ; la face d'un pays entier a été changée; des constructions qui semblaient indestructibles se sont écroulées devant vous, et cette population si opprimée, si voisine d'un anéantissement complet, s'est ranimée tout à coup; la santé, la vigueur, le calme sont revenus pour elle ; maintenant, elle répète vos louanges, elle bénit votre nom... Comte de Précigny, avez-vous encore le droit de dire que vous êtes inutile au monde ? Êtes-vous sûr d'avoir accompli sur la terre la tâche pour laquelle vous étiez choisi ?

Alfred semblait vivement ébranlé par cette argumentation entraînante. Cependant il reprit après quelques instans de réflexion :

— Vous me citez là un fait isolé qui ne se renouvellera plus, qui ne peut plus se renouveler... J'ai beau jeter un regard dans la vie, elle m'apparaît comme un désert aride où j'apprendrais à maudire Dieu et ma destinée... Je n'ai aucun moyen de faire le bien, je serais à charge aux autres et à moi-même. Bientôt il ne me restera plus même de quoi jeter l'aumône au mendiant du chemin !

Le vieux prêtre le regarda fixement.

— Le croyez-vous, mon enfant? dit-il avec réserve ; où donc pensez-vous être ici?

— Mais chez vous, monsieur le curé, et j'ai à vous remercier de...

— Vous ne me devez pas de remerciemens, comte de Précigny ; on vous a trompé, vous êtes en ce moment chez vous.

— Chez moi?

Sur un signe du curé, Rigobert écarta vivement les rideaux de l'alcôve et alla ouvrir la fenêtre. Alfred put apercevoir alors l'immense cour de la manufacture avec ses grands bâtimens de brique et ses milliers de fenêtres alignées sur la façade. La chambre qu'il occupait se trouvait dans le pavillon habité jusque-là par monsieur Laurent et par sa fille.

— Vous ne comprenez pas? reprit le vieux prêtre en voyant son étonnement ; à la suite de ce duel funeste, on vous transporta ici, pendant votre évanouissement... Mademoiselle Laurent voulut vous avoir près d'elle, pour veiller elle-même à votre conservation ; elle a rempli ce devoir jusqu'à la fin.

— Oh! Thérèse ! angélique Thérèse ! s'écria le comte avec transport, en joignant ses deux mains et en les élevant vers le ciel.

— Ce n'est pas tout, continua le vieillard, il me reste à vous faire connaître les dernières volontés de celle que nous pleurons... Elle n'avait pas de proches parens; elle a pu disposer de ses richesses comme elle l'entendait. Vous vous plaigniez d'être pauvre, comte de Précigny ; eh bien! sachez-le, ce bel établissement avec ses vastes terrains qui en dépendent, avec ses coffres remplis d'or, avec ses magasins remplis de marchandises, tout cela est à vous... à vous seul !

Alfred restait pétrifié en écoutant cette révélation ; puis il s'écria dans le plus affreux désespoir :

— Sa fortune !.. à moi? elle me méprisait donc? elle a cru qu'elle me ferait aimer la vie en me rendant riche ? elle a pu penser que son or adoucirait les cuisans regrets de sa perte?... Cette fortune, je n'en veux pas, je la repousse, je la foule aux pieds... Oh! Thérèse ! fallait-il

donc qu'il y eût une tache sur votre belle et pure image?

Le curé allait répondre; Rigobert, n'y tenant plus, lui coupa la parole :

— Morbleu ! Précigny, s'écria-t-il avec indignation, ceci est trop fort ! vous avez un étrange caractère... Comment diable ! on vous donne plusieurs millions et...

— Paix, monsieur Rigobert, dit le prêtre avec autorité ; c'est à moi de faire comprendre à ce malheureux enfant son ingratitude et son injustice.... Comte de Précigny, avez-vous jugé si mal les intentions de cette jeune fille? n'avez-vous pas senti qu'en vous léguant cette immense fortune, dont la source était dans l'égoïsme et l'amour du gain, elle vous léguait le devoir de l'ennoblir et de la purifier? Oh ! ne vous hâtez pas d'imputer à Thérèse une pensée étroite et bassement humaine! Qui sait à quels scrupules de conscience elle a obéi en vous restituant ces biens qui avaient appartenu à vos ancêtres, et dont vous disputiez naguère encore une partie à son père? D'ailleurs, n'étiez-vous pas son époux aux yeux de Dieu ?... Vous vous plaigniez tout à l'heure, Alfred de Précigny, de ne pouvoir rien tenter d'important pour le bien de l'humanité ; Thérèse a prévenu cette objection en mettant à votre disposition ces immenses moyens d'action sur tout ce qui vous entoure. Songez combien de larmes vous pourrez sécher, combien de malheureux vous pourrez combler de joie ! Vos ancêtres ont été les bienfaiteurs de ce pays dans des temps encore peu éloignés de nous ; Thérèse a voulu vous donner le pouvoir de continuer ces traditions de haute charité, de généreux patronage... Vous avez pu déjà, grâce à un miracle de dévouement, rendre la santé et la vie aux anciens serviteurs de votre famille; cela ne suffit pas, vous avez maintenant à les rendre heureux. Que votre noble intelligence se mette à l'œuvre ! que vos instincts élevés se réveillent ! Cherchez une nouvelle mission à remplir, un but utile à atteindre, et l'or que vous aurez en main vous permettra de réaliser vos desseins... Voilà ce qu'a désiré votre amie en vous faisant le dépositaire de sa fortune; elle a compté vous créer un grand devoir envers elle, envers le monde et envers Dieu ! Cette pensée était digne d'elle et digne de vous !

— Cela est-il bien vrai, mon père ? s'écria Alfred d'une voix entrecoupée ; sont-ce là, en effet, les intentions de ma pauvre Thérèse? Ne me montrez-vous pas cet acte sous un pareil jour seulement pour m'obliger à accepter avec résignation les luttes et les souffrances de la vie?

— J'en atteste le ciel ! reprit le vieillard avec chaleur ; ce sont là les idées dont m'entretenait souvent mademoiselle Laurent à ses derniers instans. Elle connaissait votre cœur ; elle savait que les liens d'intérêt personnel ne seraient rien pour vous... Mais, si vous doutiez encore, vous en croiriez du moins un mémoire écrit de sa main, où elle a tracé un plan de conduite à votre usage... Son âme céleste s'y reflète tout entière !

— Ce papier, mon père, ce précieux manuscrit, où est-il? interrompit Alfred avec agitation ; de grâce, montrez-le moi à l'instant... Je veux le lire, le couvrir de baisers!

— Vous ne seriez pas en état de le comprendre ; j'ai promis à Thérèse de vous le remettre le jour où vous serez complétement rétabli ; c'est pour moi une obligation sacrée de me conformer à son vœu.

Il y eut un moment de silence. Enfin, le prêtre prit les mains du malade, et, les serrant doucement, il lui dit avec un accent plein de douceur et de bonté :

— Eh bien ! mon fils, voulez-vous encore mourir ?

— Que Dieu ait pitié de moi ! s'écria le comte en fondant en larmes, j'obéirai aux volontés de Thérèse.

. . . .

Quand le curé et Rigobert quittèrent la chambre, après avoir vu le malade calme et résigné, l'homme de loi dit au vieux prêtre avec un accent de regret comique :

— Ah ! monsieur le curé, quel dommage que vous soyez ecclésiastique !

— Et pourquoi cela, monsieur?

— Parce que vous eussiez pu être avocat... Je n'ai jamais entendu, au palais, plaider une cause avec autant d'éloquence.

— C'est peut-être, monsieur, que cette éloquence ne s'apprend pas dans les livres de droit... elle se trouve dans l'Évangile et dans le cœur.

Alfred de Précigny tint parole ; il ne repoussa pas les soins qu'on lui prodiguait, et bientôt il entra en convalescence. Le curé lui remit alors ce manuscrit où Thérèse avait déposé ses idées d'avenir pour l'homme qu'elle avait tant aimé. Après l'avoir médité longtemps, non sans verser bien des larmes, le comte partit pour Paris, en laissant Rigobert et un notaire d'une probité reconnue, chargés de ses intérêts à Précigny.

— Parbleu ! se disait Rigobert en palpant les valeurs considérables contenues dans les caisses du défunt manufacturier, le seul acte désintéressé de ma vie me rapportera plus de bénéfices que cinquante années d'intrigues et de chicanes ! il est bon d'essayer un peu de tout... Parce que j'ai su une fois par hasard me montrer généreux, me voilà administrateur d'une succession de plusieurs millions... En faisant les choses le plus honnêtement possible, je n'aurai pas à me plaindre de mon lot... Et l'on dira que la vertu est toujours dupe !

Il faut rendre justice à tout le monde ; plus de six mois après la destruction de la chaussée et la mort du manufacturier, un ordre arrivé de Paris supprima l'étang de Précigny comme insalubre et *peut-être* dangereux pour le voisinage.

ÉPILOGUE.

Deux ans s'écoulèrent.

Par un beau jour d'été, les habitants de Précigny étaient en émoi pour les préparatifs d'une fête telle que de mémoire d'homme le pauvre village n'en avait vu de pareille. Toute la population était sur pied ; les habitants des communes voisines, qui avaient autrefois pris part à ses souffrances, avaient été convoqués pour prendre part à ses joies. Dans l'unique rue du hameau, sur la place de l'Église, partout on rencontrait des bandes de paysans endimanchés. Cette foule n'avait plus cet air hâve, chétif, que lui donnait jadis la fièvre épidémique ; les visages épanouis exprimaient le bien-être et le contentement. Le temps, ce grand consolateur, avait adouci le souvenir des malheurs passés ; femmes, enfans, vieillards, semblaient éprouver un sentiment commun, une joie pure.

Les habitations elles-mêmes paraissaient moins pauvres, moins enfumées qu'à l'ordinaire, sous leurs guirlandes de feuillage et leurs drapeaux blancs ; il est vrai que des édifices neufs, somptueusement recouverts en tuiles, s'élevaient çà et là ; le clocher de l'église ne menaçait plus ruine ; le presbytère avait l'aspect le plus comfortable. Tout enfin attestait la création récente d'un génie bienfaisant, dans ce lieu où régnaient autrefois la maladie, la désolation et la misère.

C'était surtout à l'entrée du village qu'avaient été faits les préparatifs les plus somptueux ; c'était là aussi que la foule s'agglomérait plus particulièrement. Un grand arc de triomphe de verdure dominait la route dans toute sa largeur, répandant autour de lui une odeur fraîche et parfumée. En avant de ce gigantesque édifice de feuillage, une quarantaine de gardes nationaux ruraux, dont pas un n'avait un uniforme semblable à celui de son voisin, s'exerçaient à manier de vieux fusils rouillés, sous le commandement de notre ancienne connaissance, le sapeur Lapanse, métamorphosé en sergent instructeur. Un peu à l'écart, du côté de l'église, se promenait d'un air grave, en habit noir et en écharpe, le maire de Précigny ; c'était encore une ancienne connaissance de nos lecteurs. Mathurin, l'agent fidèle du comte Alfred, avait été élevé, depuis la mort de Laurent, à cette dignité municipale. Le digne homme s'efforçait de prendre des manières majestueuses tout à fait à la hauteur de la circonstance. Il donnait ses ordres d'un ton bref à ses administrés ; il distribuait l'éloge et le blâme aux gardes nationaux qui faisaient damner leur malheureux instructeur sous son harnais militaire. Malgré ses soins divers, il paraissait profondément occupé, tout en se promenant, à inculquer dans sa mémoire rebelle le contenu d'un petit carré de papier qu'il froissait entre ses doigts. Au su des spectateurs, il étudiait un compliment, fruit des élucubrations du maître d'école ; et à voir les efforts du malencontreux fonctionnaire pour graver quelques phrases dans sa cervelle, des bambins qui l'observaient à distance l'accusaient malicieusement d'avoir la tête dure et de mériter des férules.

Évidemment ces braves gens étaient dans l'attente du héros encore inconnu de la fête ; mais l'impatience leur avait fait devancer l'heure fixée pour son arrivée, car aussi loin que le regard s'étendait dans la plaine, on n'apercevait pas encore celui à qui tant d'honneurs étaient réservés. Cependant les yeux se tournaient fréquemment vers le grand chemin ; Mathurin lui-même s'arrêtait par momens, pour veiller à ce que la personne si ardemment désirée ne pût approcher sans être signalée d'avance à l'enthousiasme public.

Les campagnards s'étaient réunis, comme nous l'avons dit, en groupes bruyans et animés. Un seul d'entre ces groupes conservait un caractère de réserve et même de recueillement, quoique la gaieté n'y fût pas moins franche que les autres. Il s'était formé autour d'un vieillard décrépit et aveugle, assis sur un fauteuil de bois devant la porte d'une chaumière isolée. Ce vieillard, à en juger par son air de souffrance et de faiblesse, avait à peine conservé un souffle de vie, et il était douteux s'il reconnaissait ceux qui se pressaient autour de lui. Cependant pas un notable ne passait sans venir lui serrer doucement la main, lui adresser quelques mots affectueux ; l'aveugle répondait seulement par un signe de tête ; ses lèvres s'agitaient, mais sans former aucun son ; quand le visiteur lâchait sa main ridée, elle retombait inerte sur son genou. Ce malheureux vieillard à qui l'on témoignait tant de déférence était Nicolas, le patriarche de Précigny, la plus ancienne et la plus triste victime de cette épidémie qui avait désolé le village peu d'années auparavant.

Naturellement les habitants assemblés autour de lui, et c'était l'élite de la commune, devaient, par respect pour son âge et ses infirmités, s'abstenir de ces bruyantes controverses qui éclataient dans les autres groupes ; cependant peu à peu ils se relâchèrent de leur réserve première. Un grand gaillard, en redingote noisette, à mine futée et retorte, connu pour être un partisan du progrès dans le conseil municipal d'une commune voisine, s'était laissé aller à exprimer hautement des observations qui excitèrent des réclamations universelles. La discussion s'échauffa. A ce bruit, le sergent Lapanse, las de s'époumoner inutilement pour expliquer à ses hommes la théorie du port d'armes, s'avança en s'essuyant le front. Monsieur le maire lui-même dirigea ses pas du même côté sans cesser de marmotter sa leçon.

— Vous direz ce qu'il vous plaira, bonnes gens, s'écriait le paysan en redingote noisette d'un air capable, mais, sans vouloir ravaler votre comte de Précigny, il ne vous fera jamais autant de bien qu'il vous a fait de mal.

— Lui ! du mal ? répliqua une femme avec indignation ; le brave jeune homme qui a desséché l'étang de Précigny et qui nous a rendu la santé et la vie ?... vous êtes fou, maître Simon !

— Le comte de Précigny, qui depuis deux ans nous a comblés de bienfaits ? ajouta un autre ; il paye une pension à tous les orphelins de la commune.

— Il a fait bâtir une école et il entretient un maître à ses frais.

— Il a fait réparer l'église.

— Il a fait reconstruire la maison de la veuve Mourette et celle des petits Durand, dont le père est mort de la fièvre.

— Grâce à ses démarches, j'ai obtenu ma pension de retraite que le gouvernement s'obstinait à me refuser, s'écria Lapanse, et je ne souffrirai pas qu'en ma présence...

— Si tout autre que vous, monsieur Simon, dit Mathurin avec une majestueuse sévérité, vous homme de poids et fonctionnaire public, avait osé parler ainsi de notre bienfaiteur, je l'eusse fait prendre par quatre fusiliers et jeter en prison.

— Et voici quelqu'un pour exécuter la consigne, mille tonnerres ! s'écria Lapanse. Soutenir que le comte de Précigny a causé du tort à la commune ! et cela au moment où il vient s'établir définitivement au milieu de nous !... C'est-à-dire que nous devrions baiser la trace de ses pas !

— Il faudra dételer sa voiture quand il arrivera, dit une femme exaltée ; nous le traînerons à bras jusqu'à la fabrique !

— Non, il vaudra mieux le porter en triomphe.

— Et, en attendant, si nous rossions un peu maître Simon pour lui apprendre à brider sa langue, dit un gros paysan en fronçant les sourcils.

L'homme à la redingote noisette, ou plutôt maître Simon, avait supporté jusque là avec un sang-froid héroïque ces transports d'enthousiasme et d'indignation, mais la motion menaçante du dernier interlocuteur lui donna quelques alarmes.

— Ne vous fâchez pas, mes amis, mes voisins, reprit-il d'un ton conciliateur ; que diable ! on peut bien s'expliquer... Je ne suis pas l'ennemi de monsieur de Précigny, au contraire, parce que c'est un homme qui... que... enfin c'est un brave homme. Seulement, je le répète, il est malheureux pour le pays qu'il ait succédé au manufacturier Laurent, et je le prouverai.

— Comment cela, maître Simon ? Certainement, vous avez dû être un forcené jacobin du temps de la Terreur.

— Allons donc ! je n'avais pas dix ans à cette époque-là... Néanmoins, je ne suis pas porté pour les nobles, parce que, voyez-vous, les nobles, ça peut avoir ses qualités, ça ne lésine pas trop avec les pauvres, ça dépense de l'argent dont le marchand et l'ouvrier profitent, mais aussi c'est trop fier pour se mêler d'affaires, d'industrie, de commerce, bonnes choses qui enrichissent un pays... Ainsi, par exemple, une supposition : si cette belle manufacture qui est là-bas, et qui ne sert plus à rien aujourd'hui, était tombée entre les mains d'un bourgeois spéculateur qui saurait en tirer parti, ne serait-elle pas mieux qu'entre les mains de ce jeune noble qui en fera tout au plus des étables à bœufs ou des granges ?

— Ouais ! interrompit l'un des auditeurs, à votre compte il faudrait donc rétablir la manufacture au risque de ramener la peste parmi nous ?

— Je ne dis pas cela... cependant tous les villages situés près d'un étang ne sont pas nécessairement ravagés par la fièvre ; j'ai entendu assurer par un savant médecin, le docteur Merville, que ce qui était arrivé pour l'étang de Précigny était accidentel et ne se renouvellerait probablement plus... Voyez la Brenne, à quelques lieues d'ici ; les habitans vivent au milieu des étangs ; sans doute, ils ne jouissent pas d'une santé bien florissante, mais ils vivent, et ils trouvent leur avantage à cet état de choses, car ils s'enrichissent.

— Vous allez voir !... interrompit Mathurin avec ironie, monsieur Simon nous prouvera que ce serait un bonheur pour nous si l'on remettait en activité la manufacture de Précigny !

— Et pourquoi pas, monsieur le maire, car, enfin, réfléchissez un peu : du temps de monsieur Laurent, quand il y avait deux cents ouvriers à nourrir à la fabrique, il fallait du pain, du vin, de la viande pour tous ces gaillards-là ; nos denrées se vendaient que c'était une bénédiction ! ensuite, dans la saison de la tonte, nous n'avions pas besoin de courir les marchés et de nous inquiéter de nos laines... Nous allions trouver le contre-maître à la manufacture, on pesait la marchandise, et aussitôt on nous comptait de bons écus de six francs, qui faisaient grand bien où ils passaient... Il y a des gens par ici qui se sont ramassé de jolis magots en ce temps-là ! De plus, quand la récolte était mauvaise, ou l'hiver, pendant le chômage, un pauvre homme était toujours sûr de trouver à s'occuper chez monsieur Laurent et de gagner de quoi nourrir sa famille en attendant la bonne saison ; tout cela valait bien quelque chose !... Vous autres, braves gens de Précigny, vous souffriez de la fièvre ; d'aucuns de vous mouraient misérablement, vous vous êtes plaints, vous étiez dans votre droit... mais, nous autres des communes voisines, nous nous moquions de la fièvre comme du *Grand-Turc* et nous avions de gros avantages à nous trouver si près de la fabrique ; aussi, quand nous sommes venus, par bonté d'âme, et moi le premier, vous aider à faire sauter la chaussée de l'étang, nous étions fièrement bons enfans, allez ! Depuis, s'il faut l'avouer, plus d'un de nous s'est mordu les doigts de sa complaisance.

L'orateur parlait avec une emphase et un aplomb ridicules ; cependant ses déclamations avaient produit sur les auditeurs une certaine impression.

— Le fait est, dit Mathurin d'un air pensif, que, du temps de monsieur Laurent, ma récolte de vin était vendue chaque année pour les besoins de la fabrique, aussitôt qu'elle était sortie de dessous le pressoir... Jamais, depuis, je ne m'en suis défait aussi avantageusement.

— Et moi donc ! s'écria le gros paysan qui avait proposé d'abord d'assommer maître Simon, quels excellens marchés j'ai conclus à la fabrique !... Quand je pesais mes laines, il s'y trouvait toujours, par ci par là, quelques feuilles sèches, quelques graviers un peu gros qui n'étaient pas d'ordonnance, et l'*Anglais*, vous savez , le monsieur rouge avec des lunettes d'or, criait comme un beau diable. Mais alors monsieur Laurent arrivait et disait avec son grand air : « Allons, allons, payez ce brave homme... Je fais mes affaires, je veux qu'il fasse les siennes ; » et ça passait.

— Et puis je voyais arriver chez moi beaucoup de marchands étrangers, dit un aubergiste ; sans compter que le dimanche les ouvriers venaient boire au cabaret, et ils payaient bien.

— Tout le monde se ressentait un peu de la richesse de cette maison-là, dit un autre interlocuteur ; le plus pauvre diable en avait les bribes... Aussi, ma foi ! s'il ne fallait pas rétablir ce maudit étang...

— Si l'on n'avait pas à craindre cette terrible fièvre...

— Il serait à désirer que monsieur de Précigny consentît à remettre en activité la manufacture.

— Oui, et qui la dirigerait ? Croyez-vous qu'un noble de cette volée consentirait, pour votre plaisir, à se faire fabricant de drap ?

— Hein ! vous y tenez donc ? conclut Simon d'un air de triomphe.

— Oui, oui, reprit Mathurin avec un soupir, véritablement il est fâcheux que ce bel établissement soit perdu pour nous.

— Comme nous serions heureux si on le rouvrait ! dirent plusieurs voix.

Tout à coup la conversation cessa, et les interlocuteurs se levèrent précipitamment. Pendant qu'ils exprimaient à l'envi leurs regrets du passé, le vieux curé de Précigny, appuyé sur sa canne, s'était avancé vers eux. Debout, à quelques pas du cercle, il avait entendu leurs souhaits.

Les assistans parurent interdits et baissèrent les yeux ; le curé sourit d'un air mélancolique :

— Que l'homme ne sait guère ce qu'il demande ! dit-il en redressant sa taille voûtée ; ces mêmes gens que j'ai vus naguère accablés de douleur et de désespoir, attribuant leurs maux affreux à cette opulente demeure, aspirent maintenant de tous leurs vœux à sa régénération... Mais pourquoi m'en étonnerais-je ? continua-t-il avec indulgence ; les Israélites sortis de l'esclavage ne regretaient-ils pas les viandes et les oignons d'Egypte ? Pourquoi mes pauvres paroissiens seraient-ils plus conséquens avec eux-mêmes que les enfans d'Israël ? L'humanité n'a pas changé depuis trois mille ans !

La plupart des auditeurs étaient incapables de comprendre ces paroles ; cependant ils allaient s'excuser de leur apparente ingratitude envers leur bienfaiteur, quand une grande rumeur se fit entendre à l'extrémité du village :

— Le voici ! le voici ! s'écriait-on.

Tous les yeux se tournèrent vers la grande route ; on apercevait au loin dans la plaine une chaise de poste enveloppée d'un nuage de poussière.

— C'est lui en effet ! s'écria Mathurin troublé ; allons, chacun à son poste !... et moi qui ne sais pas encore ce maudit compliment ! Maître d'école, venez, je vous prie, et tenez-vous à ma gauche, afin de me souffler au besoin... Monsieur le curé, de grâce, ne me quittez pas, je compte sur votre assistance, car je perds la tête tout de bon.

Le curé s'appuya amicalement sur son bras, pour aller recevoir le voyageur, tandis que le maître d'école, sorte de cuistre à mine rouge et pédante, les suivait en grommelant.

— Souffler ! moi souffler ! ce sera d'un bel exemple pour mes écoliers !

La garde nationale, excitée par les appels réitérés de son vieux sergent, et par les roulemens d'un tambour à demi défoncé, s'était décidée à quitter un cabaret voisin et venait reprendre ses fusils rouillés. En un instant, l'alerte fut générale : les curieux, avertis par le bruit du tambour, accouraient de toutes parts pour assister à la cérémonie officielle. On se poussait, on se coudoyait ; la joie, l'impatience se manifestaient par des cris tumultueux.

Bientôt, cependant, l'ordre se rétablit. La garde nationale, alignée tant bien que mal, formait la haie ; la foule se serrait en rangs compactes derrière elle. Les notables de Précigny, le conseil municipal, le curé, le maître d'école, présidés par le maire Mathurin, s'étaient groupés sous l'arc de triomphe même. Dans le fond, on apercevait le vieux Nicolas, toujours immobile sur son siège rustique ; quoiqu'il ne pût rien voir, la foule respectueuse avait laissé devant lui un vaste espace vide. Un profond silence régnait maintenant dans l'assemblée.

Quand la chaise de poste fut arrivée à vingt pas environ de l'arc de triomphe, elle s'arrêta, et trois personnes en descendirent. Dans celui qui marchait la première, les habitans de Précigny n'eurent pas de peine à reconnaître le comte Alfred ; des deux autres, l'une était Rigobert ; la troisième, un jeune homme à la physionomie ouverte, aux manières distinguées, qui était inconnu de tous les assistans.

A la vue de leur bienfaiteur, les paysans poussèrent des vivats effrénés ; le tambour battit aux champs, les soldats improvisés présentèrent les armes ; pour roi ou pour empereur, le pauvre village de Précigny n'eût pu faire davantage.

Cependant le comte s'avançait d'un pas rapide vers ses anciens amis. Ce n'était plus le jeune homme vif, impétueux, toujours prêt à braver le péril, à briser l'obstacle ; il y avait maintenant dans sa personne une maturité grave, une dignité mélancolique. Quelques rides se montraient à l'angle de ses yeux ; quand il ôta son chapeau pour saluer la foule, il laissa voir un front dégarni et presque chauve. Du reste, son visage avait gagné en expression et en noblesse ce qu'il avait perdu en fraîcheur et en régularité ; mais sa pâleur attestait l'action d'une pensée intérieure toujours présente et toujours énergique.

Il semblait fort embarrassé des hommages dont il était l'objet ; son mécontentement se dissimulait avec peine sous un sourire poli. Avant que le maire, ému et troublé, eût pu commencer sa harangue, il lui dit d'un ton cordial en lui tendant la main :

— Qu'est-ce que ceci, mon cher Mathurin ? une fête.... un triomphe... pour moi, votre ami, votre ancien compagnon d'infortune ? En vérité, vous n'y pensez pas... je n'ai pas mérité ces honneurs, je n'y ai aucun droit ; je tiens seulement à votre affection, à celle de ces braves gens, et bientôt je l'espère vous me l'accorderez sans réserve.

Cette bonhomie déconcerta l'honnête fonctionnaire ; cependant il voulait essayer de se rappeler sa harangue officielle.

— Monsieur le comte, balbutia-t-il, vous nous avez déjà rendu tant de services, vous nous avez comblés de tant de bienfaits ! notre reconnaissance...

— Votre reconnaissance ne m'appartient pas, à moi, interrompit Alfred avec émotion ; si j'ai pu essuyer quelques larmes, soulager quelques misères dans ce pauvre village, remerciez-en la sainte créature dont j'accomplis les volontés ici-bas... Je ne suis rien que par elle et pour elle ; c'est elle qui veille encore sur vous du haut des cieux.

Ses yeux étaient humides, sa voix tremblait. Tous ceux qui étaient à portée de l'entendre partagèrent son émotion au souvenir de Thérèse. Le bon curé essaya de faire diversion à ces pénibles idées.

— Eh bien ! mes chers paroissiens, s'écria-t-il gaiement, puisque décidément monsieur de Précigny ne veut pas de notre réception d'apparat, il faut en prendre notre parti. Laissons donc là le cérémonial, si vous m'en croyez, et traitons-le comme un fils, comme un frère bien-aimé.

— C'est ça, ma foi ! au diable les phrases ! s'écria Mathurin, perdant tout à coup sa morgue officielle ; gardes nationaux, rompez vos rangs... toutes ces simagrées-là ne valent pas une poignée de main ou une franche accolade.

Les rangs se rompirent en effet, et les transports d'enthousiasme éclatèrent sans contrainte. On se foulait pour approcher d'Alfred, pour entendre de sa bouche un mot amical, pour recevoir de lui un signe de souvenir.

— J'aime mieux cette réception que l'autre, mes braves gens, disait le comte en souriant, et je remercie monsieur le curé d'avoir provoqué ce changement. Ce n'est pas, ajouta-t-il d'une voix altérée en se penchant vers le vénérable vieillard, le premier et le plus grand service qu'il m'ait rendu.

Le vieux prêtre l'embrassa avec effusion.

— Mon fils, murmura-t-il, vous n'avez donc pas désespéré de la miséricorde divine ?

— Non, mon père, j'aurai la force et le courage de remplir la noble mission que Thérèse m'a confiée... Je suis résigné aux volontés de Dieu et aux siennes.

On applaudit avec chaleur ces embrassemens, dont personne néanmoins ne pouvait apprécier le véritable sens.

Pendant ce temps, Rigobert se tenait un peu à l'écart avec le jeune homme inconnu dont nous avons parlé. Celui-ci observait d'un air d'intérêt les témoignages d'amour et de respect que l'on prodiguait au comte de Précigny.

— Eh bien ! monsieur l'ingénieur, lui dit Rigobert avec un accent sarcastique, vous le voyez... notre patron n'a pas à craindre d'être traité jamais comme monsieur Laurent. Votre existence sera douce dans ce pays ! Mais quel malheur que le comte n'ait pas voulu écouter la harangue de Mathurin ! C'eût été un curieux morceau d'éloquence... Ce diable d'homme ne fait rien comme les autres !

Le jeune homme à qui il avait donné le titre d'ingénieur allait répondre ; un nouvel épisode de cette touchante réunion vint couper court à la conversation.

Tout à coup, la foule qui se pressait tumultueusement autour du comte s'entr'ouvrit avec respect : deux robustes paysans s'avancèrent portant le vieux Nicolas dans son fauteuil. La figure si morne et si impassible du pauvre aveugle s'était illuminée d'un rayon de joie et d'intelligence : on eût dit d'un cadavre qu'une étincelle de vie venait de ranimer pour un moment. Il agitait ses bras dans le vide et murmurait faiblement ;

— Où est-il ? où est-il ? que je touche sa main, que j'entende seulement le son de sa voix, je mourrai content !

Les porteurs déposèrent le vieillard en face du comte ; on fit silence à l'entour.

Alfred ne savait d'abord qui pouvait être cette infortunée créature, triste échantillon de toutes les infirmités humaines. Mais en reconnaissant Nicolas, il courut à lui et le serra doucement dans ses bras :

— Est-ce vous, mon vieil ami, mon respectable père, lui dit-il, vous à qui je dois mes premières inspirations de dévouement !... Je suis heureux de vous voir, mon bon Nicolas, quoique vous soyez cruellement affligé par la maladie.

— Les souffrances du corps ne sont rien auprès de celles de l'âme, répliqua le vieillard ; ne me plaignez pas, bientôt mes peines seront finies... Mais, je n'ai pas voulu quitter la terre sans appeler les bénédictions du ciel sur le fils de mes anciens maîtres, sur le protecteur de ce pauvre pays.

— Je vous remercie, Nicolas ; les bénédictions d'un juste comme vous portent bonheur... Si l'on a exécuté mes ordres, vous ne devez manquer de rien ; cependant est-il quelque chose que je puisse faire encore pour vous ?

— Non... non, répliqua lentement le vieillard épuisé par ces efforts extraordinaires, je n'ai plus besoin que du repos éternel... Vous, mon protecteur, mon enfant, continuez de vivre pour le bonheur des autres... vous aurez votre récompense dans le ciel.

— Nicolas, murmura le jeune homme, c'est là seulement que je compte la trouver.

Mais déjà l'aveugle était retombé dans son atonie profonde ; cette lueur passagère d'intelligence s'était dissipée ; son visage avait perdu son animation, ses bras pendaient inertes à son côté. Alfred voulut encore lui adresser la parole :

— Vous n'obtiendrez plus rien de lui, dit le curé en secouant la tête avec tristesse, je suis même surpris que ce pauvre homme ait montré aujourd'hui tant de suite dans ses idées ; il n'avait pas tant parlé depuis la mort du dernier de ses petits-fils... C'est un heureux présage, monsieur le comte, quand Dieu délie la langue des mourans pour leur faire prononcer des bénédictions.

Il ordonna aux paysans de rapporter le vieillard à sa chaumière.

Cet incident avait attristé la population de Précigny, en lui rappelant ses souffrances passées. Alfred reprit après une pause :

— J'ai refusé les honneurs que vous me destiniez, mes chers amis ; néanmoins, nous ne devons pas nous séparer si vite ; j'espère que vous voudrez bien m'accompagner tous jusqu'à la manufacture. Monsieur Rigobert, je pense, a eu la bonté d'y faire préparer quelques rafraîchissemens.

— J'ai prévu votre désir, monsieur de Précigny, dit Rigobert ; vous trouverez là-bas tout ce qu'il faudra pour recevoir convenablement vos bons voisins.

— Eh bien, donc ! mes amis, consentez à me suivre. S'il faut l'avouer, j'ai un projet au sujet duquel je suis impatient d'avoir votre avis... Partons donc ! et oublions, si c'est possible, qu'autrefois nous avons fait ensemble le même chemin dans des intentions moins pacifiques.

La population, d'abord un peu désappointée de l'inutilité de ses préparatifs de fête, avait accueilli avec enthousiasme la proposition du comte ; cette promenade lui promettait, en compensation de ce qu'elle perdait, du mouvement, du plaisir des agitations nouvelles. Les habitans influens avaient dressé les oreilles à cette annonce d'un projet sur lequel Alfred désirait les consulter ; supposant qu'il s'agissait encore de quelque chose d'important pour la commune, ils n'eurent garde de refuser l'invitation. Toute cette foule bruyante et joyeuse s'ébranla donc et prit le chemin de la manufacture. Alfred s'avançait le premier, donnant le bras à Mathurin, qui n'avait pas encore songé à quitter son écharpe municipale ; il avait aussi prié le curé de les accompagner dans la voiture ; mais le bon prêtre, s'excusant sur les fatigues de la journée et sur ses infirmités, était rentré au presbytère.

On gagna la campagne, et bientôt Alfred s'arrêta pour examiner les changemens opérés pendant son absence dans le voisinage de la manufacture. Les restes de la chaussée avaient complètement disparu ; elle était remplacée par une route droite et commode que de jeunes arbres couvraient de leur ombre naissante. Quant à l'étang, on n'en voyait plus nulle trace ; à sa place s'étendait une vaste et verdoyante prairie dont les eaux vives du ruisseau entretenaient la constante fraîcheur. De magnifiques troupeaux de bœufs et de moutons paissaient paisiblement dans cet endroit, d'où s'exhalaient autrefois des miasmes pestilentiels. Les bâtimens de la fabrique n'avaient subi aucune modification ; ils s'élevaient toujours d'un air dominateur, au milieu de ce vaste paysage, vides, abandonnés, déserts, mais debout et formulant encore comme une pensée d'espérance.

Malgré son courage, Alfred ne put voir ces lieux, qui réveillaient en lui tant de poignans souvenirs, sans éprouver une émotion profonde. Sombre et rêveur, il se remit en marche ; il ne répondait pas à Mathurin, qui songeait à le sonder au sujet de la destruction future de ces importantes constructions ; il n'écoutait pas Rigobert, qui lui expliquait ces dispositions nouvelles, dont il avait conçu le plan et qui provoquaient les éloges dus à son activité et à son bon goût. Les campagnards, en voyant le front de leur ami se rembrunir, ses traits s'altérer, à mesure que l'on approchait, avaient cessé leurs rires et se disaient tout bas :

— Le pauvre garçon ! il pense à mademoiselle Thérèse, la vierge du pays... celle qui l'a rendu si bon !

La tristesse d'Alfred devint plus frappante encore lorsque l'on atteignit la manufacture. A la vue de ces vastes cours où croissaient maintenant des herbes parasites, et de ces bassins vides et desséchés, de ce pavillon habité jadis par la famille Laurent, il chancela, parut près de tomber en faiblesse. Un regard jeté vers la fenêtre de cette chambre où sa fiancée était morte lui rendit toute son énergie :

— Grâce, grâce ! Thérèse ! murmura-t-il ; je ne suis pas encore entièrement endurci contre la souffrance... Cette faiblesse sera la dernière.

Il releva la tête, sourit à ses hôtes, et se mit en devoir de leur faire, avec une politesse affable, les honneurs de sa maison.

Rigobert avait envoyé un domestique en avant pour annoncer à la fabrique l'arrivée du maître et de sa nombreuse compagnie ; aussi tout se trouva-t-il prêt pour les recevoir. La galerie où avait eu lieu le banquet donné par Laurent à ses ouvriers était encore disposée comme le jour de la fête ; on se souvient que, dès le soir même de ce jour mémorable, l'épidémie avait éclaté à la manufacture ; l'on n'avait eu alors ni le loisir ni la pensée de débarrasser la salle du festin des tables et des bancs qui l'encombraient. Depuis ce temps, l'exploitation ayant cessé, rien n'avait été changé dans l'arrangement intérieur de la maison. C'était donc là que des domestiques avaient servi une abondante quoique frugale collation. Du vin, des fruits, quelques viandes froides en faisaient tous les frais.

Les habitans de Précigny prirent place à ces mêmes tables où ceux qu'ils considéraient comme leurs ennemis avaient célébré leur trop court triomphe deux années auparavant. Cet étrange retour de fortune n'échappa pas à Alfred, et peut-être ne fut-il pas le seul à le remarquer. Cependant le repas fut joyeux et cordial ; moins brillant, moins imposant que le banquet industriel, il en donnait mieux l'idée d'un bonheur simple, tranquille et durable.

Alfred avait pris place, avec Rigobert et le jeune ingénieur, à une table autour de laquelle se trouvaient Mathurin, Lapanse, Simon et les autres gros bonnets du pays, trop fiers pour se mêler à la plèbe infime de la commune,

Le comte s'était montré plein de grâce et d'attentions pour chacun de ses convives; sur la fin du repas, il réclama le silence et dit sans emphase :

— J'avais un motif, mes braves gens, pour désirer vous voir réunis autour de moi dès mon arrivée ici... J'ai confiance dans votre sagesse, et j'ai voulu vous consulter sur une question qui touche à vos intérêts... Je vous exposerai donc tout simplement le projet que je suis sur le point de réaliser, et si quelqu'un de vous voit des objections à mon plan, il sera libre de les exprimer hautement. — Les assistans prêtèrent l'oreille; en ce moment on eût entendu une mouche voler dans la galerie. — J'ai pensé, mes amis, reprit Alfred, qu'il serait fâcheux pour la commune, pour le département lui-même, de laisser ce bel et vaste édifice sans destination utile; n'est-ce pas aussi votre avis?

— Oui, oui, monsieur le comte! s'écrièrent plusieurs voix.

— Il n'y a pas à en douter, dit le maire avec empressement.

— C'est ce que je me tue à répéter! s'écria Simon.

Cette unanimité enhardit le comte.

— Ainsi donc, mes amis, continua-t-il, vous verriez avec plaisir la manufacture de Précigny remise en activité comme autrefois?

— Mais qui la dirigerait? il n'y a personne dans le pays.

— Qui la dirigerait? répéta Précigny avec un sourire, ce serait moi!

— Vous! monsieur le comte? vous le descendant des anciens seigneurs de Précigny?

— Une honorable industrie ne fait pas déroger... Je serai de mon siècle, et je servirai mon pays comme il veut désormais être servi!... Sachez donc, mes braves gens, que les deux années qui viennent de s'écouler, je les ai employées à étudier la fabrication des lainages; je suis allé me perfectionner en Angleterre dans cette importante étude, et aujourd'hui je me crois en état de diriger les travaux de ce grand établissement... Voici un jeune et savant praticien, continua-t-il en désignant l'ingénieur, qui voudra bien me prêter son concours pour l'établissement et la direction des machines. Dans trois mois d'ici, cette usine sera plus florissante que jamais.

La joie et l'étonnement se manifestaient sur toutes les figures; cependant une crainte secrète arrêtait encore l'explosion de cette allégresse universelle.

— Eh bien! s'écria hardiment une femme, veut-on aussi rétablir l'étang?... nous faudra-t-il encore trembler pour l'existence de nos fils, de nos maris?

— L'étang de Précigny ne sera jamais rétabli, moi vivant! dit Alfred avec force; non, mes chers compatriotes, si je consens à rendre à sa destination première cette magnifique construction, ce n'est pas pour le malheur de vos familles, au contraire. Mon but est d'ouvrir des débouchés à vos denrées, une carrière à votre activité; il n'y aura pas un malheureux dans le pays qui ne puisse trouver ici du travail et du pain, sans rien demander à l'aumône... l'aumône ravale et avilit.

— Mais, dit une voix, si vous n'avez plus de chute d'eau, quel moyen emploierez-vous pour...?

— Nous emploierons cette force terrible que le génie humain vient de découvrir et qui changera bientôt la face du monde, LA VAPEUR!

Des applaudissemens, des vivats forcenés ébranlèrent la salle.

. . . .

Quelques heures après, vers le soir, lorsque les habitans de Précigny se furent retirés et que la manufacture fut retombée dans son silence accoutumé, Alfred se glissa seul vers un épais bocage situé à l'extrémité du jardin. Il ouvrit une grille de fer dont lui seul avait la clef, et il se trouva dans une enceinte solitaire et mélancolique. Là, sous un massif cyprès, étaient deux tombes parallèles de marbre noir; sur l'une d'elles se lisait en lettres d'or le nom de monsieur Laurent, sur l'autre celui de Thérèse; au-dessous de ce dernier nom, on avait gravé ces tristes paroles que la jeune fille avait adressées au comte la nuit de leur entrevue chez Nicolas :

« Vous songerez à moi dans vos travaux, dans vos afflic-
» tions, dans vos espérances; vous invoquerez mon âme
» comme une divinité familière toujours prête à vous
» assister. Vous vous réjouirez avec moi du bien que vous
» aurez fait, vous me prendrez à témoin de vos doulou-
» reux sacrifices. »

Alfred s'agenouilla devant la tombe de Thérèse, et, les yeux pleins de larmes, il relut cette inscription consolante

— Amie, soupira-t-il, ai-je bien tenu toutes les obligations que votre père et vous m'avez imposées? Êtes-vous contente de celui que vous avez condamné à vivre.

La brise murmura faiblement dans le sombre feuillage des cyprès.

Alfred de Précigny est aujourd'hui l'un des plus riches manufacturiers de France. Il ne quitte jamais sa fabrique; et chaque soir, quelles que soient ses occupations, il va rêver sur la tombe de Thérèse. Quand on lui parle de se marier, il répond :

— Je suis marié à une morte!

Et il soupire.

FIN DE L'ÉTANG DE PRÉCIGNY.